語りつぐ戦争
とちぎ戦後70年

下野新聞社編集局 著

※本書は下野新聞「とちぎ戦後70年―終戦記念日特別紙面と一連のキャンペーン報道」（2014年10月29日付～2015年12月31日付掲載）をもとに再構成したものです。本書内の肩書き・年齢などは取材時のものです。

はじめに

下野新聞社　社会部長　三浦一久

　まるで「遺言」のようだった。

　戦争体験者たちが語り、遺そうとする言葉の重さに、何度も胸を締め付けられた。

　終戦から70年。私たちが思い知ることになったのは「語り継ぎの危機」だった。下野新聞は過去にも、戦後50年、60年…と節目の年に、戦禍を伝承し平和を考える報道を展開してきた。しかし、「70年」は、今までとはまた重みが違っていた。当時20歳だった若者は90歳。次の「80年」には100歳になる。老いには逆らえず、記憶も歴史も遠ざかっていく。多くの戦争体験者たちの肉声をまとまった形で伝えられるのは、これが最後の機会になるかもしれない。「いま語らねば、伝えねば」。体験者たちの切迫した言葉に突き動かされるように、私たちは取材を始めた。

　あの戦争とは一体何だったのか。栃木県内外の体験者を訪ね歩いて一つ一つ証言を集め、語り継ぐべき教訓を探った。県内の埋もれた戦史の発掘や空襲被害の実態把握にも力を注いだ。苛烈な地上戦が行われた沖縄、被爆地の広島、長崎にも記者を派遣して思いを共有した。終戦記念日の2015年8月15日には、敗戦を伝える70年前の下野新聞を再現した紙面で本紙を包む「ラッピング」を行った（204〜205P）。

　「とちぎ戦後70年」は、第21回平和・協同ジャーナリスト基金賞の奨励賞をいただくことができた。選考委員の講評では「同様の企画がいくつかの地方紙によって取り組まれたが、質・量ともに群を抜いていた」と、身に余るお褒めの言葉も頂戴した。何より、節目の年に「平和」の名を冠した賞を受賞できたことは、大変ありがたいことだ。

　しかし、こうした報道は、死と隣り合わせにあったあの苦難の日々を語ってくれた体験者の存在抜きには成し得なかった。この場を借りて深く感謝を申し上げたい。

　「戦争だけは、絶対に繰り返しちゃだめだ」—。戦後の転換点といわれる安全保障関連法が施行され、憲法改正も現実味を帯びる今、改めて体験者たちの「遺言」に耳を傾けてほしい。71年目の夏、本書が「平和」の意味を考える一助になれば幸いだ。

とちぎ戦後70年

①継承の危機

失われゆく戦争体験

今、伝えねば 命の記憶

いつものように左手だけでネクタイを結んだ。

真岡市根本、村上武さん（85）は15歳の時、輸送船上で米軍機の機銃掃射を受けて右腕を失った。それ以来の身繕いだ。

15日、自身が会長を務める市傷痍（しょうい）軍人友の会の解散式に背広姿で出席した。

2013年、日本傷痍（軍人会は解散を余儀なくされた。戦後70年、元軍人たちは高齢化し、減っていく。「仲間の供養を絶やすわけにはいかない」。市内の元軍人らは友の会として活動を続けようとしたが、もう立ち行かなかった。

式に顔を見せた人はわずか4人。3人は元軍人の妻たちで、元軍人は村上さんたった1人だ。

傷痍軍人友の会の解散式を終えた村上武さん。腕を切断した部分には、今も激しい痛みを感じることがあるという＝2014年12月15日、真岡市内

「忘れてほしくない」と心から願う。「戦争で犠牲になった命を、人生を」

もうすぐ日本はあの戦争を忘れてしまうのではないか—。焦燥感を覚える人がいる。

母新崎美津子さんが記した対馬丸撃沈の記録を前に、その思いを振り返る長女上野和子さん＝2014年12月9日、栃木市内

「紺碧の海から」。卓上には、こう題された自費出版の本が置かれていた。

栃木市大平町西野田、上野和子さん（67）は本に視線を落とした。

3年前、戦時中から自責の念、哀傷を抱えたまま、母新崎美津子さんは90歳で逝った。「伝えなかったら母は救われない」。母が残した言葉をつづった。

1944年、沖縄から長崎へ向かう途中、撃沈された学童疎開船「対馬丸」。若い引率教員だった美津子さんは4日間漂流し、救助された。

真っ暗な夜の海に消えた780人の子どもたち。国の方針に従って疎開を勧めていた。教え子らへの思いを、ずっと心にしまい込んでいた。

和子さんが、母の胸にあった重い塊の存在を知ったのは2006年。市内で開かれた講演会で母が語った過去に心を揺さぶられた。

撃沈から60年余、母は86歳になっていた。亡くなるまでの4年間にできた講演は5回だけだった。

「私も、もうすぐ死ぬ。だから、今の私の姿を伝えてほしい」

元少年飛行兵の小山市乙女、高石近夫さん（88）は12月、記者をじっと見据え、「戦後70年とはそういう時だ」と言った。

熱烈な軍国少年だった。17歳の誕生日翌日、勇み海軍航空隊に入隊した。

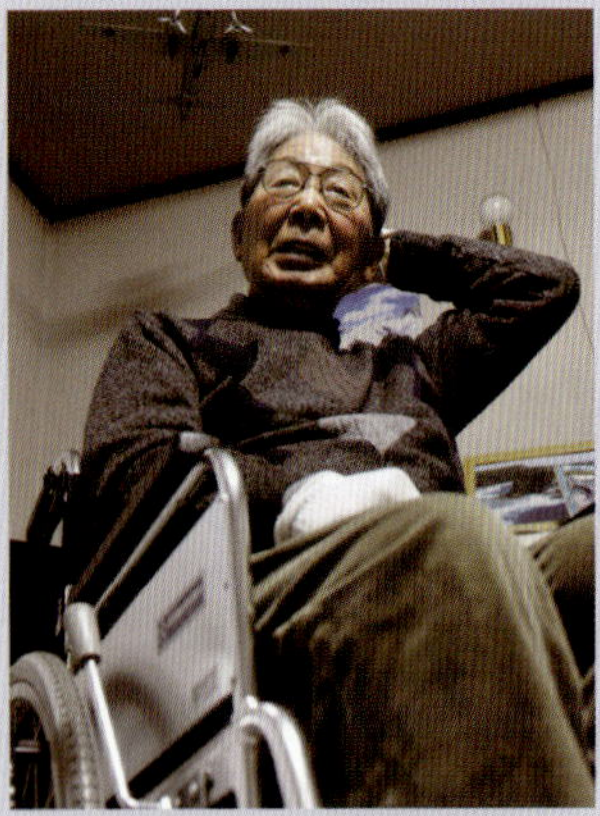

車いす生活を余儀なくされている高石近夫さん。居間の天井に自らが搭乗した「一式陸上攻撃機」の模型がつるされている＝2014年12月10日、小山市内

フィリピン・レイテ沖で搭乗した攻撃機が砲撃され、死を覚悟せざるを得なかった。命じられた特攻作戦が延期され永らえたが、多くの戦友を見送り火葬した。兄3人は戦死し両親も病に倒れた。「戦争がなければ違う人生があったはず」

戦後、「安易な気持ちで巻き込まれるのが戦争」と体験を語り歩いた。

今は難病を患う。歩くことは難しく、車いすを繰る両手も余りきかない。病の悪化とともに、もどかしさは募っていく。

国民の大半は戦争を知らない時代。「体験した人間が黙っていてはだめなんだ」

②語り始めた人々

不戦の心　次世代へ

葛藤越え　体験言葉に

この夏、知人に頼まれ、初めて戦争体験の講演を引き受けた。

栃木市川原田町、大橋晧佑さん（86）は17歳の夏、中国東北部の満州にいた。14歳で満蒙開拓青少年義勇軍に入り、のちに陸軍にも所属した。

そして、シベリア抑留。重労働、飢え、寒さにさらされた。仲間が死んでも、凍った土に埋葬もできず、雪をそっとかけてやることしかできなかった。

戦後、日本は高度経済成長を経験し、大きく変わった。高校野球の季節が巡るたび、「今の人は幸せだ」と思う。

「戦争のことなんて、話しても、きっと分かってもらえない」と考えてきた。

大橋晧佑さん

なのに、講演を終えると、参加者から「もう少し話を…」と請われた。

「今の人」との距離が縮まったと感じた。熱を帯びた話は尽きず、あっという間に1時間を超えた。

中学生8人の作文が、下野市祇園5丁目、高橋久子さん（81）に届いた。広島で感じた思いがつづられている。

高橋さんの思いをきっかけとして、市が初めて、8月の広島平和記念式典に中学生を派遣していた。

1945年8月6日、12歳の時、広島で被爆した高橋さん。「年を取って式典に出向くこともままならない」。そんな状況を市が聞き、「原爆」を次世代に伝える派遣につながった。

あの日の被爆。両手の皮が垂れ下がり、爆心地近くにいた父の骨片と印鑑だけが戻ってきた。仕事や結婚で差別される被爆者を目の当たりにし、自身は両腕のケロイドを気に病み、長袖しか着られない。隠し続けた。

移り住んだ栃木で、かつて近所の人から、「原爆で大変だったでしょうけど、もう忘れたでしょ」と言われた。

「一生消えるはずのない記憶なのに、口を開かなければ伝わらない」。そう思い知らされ、8年前から講演会などで語り始めた。

高橋久子さん

今、中学生の作文が宝物になっている。

「自分の苦労話などするものではない」と考えていた。

今秋、真岡市上大田和、花井覚さん（95）は、母校の小学校で初めて自身の戦争体験を語った。

21歳の時、出征し、騎兵隊の一員としてビルマ戦線のインパール作戦に参戦したこと。仲間は次々に殺され、乗っていた馬も飢え死にしたこと。無数の死体が転がる道を、2カ月かけて引き返したこと。

子どもたちの真剣な表情に目を見張った。「子どもたちに不戦の心が芽生えたに違いない」と思えた。

戦争の記憶を短歌にして心を落ち着かせる。殺戮（さつりく）、慟哭（どうこく）。そんな言葉が並ぶ歌を集めたメモに「灰色の青春」と題を付けた。「子どもたちには青春を謳歌（おうか）してもらいたい」

講話をこう締めくくった。「戦争という文字を辞書からなくしてください」

花井覚さん

③戦場の極限

「人間じゃなくなる」

生き残った意味、自問

秋草鶴次さん

ぐにゃり。不自然に片足が沈む。薄暗い地下壕。横たわっていた死体を踏んだ。

どうしようもなく飢え、体に巣くったノミやシラミまで口に入れた。

日本本土から1千キロ離れた太平洋上に浮かぶ硫黄島。戦争末期、おびただしい数の命が奪われた陸上の激戦地だ。

少年兵として極限を生き抜いた足利市島田町、秋草鶴次さん(87)は、その体験を新書「17歳の硫黄島」に書き記した。

出版から8年。全国各地で講演を続けている。

語るたびに散っていった仲間を思い出す。重傷を負い、もだえ苦しむ同輩。「おっかさーん」と叫んで自決した戦友。何度講演しても、涙を止められず声が詰まる。

「自分もやっぱりあの時、死ぬべきだったんじゃないか」。悔恨するように、自問を繰り返している。

どんなに言葉をつづっても、どんなに体験を話しても、答えを出せずにいる。

稲葉一男さん

1945年8月下旬、フィリピンのセブ島。上三川町大山、稲葉一男さん(94)は、ジャングルで追い詰められていた。

8月15日、既に日本は無条件降伏を求めるポツダム宣言を受諾していた。その情報は届いていない。

米軍陣地に飛び込み爆弾を仕掛ける「切り込み」では、敵兵の機関銃が乱れ飛ぶ中、何とか生き延びた。食べ物を求めて民家に忍び込み、抵抗する現地の住人を仲間が手に掛けた。食料はもう尽きている。

このまま野垂(のた)れ死にして、うじ虫に食われるか。それよりは海に行きたかった。「川で自爆すれば流れ着く…」

手りゅう弾を取り出すと、不意に妻の姿が目に浮かんだ。出征前夜、「片手でも片足でも帰ってきて」とすがりついた。自爆を思いとどまった。

終戦を知ったのは、その1週間後のことだった。

70年前に撃ち抜かれた左脚の太ももは今も、ちくちくと痛む。

「ちくしょう」。那須烏山市志鳥、高雄市郎さん(93)は、南方での惨めな思いが頭をかすめた。

高雄市郎さん

44年7月。ビルマ(現ミャンマー)からインド北東部攻略を目指したインパール作戦は過酷な撤退が続いていた。

3週間で終わるはずだった作戦は、開始から4カ月が過ぎていた。泥水を沸かし雑草を入れて飢えをしのぐ。伝染病がまん延して、一人また一人と倒れていった。

考える順番では、「弾に当たって死なない」より「食う」が先。

日本人同士なのに別の隊から食料を強奪する、敵兵の死肉を食らう、といった話も横行した。

「俺(おれ)らのせがれを殺して、おめえは帰ってきやがった」。必死で復員したのに、慰問した遺族からののしられた。

人間を人間でなくしてしまうもの。戦争の本質が骨身に染みている。

④市民狙う空襲

奪われた日常、命

「一人でも多く殺す」戦争

「姉はね、犬死にですよ」。宇都宮市河原町の福田和子さん(82)は声を震わせた。「ただ殺され、忘れられていく」

工場の勤労動員で働き、花好きだった10歳年上の姉周子さん。22歳で逝った。

両親ときょうだい5人の住まいは、今の市役所に近い大イチョウそば。戦時中ながら、日常があった。

620人以上が犠牲になった1945年7月12日深夜の宇都宮大空襲。

跳び起きた和子さんはいったん防空壕に潜り込む。そこから姉と手をつなぎ、夢中でまた逃げた。大きな段差を一緒に飛び降りた覚えはある。炎が迫る。どこではぐれたのか。気付くと、姉はいなかった。

辺りが静かになったころ、探すと、姉はリュックに寄りかかるように地べたに座っていた。「周子、何してるの」。母が呼び掛けても答えない。

腹部に血がにじみ、息絶えていた。顔をのぞき込むと、今にも話し出しそうだった。

「忘れられないんじゃない。忘れたくないんです」。毎朝、家の遺影に手を合わせる。そんな日常が続いて、もう70年になる。

姉のリュックを手にする福田和子さん

宇都宮市さつき2丁目の大内弘子さん(77)は墨田区で、10万人が死亡したとされる東京大空襲を経験している。7歳の時だ。

両親、兄、妹と5人家族。「空襲だ」。切迫した父の叫びで外へ飛び出すと、逃げ惑う人で、もう道はごった返していた。低空で飛ぶB29、雨のように降る焼夷(しょうい)弾。空は真っ赤に染まっている。

病弱な母を父が背負い、母に火が燃え移らないよう、かい巻きを水浸しにして着せた。

逃げようとする先からも大勢の人が押し寄せ、思うように進めない。行く先々で火の手が上がる。どれだけ右往左往しただろう。結局、自宅前の小屋に戻っていた。「もうだめだ」。兄の言葉に死を覚悟した。

目の前で家が燃え上がった。バケツリレー訓練も、近くの防火水槽も何の役にも立たなかった。

大内弘子さん

一家はやっとの思いで空襲を生き延びた。が、翌日、母は弱って亡くなった。

45年、宇都宮大空襲後の夏の日。国鉄(現JR)宇都宮駅東の一帯に空襲警報が響いた。

「いつものこと」。13歳だった宇都宮市東今泉1丁目の大川淳さん(82)は、自宅から畑に出た。

見上げると、北の空に黒い艦載機。米軍のマークがあったような気がした。

自分に向かってくるように見えた。「まずい」。慌てて走りだし、家の木の根元にうずくまった。通り過ぎた艦載機が旋回して戻ってくる。

バリバリバリバリ。機銃掃射の音が響いた。しばらく動けなかった。元にいた場所に銃弾が撃ち込まれていた。

分かったことがある。

「子どもでも、誰でも、いかにして一人でも多く人間を殺すか。それが戦争だ」

大川淳さん

⑤悲劇の記憶

世代超え手から手へ

戦跡、空襲 ともに伝える

生き残った者の責任として慰霊碑を守り続ける。

陸軍宇都宮第14師団が終戦を迎えた南方の島国パラオ。日米の激戦地だ。

幼少期を那須で過ごした倉田洋二さん（87）は南洋庁職員として10代半ばでパラオに渡った。

戦況が悪化した1944年、現地召集され、第14師団配下の連隊に組み込まれた。

連隊約1200人の大半が玉砕したアンガウル島戦で左半身に重傷を負い、参戦できなくなった。

倉田洋二さん

「仲間が次々と倒れているのに…」と無力感にさいなまれた。捕虜として敵兵の手にも落ちた。

仲間たちに負い目を感じていた。東京都職員を退職後の96年、2度目のパラオ移住へと駆り立てられた。

現地の開発に伴い、慰霊碑20基余りが撤去されかねなかった。資金集めに奔走し、移転を実現させた。

この年末年始は、病気療養のため東京の自宅で過ごす。年明け、パラオに戻り、台風で壊れた慰霊碑の修復に力を注ぐつもりだ。

篠原直人さん

宇都宮市西川田町、自営業篠原直人さん（31）は、パラオの戦跡調査に取り組んでいる。

第14師団などに関心を持ち5年前、パラオの倉田さんの元へ押し掛けた。

初めは困惑した倉田さん。が、ゼロ戦の残骸を歩いて探す粘り強さ、これまで8回も足を運ぶ熱心さに目を見張った。

50歳以上の年齢差を超え、「思いを継いでくれる不言実行の青年」。

篠原さんは現地住民や兵士遺族への聞き取りもする。不時着したゼロ戦のパイロットの身元を68年ぶりに突き止め、遺族を慰霊の旅に導いたこともある。

「主義主張を超えて歴史に学ぶことが戦禍を繰り返さないために重要」

一人一人の兵士の生きざまを記録として残す作業に情熱を傾けている。

宇都宮大空襲でも「継承」が始まっている。

45年7月12日。宇都宮市鶴田町、大野幹夫さん（82）の住まいはそのころ、市中心部にあった。

警防分団長だった父が大空襲で死亡した、との報が入ったが、13歳の大野さんは悲しみを感じない。その後、死亡は誤り、と知らされてもうれしさは感じなかった。「人間らしい感情を奪うのが戦争だ」

15年前から、そうした体験を紙芝居にまとめ小学校で子どもに伝えている。

「語り継いだ相手がさらに誰かに語り継ぐ。そうでなければ本当に語り継いだことにはならない」

1日訪れた豊郷中央小。紙芝居で伝える役割を初めて、地元の読み聞かせボランティアに委ねた。

受け継ぐ活動の中心となった豊郷地区地域教育協議会委員の大金美知子さん（66）は思いを巡らせている。当事者の話を聞いた子どもが自ら考え、また当事者とやりとりする。「そんな仕組みができないか」。継承への模索だ。

大野幹夫さんと大金美知子さん

⑥変わる世相

平和の真価　揺れる時代

「戦争かっこいい」に困惑

「戦争ってさ、かっこいいよね」。最近、知人の子どもが無邪気に放った一言。がくぜんとした。

佐野市出流原町、大川信夫さん（91）。大学時代、学徒出陣で陸軍に入った。ともに出征した友人たちは、台湾南のバシー海峡で敵艦の魚雷に被弾するなどし、死んでいった。

「国のため、正義のため」と信じ、多くの若者が犠牲になった。「洗脳されていた」。気付いたのは、戦後だった。「正義だなんて美化しちゃいけない。戦争は、ただの人殺しだ」

60代で教職を終え、その後は小学校などで戦争体験を話している。子どもは熱心に聞いてくれるが、「世の中が右傾化している」と思え、気に掛かる。

大川信夫さん

集団的自衛権の行使容認、特定秘密保護法の施行。平和憲法について語れば、「9条って何？」と聞き返す大人もいた。

平和が当たり前になっているからこそ、警戒心は強まる。「日本はまた、戦争に向かうんじゃないか」

「31歳フリーター。希望は、戦争」

衝撃的なタイトルの論考で、佐野市出身のフリーライター赤木智弘さん（39）が論壇に議論を巻き起こしてから8年がたった。

「まじめに頑張っても、どうにもならない」

非正規労働者としての悲痛な叫び。格差の固定化と拡大に対し、戦争という混乱状態が起きれば社会が流動化すると考えた。若者から共感の声が上がった。

一方、進歩系の論客からは「戦争待望の妄言は許せない」と批判が相次いだ。

赤木智弘さん

赤木さんは戸惑った。

「若者には当たり前の感覚なのに…」

状況は今も変わらず、むしろ悪化している、と感じる。中東の過激派「イスラム国」へ参加しようという若者も現れた。

若者たちの思いを、淡々と代弁した。

「戦場も、他の職場と並列のもの。居場所があるところに向かうのだろう」

元小山市長の船田章さん（92）は今夏、集団的自衛権行使容認に反対する市民団体の呼び掛け人に名を連ねた。

「保守系元首長も反対」と報じられ、注目された。しかし、船田さんは思想信条を変えたわけではない。

1988年から3期12年務めた市長時代、平和への思いを平和都市宣言や広島平和記念式典への中学生派遣などで具現化した。

23歳の時、軍医として派遣された台湾でさらされた戦禍。夕立のような銃撃、幾度となく米軍機に襲われ、身を硬くした。

船田章さん

「戦争はおっかない。若者が死ぬのはもったいない。愚かなことだ」。戦地で初めて身に染みた。

「政府は今、軍事力を強める方向。なのに、学校で先生が子どもたちに『戦争は悪い』と言えるのか」

戦友の大半が亡くなり、周囲に戦争体験を語れる人はいなくなった。「難しい時代に入った」

①開戦　戦争の空気

二・二六「転機はあの時」

13P

1936年2月26日未明。陸軍の青年将校が1500人を数える兵士を率い、武装蜂起した。

第一次世界大戦の戦時バブルの崩壊に端を発した世界恐慌に直撃され、日本は深刻なデフレ不況に陥っていた。世間に閉塞感が充満し、貧しい農村では娘を身売りする家もあった。

将校たちが「昭和維新」を訴えて首相官邸を占拠し、時の岡田啓介首相らを襲ったクーデター未遂。高橋是清（たかはしこれきよ）蔵相らを殺害した。

二・二六事件だ。

元小山市長の船田章さん（93）は14歳、旧制中学の2年生だった。

新聞などで大騒ぎになった記憶はあるが、まだ幼かった。「なぜ事件が起きたのか」「将校がどんな人たちなのか」。その時は計り知れなかった。

軍の中には国の行く末を憂え行動を起こした将校たちを称（たた）え、礼賛する空気が根強く残った。

8年後、軍医になった船田さんもまた、その空気にのみ込まれる。「立派な若い将校だった」と尊敬の念を抱くようになった。

「あの事件が太平洋戦争に向かう転機となった」

後にそう考えるとは、思いもよらなかった。

②開戦　特攻前夜

死んでも軍神なら「本懐」

14P

二・二六事件を転機として、軍国主義が一気に強まった日本。

1937年、北京郊外の盧溝橋で勃発した武力衝突から日中戦争に突き進んでいく。40年には、第2次世界大戦の緒戦で勝利したヒトラー率いるドイツなどと日独伊三国同盟を結んだ。

「バスに乗り遅れるな」がはやり言葉。

欧州の東南アジア植民地に進出する南進政策では、米英による中国支援ルート封じと、石油やゴムなどの資源を狙った。米英は、日本への経済制裁を強化していった。

「西太平洋において米英軍と戦闘状態に入れり」。ラジオから太平洋戦争開戦の臨時ニュースが流れた41年12月8日朝。ハワイ・真珠湾での勝報が伝えられた。

「天にも昇るような気持ちだった」

熱狂的な「軍国少年」だった小山市乙女の高石近夫さん（88）は興奮した。

教科書に戦地で玉砕した「軍神」が描かれ、「大東亜戦争は聖戦」「天皇陛下のため、お国のため」と教え込まれた。

「たとえ、戦地で死んでも、神と祭られるのなら本懐」。15歳の高石さんは、少年飛行兵になることを胸に決めた。

③戦場　インパール

作戦は破綻、地獄絵図

15P

ニューギニア、ビルマ（現ミャンマー）、パラオ…。

太平洋戦争でおびただしい数の人々が散った南方、中国の戦線。日中戦争以降、全国で230万人、本県出身者だけでも4万人を超えた。

1944年3月、ビルマ。重い荷を背負った日本兵の隊列が山脈や密林の悪路を進む。隣国インド北東部の都市インパールを目指した。

本県から徴兵した陸軍第33師団も参戦し、那須烏山市志鳥、高雄市郎さん（93）もいた。

42年6月のミッドウェー海戦以降、日本軍は各地で敗北が続く。いったんは制圧したビルマでも反攻を受け始めた。

劣勢に傾く戦局。「一気に打開したい」。軍上層部の思惑が無謀な作戦に走らせた。

「英国軍の拠点インパールを攻略し中国支援の補給路を遮断せよ」

インパール作戦だ。

2千メートル級の山を越える徒歩数百キロの道。食料や弾薬の補給もままならない。衛生状態は劣悪だ。疫病がはびこり、飢餓の中で歩を進めた。

高雄さんはすぐに、苛烈な現実を見せつけられる。敵軍から猛攻撃され惨敗した。「地獄にもこんな光景はない」

戦場の極限に押し流されていく。

①開戦　戦争の空気

「将校礼賛の歌　毎晩歌わされた」

軍暴走に政治家委縮

船田（ふなだ）章（あきら）さん（93）（小山）

混濁の世に我立てば、義憤に燃えて血潮湧く―。「昭和維新の歌」とも言われる「青年日本の歌」の一節だ。「これ、これを毎晩歌わされたんですよ」

船田章さんは、歌詞を手に記憶をたどった。

医学部卒業後の１９４４年、軍医候補生として東京の近衛連隊で軍事教練を受けた。軍医になることは当然の成り行きだった。

日中の訓練を終えると、上官からモダンなコンクリート造りの兵舎の屋上へ呼び出され、「昭和維新の歌」を歌う。二・二六事件に関わった歩兵第3連隊の兵舎で繰り返された日課だ。疑問を差し挟む余地などなかった。

医学生のころ、大学の壁には「決起せよ、青年」と書かれたビラが幾つも張ってあった。新聞やラジオも、日本の優勢を伝えるだけ。

教練では事件で決起した青年将校の話を繰り返し植え付けられた。

「『日本の行く末が危ぶまれる』と考えた勇気ある行動だ」。将校たちの思想に心酔していった。

「あの事件が政治家を変えてしまった」。今、船田さんはそうみる。「暴力に訴える軍の脅威に委縮し異議を唱えられなくなった」

41年10月、現役軍人の東条英機が首相に就いた。真珠湾攻撃はわずか2カ月後。日本は戦争に突き進んでいった。

船田さんが軍医になった44年12月、既に戦況は悪化の一途だった。

フィリピンへ行くはずの船が台湾までしかたどり着けない。さらに沖縄行きを命じられたが、乗るはずだった船が撃沈され、台湾で終戦を迎えた。

台湾の空を飛ぶのは米軍機ばかり。機銃掃射に遭うたび、バナナの木の下を逃げ回った。隣を歩いていた部下が不発弾に当たり即死したこともあった。

23歳だった船田さんは大本営発表とは違う現実を見せ付けられる。死を覚悟すると、こう思った。

「死ぬことは『お国のため』にならない。これで死ぬのはもったいない」

開業医となった船田さんは、小山市長を２０００年まで３期12年務めた。

「不戦を誓った憲法は世界に誇れる」と職員にも市民にも訴え続けた。市長２期目、平和都市宣言と中学生の広島平和記念式典派遣で思いを結実させた。

「戦死したら、それで終わりだもの」。波瀾万丈（はらんばんじょう）の人生に思いをはせ、つくづく考える。

「戦争で死ぬのはもったいない」

銃撃で犠牲になる兵士を目の当たりにした経験から「最期に言うのは大体『母ちゃん』だ」と話す船田章さん＝2015年2月10日、小山市松沼

1945年台湾で撮影された若き日の船田さん

②開戦　特攻前夜

戦闘の恐怖「幻想」砕く

「あの月が丸くなると行くんだな」

高石（たかいし）近夫（ちかお）さん（88）（小山）

難病の後縦じんたい骨化症を患い、車いす生活を送りながらも「生きている限り戦争体験を語りたい」と話す高石さん＝2015年2月12日、小山市乙女

「名誉の戦死、忠君愛国の華と散る」

高石近夫さんの長兄は1937年、銃弾が飛び交う第2次上海事変で伝令として駆け回り、戦死した。新聞は、その死をもてはやし村では盛大な村葬が執り行われた。

「おれも早く軍隊に入りたい」。父や母は悲嘆に暮れていたのに、小学生だった高石さんは一人、軍国熱を高ぶらせた。

そして16歳で海軍少年飛行兵に合格。

入隊直前、兄2人の戦死で心労がたたった母が病死した。「これで母のことは気にせず軍隊に入れる」。軍国主義をすり込まれた心は、母の死をもそう受け止めた。

初めての実戦は44年10月20日夜。

魚雷を積んだ7人乗り攻撃機の窓から、フィリピン・レイテ沖を見る。真っ暗な海に米軍の駆逐艦が浮かんでいた。接近すると、駆逐艦から砲弾が放たれ、無数の光跡が眼前に迫った。

体は硬直して動かず、固く握りしめた拳からは汗がしたたり落ちた。

魚雷を発射するため、攻撃機は全速力で空を切り裂き、海面すれすれまで急降下する。エンジンのごう音が耳を貫いた。

激しく揺れる機体。上官から戦果の確認を命じられ、目視する最後尾まで約10メートルを走ろうとしたが、何度も転倒した。たどり着くと、もう雲の上に浮上していた。

「死ぬのは本懐」。勇ましい心持ちは、すさまじい恐怖によって打ち砕かれた。

2日後、飛行機の爆装準備中に受けた米軍機からの機銃掃射。地面に伏せ、「死にたくない」ともがいた。

45年5月には沖縄戦に参戦し、その翌月、米国・マリアナ基地への「特攻作戦」を命じられた。

燃料は片道分のみ。失敗しても、成功しても死ぬ。「あの月が丸くなると行くんだな」。古里から遠く離れた基地で、月を見上げ仲間と語った。誰も「死ぬんだな」とは口にできなかった。

1945年、大分県宇佐基地で撮影。高石さんは当時、19歳

決行間近だった8月15日。「耐えがたきを耐え、忍びがたきを忍び…」。玉音放送で終戦が告げられた。

悔しさは感じない。「死なずに済んだ。帰れる」。それだけだった。

帰郷すると、残る兄2人のうち1人が戦死し、父も病死していた。「戦争がなかったら、家族とどんな時間があっただろうか」

軍国少年だった自身への自戒も込めて言う。

「戦争をやろうという人間は知らないんだ。あの怖さ、愚かさを」

③戦場　インパール

「みんな、人間じゃなくなっていった」

無謀な行軍　理性失う

高雄市郎さん（93）（那須烏山）

中隊の集合写真を前に、過酷なインパール作戦の体験を語る高雄市郎さん＝2015年2月12日、那須烏山市志鳥

高雄市郎さんの自宅には1枚の集合写真が飾られている。「第33師団歩兵214連隊第6中隊勇士」

撮影は1942年10月のビルマ。日本軍が制圧した5カ月後だ。

「この頃は笑顔で迎えられた。『東方から神兵来たる』なんて言われてね」。英国の植民地を解放する重要な使命だと思っていた。

インパール作戦が、その高揚を一変させた。

「160人で出発して、最後は20人ですよ」

写真に写った戦友を一人一人指さしていった。痛恨と、それぞれの死にざまがよみがえった。

あれから70年。「この中で語れるのは私だけになってしまった」

44年3月、ビルマ戦線。上官から「3週間でインパールを落とす」と作戦を告げられた。

インドとの国境にはアラカン山脈がそびえ立つ。古里で毎日見上げていた那須岳が脳裏をよぎった。「あの山をいくつも越えていくようなものだろうか」

まだ日本軍が優勢だった余韻が漂っていた。「おれには弾は当たらない。最後は勝てる」

当初、進軍は着実だった。それ自体が、連合国軍の術中にはまっているとは気付いていなかった。補給の届かない奥地に日本軍をおびき寄せる―。そんな戦略があった。

インパールが近づくと、反撃は日々激しさを増していく。1発撃てば100発撃ち返された。戦車が容赦なく歩兵に襲い掛かった。

背の高い仲間は壕から出た頭を撃ち抜かれた。面倒見がよかった先輩は銃撃され、「残念だ」と叫び息絶えた。

食料は、とうに尽きている。泥水を沸かし野草を入れて飢えをしのぐ。降り続く雨期の雨が、弱った体にこたえた。敵兵の死肉を食らう、仲間の食料を奪う部隊の話も絶えなかった。

「みんな、人間じゃなくなっていった」

撤退命令が出された時、既に4カ月がたっていた。

撤退も凄惨（せいさん）だ。片方の膝から下を失いながら山道をはい上がる兵士、車座の爆死体も目撃した。

道端に死体が連なり、「白骨街道」と呼ばれるようになっていた。

撃たれて死ぬことは、もう怖くなかった。食うことばかり考えた。

耐え難い惨めさ、苦しみ。緒戦で死んだ戦友がうらやましかった。

11月の戦闘で左脚を撃ち抜かれる。「これで後方に下げてもらえる」。今も痛む古傷はあの時、生への希望だった。

「神風」は吹かなかった。

1942年に撮影されたビルマ駐屯時の高雄さん（中央）

④戦場　ニューギニア

何も知らされず南方へ

17P

1944年、日本軍がインドの都市、インパールを攻略できず、もがき苦しんでいたころ。

南半球、オーストラリアのすぐ北に位置するニューギニアでも、連合国軍との死闘が繰り広げられた。

ソロモン諸島・ガダルカナル島での消耗戦に敗れた日本軍は43年2月、表向きは「転進」として撤退した。次の南方戦線の要地がニューギニアだった。

消耗戦が長引き、日本と連合国との力の差が際立ってきた時期。

栃木、長野両県出身者を主力とする陸軍歩兵第239連隊も、ニューギニアに上陸した。

太平洋戦争の本県出身の戦死者数が9千人に上り、最悪だった地だ。

それまで中国北部にいた第239連隊は急きょ、青島に集められた。

連隊で歩兵砲を使う小隊にいた壬生町藤井、山川勝雄さん（93）は21歳。「軍が攻撃していた重慶にでも行かされるのか」と思った。

上官からは行き先も詳しい作戦も告げられぬまま。冬服から夏服への着替えを命じられ、船に乗せられた。

南方行きを悟った。どんな場所なのか。何が起こるのか。

待ち受けていた現実は、想像を絶するものだった。

⑤戦場　パラオ

国防圏死守へ「籠城戦」

18P

太平洋の赤道近くに広がる南洋諸島にも、戦禍は広がっていった。

ドイツが第1次世界大戦で敗戦するまで占領下に置き、それ以降、日本が統治してきたサイパンやパラオ。

大本営はその島々を、「絶対国防圏」に含めていた。奪われれば、敵機の攻撃に歯止めがきかなくなり、本土防衛に甚大な支障が生じかねない。

しかし、1944年、サイパンが、あっさり敵の手に落ちてしまう。

開戦時から太平洋戦争を先導してきた東条英機内閣は求心力を失った。軍内部で責任を厳しく問われ、総辞職に追い込まれた。

連合国軍から物量、軍事力に圧倒的な差を見せつけられ、戦闘の舞台はパラオに移っていく。

宇都宮に本拠があった陸軍第14師団の兵士ら数万人も、中国東北部、満州から移駐していた。

幼少期を那須で過ごし、パラオで南洋庁職員として働いていた17歳の倉田洋二さん（88）は、兵士として現地召集されていた。

「太平洋の防波堤たらん」。倉田さんは守備戦を覚悟した。

それからの日本軍は「籠城戦（ろうじょうせん）」と言える戦いだった。

もはや、領土獲得を狙うものではなくなっていた。

⑥戦場　硫黄島

「最後の砦」の断末魔

19P

硫黄島は、2400キロ離れた東京とサイパンのほぼ真ん中に浮かぶ。

戦争末期、日米双方の重要地点だった。サイパンなどでの相次ぐ玉砕。本土を米軍機の爆撃圏内に収められた日本にとって、本土侵攻を阻む「最後の砦（とりで）」。米国にとっては効果的な爆撃の中継地点になる。

一日でも長く抵抗し本土攻略を遅らせる―。1944年6月、硫黄島に降り立った最高指揮官の陸軍中将、栗林忠道への至上命令だ。

全長18キロにも及ぶ地下壕を島に張り巡らせた。奇襲をかけるゲリラ戦を企て、決行していった。

栗林が着任した1カ月後、太平洋上を航行する船内。

「硫黄島に向かっているなら、地獄行きだぜ」

海軍通信兵として乗っていた足利市島田町、17歳だった秋草鶴次さん（87）は、誰かの言葉を耳にした。行き先は知らされていなかった。

太平洋戦争史上、最激戦の一つといわれる36日間の攻防。日本軍の2万2千人、米軍の7千人が犠牲になり、日本軍の生き残りはわずか1千人。

秋草さんは、迷路のような地下壕をさまよい、散った戦友たちの心を思い続けている。

「断末魔の叫びの中、彼らは何を言いたかったのか」と。

④戦場　ニューギニア

「半分以上は敵弾で死んだのではない」

連隊4000人、復員は150人

山川(やまかわ) 勝雄(かつお)さん（93）（壬生）

おれの番はいつだろう―。戦友の墓を掘りながら、いつも考えていた。

「半分以上は敵弾で死んだのではない」。山川勝雄さんはニューギニアの日々を振り返った。

「戦病死だ」

１９４３年２月の上陸から間を置かずして、山川さんは「負け戦」と感じていた。

密林を切り開き飛行場を造ったが、戦闘機が機銃を撃ち合う空中戦で日本軍は半年も持たなかった。食料の追加や兵士の補充も、ほぼ途絶えた。

飢えて行き倒れたり、疫病にかかったり。バナナやヤシの実、トカゲ、コウモリまで口に入れても、焼け石に水。

連合国軍は陸海空から攻めてきた。日中、海岸線を進めば狙われることは分かっていた。

夜行軍を余儀なくされる。大河沿いの幅数十キロの湿地帯を歩いて渡り、泥の中で眠る。深みにはまり命を落とす戦友もいた。弱った体が耐えられるはずもなかった。

44年夏、敵陣への総攻撃が決行された。アイタペの戦いだ。重量のある歩兵砲を運び、山川さんが少し遅れて到着した時、部隊はもう壊滅状態。兵士は散り散りとなり、終戦まで密林をさまよった。

倒れた戦友を火葬もできない。切り取った指を焼いて骨を持ち帰ることが精いっぱいだった。

「連隊の４千人のうち、１５０人くらいしか復員できなかった」。後から、そう聞かされた。

山川さんは戦争が自分の命を脅かそうとは、考えもしないでいた。

42年３月、20歳で中国北部に出征するころ、本土空襲もまだなく、穏やかだった。中国でも戦闘らしい戦闘はない。初年兵として、歩兵砲の演習に明け暮れた。

それでも、山川さんはニューギニアで死の縁へ引きずり込まれた。

兵役は２年と決まっていたから、「すぐ帰れると思っていたのに…」。

急激な戦局の悪化と無謀な作戦からは、逃れられなかった。

46年年明け、４年ぶりに日本の土を踏んだ山川さん。

「あんな骨皮で大事だんべか」。風呂に入ろうとする後ろ姿を目にした両親に気遣われた。

疫病の再発にも苦しんだ。しばらくの間、畑で農作業中、雷雨に降られるとたちまち高熱が出て寝込むことになった。

過酷な時代を生き抜いただけに「今は穏やかないい時代」と映る。しかし、陰惨な殺人事件などを知るたび、こう憂う。「なぜ、命の尊さが分からないのか」

「飲まず食わずで死んでいった者は本当にかわいそうだった」と振り返る山川勝雄さん＝2015年2月12日、壬生町藤井

山川さん（中列左から２人目）が所属した歩兵第２３９連隊の小隊。歩兵砲を運んでの密林の行軍は困難を極めたという＝1942年3月、中国山西省

⑤戦場　パラオ

「泣きわめくこともできなかった」

宇都宮の部隊も玉砕

倉田（くらた）洋二（ようじ）さん（88）

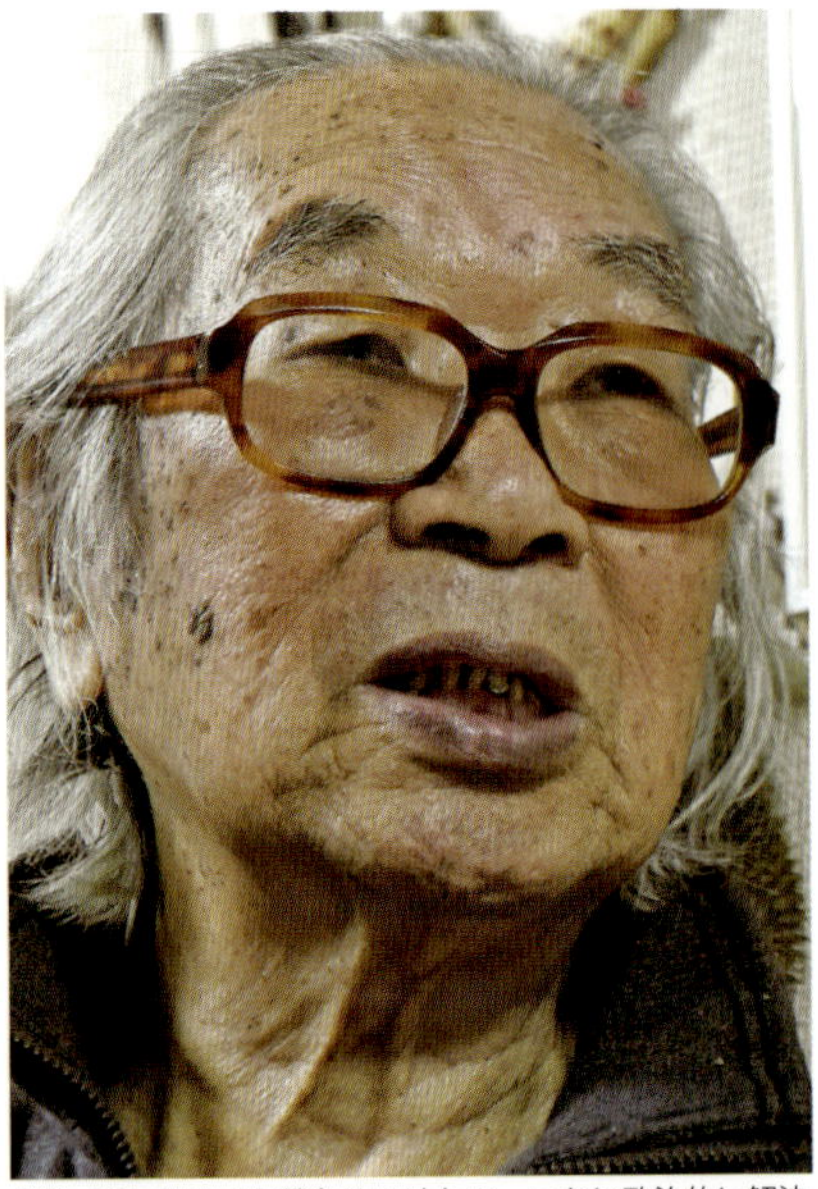

「勝っても負けても戦争はいけない。いかに政治的に解決するかが大切だ」と語る倉田洋二さん＝2015年1月、東京都杉並区

サイパン陥落—。1944年7月、倉田洋二さんは一報を耳にした。

「次は我々の番だ」

パラオでの配属先は宇都宮第14師団第59連隊。シベリア出兵や上海事変、日中戦争で戦果をあげ「関東軍の精鋭」と呼ばれていた。

入隊後の3カ月間、銃剣やほふく前進といった訓練に明け暮れる。

「タコ壺攻撃」にも備え、固い地盤に穴も掘った。掘った穴に爆弾を抱えて潜り込み、戦車を奇襲する自爆作戦だ。

7歳まで那須で育った倉田さん。指導官になった第14師団の上官にも本県出身者が多かった。

妥協を許さぬ厳しい指導。屈強な男たちが口にする栃木なまりにほっとして、会話も弾んだ。組織になじんでいった。

パラオでは、本島、ペリリュー島、アンガウル島に第14師団の各部隊が配備されていた。

倉田さんは、9月に始まったアンガウル島の守備戦に参戦する。

米国軍2万に対し、倉田さんが属する第59連隊第1大隊は1200。武器や弾薬、食料など物資供給の道も絶たれている。

兵士は限られた物資を使い、「籠城戦」を繰り広げた。

壕や洞窟の中に仕立てた陣地に身を隠し、速射砲や銃、手りゅう弾などで敵を急襲する。闇夜には刀で切り込んだ。

砲弾を受けて、左半身に重傷を負った倉田さん。「傷の膿（うみ）をウジに食われ、手当て代わりになった」。眼前で手りゅう弾が飛び交い、上官らが次々と死んでいく。

陣地を出ようにも脚が動かない。ただならぬ緊張感。泣きわめくこともできなかった。

ゲリラ的な組織戦は33日間に及んだ。一日でも長く、「絶対国防圏」を守る戦いだった。

倉田さんは米国軍に捕らわれた。

仲間たちは死んでいったのに、自分は捕虜となって生き残った。ずっと「負い目」を感じて生きてきた。

終戦後勤めた東京都庁を退職後の96年、再びパラオに移住した。病気療養中の今は、東京の自宅とを往来しながら戦友の慰霊碑を守る。

多くの戦友の遺骨がなお島に置き去りにされていること。それも気掛かりだ。

政府援助を受け多くの米国人が遺骨収集に訪れるたび、日本政府の消極姿勢にいら立つ。「戦後処理は終わっていない。そんなだから政府が国民に信頼されないんだ」

アンガウル島産のリン鉱石は、戦後日本の復興にも貢献した。

「日本人、栃木の人たちにとって忘れてはならない島だ」

旧日本軍の４７ミリ速射砲の残骸。戦後７０年たった今も、アンガウル島には戦跡が残る（宇都宮市、篠原直人さん撮影）

⑥戦場　硫黄島

「おれも連れて行ってくれ。一緒に死なせてくれ」

「なぜ生かされた」自問

秋草鶴次さん（87）（足利）

1943年、横須賀海軍通信学校時代、１５歳の秋草さん

爆撃を受けて舞い上がる土砂に混ざって飛び散る人の頭や手足、肉片。

「おっかさーん」。いまわの際の叫びが、方々に波紋のように広がっていった。

１９４５年２月、硫黄島。通信兵だった秋草鶴次さんは、島中心部の小高い場所にあった玉名山送信所から、双眼鏡でつぶさに監視を続けた。

岩肌があらわで起伏の激しい地形。周囲22キロの島を取り囲んだ米艦船の艦砲射撃、空からの機銃掃射を浴び続けた。

視界を埋め尽くすほどに飛び交う銃弾。１分ごとに３人、部隊が１メートル進むたびに１人が死んでいく。敵の手に掛かりそうになると、手りゅう弾や銃で自決する者も多かった。

３月になると、送信所は突如、火炎放射に襲われた。髪が焼け焦げ、腕は腫れ上がった。

志願兵だった秋草さんは、その矜持（きょうじ）を胸に刻んでいた。「死んでたまるか」。送信所壊滅を報告するため本部へ。地べたにへばりつき進んだ。

「伏せろ」。誰かの声を聞くや否や、艦砲射撃の砲弾が至近距離で爆発した。左手で右手をまさぐると、指３本がない。血まみれの左足は弾が貫通し動かなかった。

圧倒的な米軍の攻勢に、じりじりと後退する日本軍。まもなく海軍による総攻撃が決まった。

「おれも連れて行ってくれ。一緒に死なせてくれ」。同年兵の仲間にそう懇願したが、手負いの身ではかなわなかった。

秋草さんが残された地下壕は暑さがむせかえり、排せつ物や遺体の腐乱臭が充満していた。食料の補給はおろか、一滴の水もなかった。

「地獄のような飢えとの戦い」。体に付いたノミやシラミ、傷口にわいたウジさえ口にした。

薄暗い壕で過ごし日時の感覚もなくなったころ、壕に液体が流れ込んだ。「水だ！」。兵士たちは飛び付いたが、その正体は油を混ぜた海水。米軍の火炎放射が放たれた。兵士は火だるまとなり倒れていった。

間一髪逃れたが、壕の中をさまよい、いつの間にか意識を失った。

気が付いたのは、グアム捕虜収容所のベッドの上。送信所が火炎放射を受けた３カ月後だった。

生還後、執筆や講演活動を続けている。

「自分はなぜ生かされたのか」と常に自問する。「あの事実を語り継ぐためなのか。ならば、まだ足りないんじゃないのか」

「おっかさーん」と叫び死んでいった戦友が、その次に言いたかったことを、こう推し量る。

「必ず平和が来ると信じて戦った。だから、自分の分も幸せに生きてくれ」

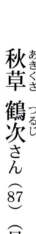

「硫黄島では悲しく泣く、本当の悲鳴を聞いた」。自身の軍服を前に体験を語る秋草鶴次さん＝2015年2月17日、足利市島田町

⑦空襲　百頭空襲

敗色濃く、市民も標的

21P

日本兵は祖国から遠く離れた異境の地で散っていった。敗戦の色は濃くなる。市民が守ってきた本土の暮らしにも、空襲の脅威が迫った。

「絶対国防圏」の拠点サイパンの陥落から４カ月後の１９４４年11月、米軍はサイパンを含むマリアナ諸島の航空基地整備を終える。

日本は大規模空襲に見舞われるようになった。

終戦までの本土の犠牲者は原爆も含め民間人50万人、軍人20万人。県内でも７８５人以上に上るとされている。

群馬県境にほど近い足利市百頭町（ももがしらちょう）。上空に突如、9機編隊のＢ29が現れた。45年2月10日。硫黄島では日米戦が激化する時期だった。

「キラキラしてる」。百頭町の自宅から編隊を見上げていた12歳の阿部文司さん（82）は、輝く機影の美しさに感心しただけ。

米軍の攻撃目標は軍需工場に限られると考えていた。まして76戸の小さな農村。「こんな田舎が狙われるなんて」。思いもよらなかった。

衝撃とともに83発の２５０キロ爆弾と無数の焼夷弾が降り注いだ。百頭空襲では33人が命を落とした。県内初の空襲犠牲者だ。阿部さんも父を失った。

いつどこで市民が標的になるのか。もう、それも分からない局面に入った。

⑧空襲　宇都宮空襲

「前線」と「銃後」境界なく

22P

兵士が戦う「前線」と「銃後」の暮らし。もはや、その境界はなくなった。

１９４５年3月10日の東京大空襲から本土都市部への夜間爆撃が始まった。

市民に恐怖を植え付け、厭戦（えんせん）の雰囲気を強める―。空襲は、市街地を焼き払うことを目的としていた。

7月12日深夜、宇都宮上空に米国のＢ29爆撃機隊１１５機が次々と飛来した。東京大空襲以降、27の地方都市が夜間爆撃を受けていた。

宇都宮空襲の爆撃開始の目標地点は、中島飛行機や陸軍施設ではない。市街地の中央国民学校（現中央小）だ。

降りしきる雨の中、市民の生活が、命が、狙われた。

2時間以上にわたって、焼夷弾1万２７０４個、８０３トンが投下された。市域の65％が焼失し、犠牲者は県内最大の６２０人以上。国民学校などには多くの遺体が並んだ。

今の市役所に近い大イチョウのそばに住んでいた宇都宮市河原町の福田和子さん（82）は12歳だった。

大量の焼夷弾が降り注ぐ音を耳にして、雨が強まったと思った。

「すごく大粒の雨が降ってる」

まだ、その恐ろしさを知らなかった。

⑨空襲　小金井空襲

人々をもてあそぶ銃口

23P

県都宇都宮が焦土と化した後も、県内空襲は続いていく。

終戦まで2週間余りに迫った１９４５年7月28日、米戦闘機が飛来した。日米激戦の末、日本軍が玉砕した硫黄島から飛び立っていた。

この日は、首相鈴木貫太郎が、日本に無条件降伏を求めるポツダム宣言を黙殺した日でもある。

飛来機は本県を縦断するように、国鉄（現ＪＲ）の宇都宮、小金井、小山の3駅周辺で機銃掃射をした。

宇都宮駅北にあった日清製粉の工場では、金属回収の作業をしていた下野中（現作新学院高）の生徒5人が命を落とし、小山駅でも3人以上が犠牲になった。

被害が大きかったのが小金井駅だ。

列車に乗っていた戦没者の遺骨を出迎えようと駅に集まった人たちも狙われた。31人以上が死亡し、県内の空襲では宇都宮に次ぐ被害規模。

10歳だった宇都宮市駒生町、簗昌子さん（79）も乗り合わせた列車が小金井空襲に見舞われた。

簗さんには長い間、解けない疑問がある。

自身がすさまじい被害を目の当たりにした。でも、後に地元の人に尋ねても、空襲のことを口にしなかった。

「どうして」

⑦空襲　百頭空襲

県内爆撃の序章　突然に

「空におびえながら暮らしていた」

阿部（あべ）文司（ぶんじ）さん（82）（足利）

百頭空襲犠牲者の慰霊祭で献花する阿部文司さん＝2015年2月８日、足利市百頭町の地蔵院

戦後70年目の慰霊祭は粛然と営まれた。

８日、足利市百頭町の地蔵院。空襲を語り継ぐ地域ぐるみの式典だ。

阿部文司さんは、42歳で犠牲となった父幾之助さんに祈りをささげた。

空襲直後、亡くなった人の初七日として地域の第１回合同慰霊祭が行われた。「あの日は空襲警報が鳴ったんだよな」。阿部さんはかつての慰霊祭に思いをはせた。

上空に数十機の艦載機が現れ、参列者はクモの子を散らすように逃げ帰った。

爆弾は落とされなかったが、犠牲者を悼む暇（いとま）さえ許されなかった。

「空におびえながら暮らしていた」

陽光が反射し輝く銀色の機体。

１９４５年２月10日午後、東から飛来したB29。最初の編隊は上空を通過し西に向かった。その方向には、中島飛行機太田製作所がある。「太田を狙うのだろう」

すぐに太田方面から響いた爆発音。５キロも離れているのに、間近に聞こえる。

「防空壕に入れっ」。切迫した祖父の声によって、家族は庭の壕に向かい、警防団員の父は近くの詰め所に急いだ。

壕に入ると、たちまちごう音が耳をつんざき、大地ごと縦に揺さぶられた。幼い弟が泣き叫ぶ。

数分後、阿部さんが外に出ると、さっきまであった家々がない。爆風で倒れたり、炎と黒煙を上げたり。

かろうじて残った自宅にも、隣家から激しい火の手が迫る。食料や家財道具を運び出したが、後続のB29が現れるたび、背筋を凍らせた。

父は警防団の詰め所前で倒れていた。

目より上の頭がない。爆弾の破片に当たったのか、鋭利な刃物で切られたようだった。

地蔵院に続々と見知った人たちの遺体が集められる。首や手、足。どの遺体も一部がなくなっていた。しばらくは近くの川から肉片が見つかり、田畑を耕せば人骨が掘り出された。

空襲後、学校で「百頭の子はおとなしくなった」と言われた。阿部さんは、平気だった雷が怖くてたまらなくなっていた。

４月、再び爆撃を受けた。「なぜここばかり」

集落北に中島飛行機の分工場を建設する話があった、と後に思い出した。結局は造られなかったことも。

「中止された計画のせいでおやじは…」。家族思いだった農家の大黒柱を奪った不条理を嘆くしかなかった。

「それが戦争の悲惨さだ」

犠牲者の初七日として地蔵院で行われた第１回合同慰霊祭。12歳だった阿部さんも遺族として参列した＝1945年2月16日

⑧空襲　宇都宮空襲

「姉は犬死に、ただ殺され　忘れられる」

奪われた肉親、日常

福田（ふくだ）和子（かずこ）さん（82）（宇都宮）

「殺し殺され、何の得にもならない。こんなに惨めで愚かなことは、戦争のほかにはないですよ」と話す福田和子さん＝宇都宮市内

１９４５年７月12日深夜。家族が動き回る騒々しさを感じ、福田和子さんは目を覚ました。障子がだいだい色に照らされていた。「逃げろ」。父か兄の声に慌てて防空頭巾をつかみ、外に飛び出す。空襲に備えて、普段着のまま就寝していた。

自宅の裏手は崖。その２メートルほど下は宇都宮城お堀跡の沼地だった。

火の手が迫っても、湿った沼地なら燃えにくい。ラジオ、鉄瓶、畳…。両親と３人の兄が家財道具を投げ落とした。

和子さんは10歳違いの姉周子さんと手をつないで逃げ、沼地に向かった。夢中で崖を飛び降りた時、しっかり握ったはずの手が離れ、姉とはぐれた。

和子さんは沼地で１人ぼっち。四方に火の海が広がった。くぎを踏んだ左足が痛み、焼夷弾が降り注ぐ音が聞こえた。

炎のはざまに両親を見つけると、父が２枚の畳を山形に合わせ、３人で潜り込んだ。それでも顔も体もどんどん熱くなり、息ができない。

「苦しいよ」。うめく和子さんを、母は抱きしめた。「目をつぶって。今に楽になるよ」と言ってお経を唱えた。

辺りが静かになると、暗い中、姉を探す。背負ったリュックに寄りかかるように、地べたに座る姉を見つけた。

「周子、何してるの。こっちへおいで」。母の呼び掛けに反応はない。

周子さんは既にこと切れていた。息絶えた原因は分からない。額にくぼみがあり、おなかは血で真っ赤。リュックも赤く染まっていた。

和子さんがのぞきこんだ顔は、今にも話し出しそうだった。

「姉は犬死にですよ。ただ殺され、忘れられていく」

兄たちは無事だったが、姉は帰らない。

あれから70年。和子さんは毎朝、周子さんの遺影に手を合わせる。

花が好きで心優しい姉は、工場の勤労動員で働いていた。22歳。あの日のリュックの中身は１升の米。食べるに困り、年ごろの周子さんに両親が用意した帯と交換し、手に入れた。その米も血で染まった。

今、リュックは市役所に保管されている。自宅が焼け唯一の形見だ。

「経験した人でないと、あのつらさは分からない」と誰にも話さず、手元に置いてきたが、70歳の時、市の戦争遺品収集の呼び掛けに応えた。

「伝えることが供養になる。私も年を取りましたから」と和子さん。

「私が死んでも、忘れてほしくない。姉や、ここであったことを」

1945年7月12日深夜の空襲で焼け野原になった宇都宮市内。二荒山神社から下町方面（宇都宮市教育委員会提供）

⑨空襲　小金井空襲

時代が口止め　今も疑問

「どうして駅のことを話さないんですか」

簗（やな）昌子（まさこ）さん（79）（宇都宮）

「小金井空襲は実際にあったこと。隠す必要はない。本当のことを言っていかないと」と訴える簗昌子さん＝2015年2月7日、宇都宮市駒生町

「小金井駅に手を合わせられる場所がほしい」。簗昌子さんは長年、願っていた。

50代になってから、国分寺町（現下野市）役場や小金井駅に空襲のことを尋ねた。すると「分かりません」と言われた。

1995年夏、国分寺町公民館で開かれた「戦争を語る夕べ」。「話を聞けるかもしれない」と出掛けた。

なのに、過酷な戦場のことなどが語られ、小金井空襲の話はない。

すっと手を挙げ問い掛けた。「どうして小金井駅のことを話さないんですか」。なぜか満員の会場は静まり返った。

「あれだけの人が苦しみ、亡くなったのに」

簗さんは会場で、涙しながら、あの暑かった日の出来事を語った。

45年7月28日午前11時55分。両親、妹2人の家族が乗った上り列車は、小金井駅に到着しようとしていた。7月12日の宇都宮空襲で自宅が焼け、新潟の親戚宅に身を寄せる途中だった。

現在の自治医大駅付近の松林が途切れ、視野が開ける。その時だ。

「バリバリバリ」。すさまじい爆音。数機の米戦闘機の機銃掃射だ。

車窓から戦闘機が目に入る。操縦席の米兵が簗さんの方に目を向け、にやりと口角を上げた。

簗さんは体を引き、ボックス席の背もたれに体を押し付けた。「バリバリバリ」。振り向くと、隣の女性の頬がぱっくりと割れていた。

乗っていた兵士たちがいすを外して窓をふさぐが、銃弾はいすを貫通し兵士はばたばたと倒れた。

小金井駅に着くと、簗さんは通路に倒れた人をまたぎ、駅前の旅館の防空壕に逃げ込んだ。家族も無事。

駅前には人が山のように積まれた。死んでいるように見えた。

「逃げ場のない箱の中で撃たれる。地獄だ」

生き残ったことに「負い目」のようなものを感じるようになった。

98年、「夕べ」をきっかけとして、国分寺町は小金井駅西口広場に「平和の礎（いしじ）」を建立した。

「空襲があったという証拠は残った」と簗さんは胸をなで下ろす。空襲体験の情報が寄せられるようになった。

礎建立時の町長、若林英二さん（91）は、「憲兵が『誰にも言うな』と口止めした」と耳にしていた。軍にとって不穏当な言動を封じる治安維持法下。憲兵に連行されることもあった時代だ。

「それでも…」。簗さんは今も腑（ふ）に落ちない。あの時代が人の心に何をもたらしたのだろうか。「本当にあったことなのに」

小金井空襲で、小金井駅前の旅館に打ち込まれた米軍機の銃弾（下野市小金井、山中征男さん所有）。建物1階の押し入れの布団の中で見つかったという。背景は現在のＪＲ小金井駅

⑩終戦　被爆

人類初の原爆 人、街を破壊

25P

「エノラ・ゲイ号」がマリアナ諸島テニアン島を飛び立った。

1945年8月6日未明のことだ。

この米爆撃機B29に与えられた任務は、人類史上初の原子爆弾投下だ。

南方や沖縄など各地で敗北を重ねた日本は、本土周辺の制空権と制海権をほぼ失っている。各都市への激しい空襲により、軍用物資の生産能力も大きく低下していた。

残された道は本土決戦しかなかった。陸海軍の強硬論はなお強い。無条件降伏を求めるポツダム宣言を黙殺した日本政府。

米国は秘密裏に開発していた原爆の使用に踏み切った。

午前8時15分、広島に原爆が投下された。上空600メートルで爆発すると、猛烈な爆風、熱線、放射線が街をのみ込んだ。そして破壊し尽くした。

「黄色とだいだい色の光線が走った」。12歳だった下野市祇園5丁目、高橋久子さん（81）は2キロ離れた地点で被爆した。爆心地近くにいた父は骨片しか返ってこなかった。

広島では、45年末までに14万人が死亡。9日には長崎にも投下され、7万4千人が犠牲となった。

1週間後に戦争は終わった。被爆者の苦しみは終わらなかった。

⑪終戦　シベリア抑留

酷寒の地、60万人抑留

26P

大陸に残された日本兵の戦争は終わらなかった。

中国東北部、日本軍主導で建国された満州国。ソ連軍の戦車が一挙に侵攻した。1945年8月9日。玉音放送のわずか6日前の出来事だ。

「平和の回復」の名の下の駆け込み参戦。戦中に保たれた日ソ中立条約は破棄された。

国境付近には、かつて精強を誇った関東軍が駐留していたが、既に有力師団の多くは死闘の南方戦線へ。そのころの関東軍は、開拓の夢を追い渡航した満蒙開拓団などの青年が大半。「根こそぎ動員」で召集された。

急ごしらえの脆弱（ぜいじゃく）な部隊は、瞬く間に制圧された。

8月下旬。満州から北へと向かう1千人の長い列の中に、栃木市川原田町、大橋晧佑さん（86）はいた。17歳。「日本に帰す」というそぶりを見せたソ連兵に促され、船に乗って川を下った。

だが、たどり着いた先は祖国ではなかった。

「日本人捕虜をシベリアに移送せよ」。ソ連最高指導者スターリンは秘密司令を出していた。

鉄線が張り巡らされた収容所は2千、日本兵60万人が抑留された。酷寒の地で過酷な労働を強いられ、6万人が命を落とした。

大橋さんも、鉄線の中に追いやられていく。

⑫終戦　中国残留孤児

記憶ない戦争が人生翻弄

27P

「中国残留日本人孤児」と呼ばれた人たちがいる。

終戦間際の1945年。中国東北部、満州には、開拓移民などとして日本人32万人が暮らしを営んでいた。

8月9日のソ連軍侵攻時、「根こそぎ動員」で駆り出された男たちだけでなく、女たちや子どもも戦闘に巻き込まれる。避難中の飢餓や病気による犠牲者も相次いだ。

肉親と離れ離れの孤児となり、現地で中国人に育てられた子どもも少なくなかった。

孤児をめぐって、日本政府などの調査が本格化したのは日中国交正常化以降の80年代だ。厚生労働省によると、これまでに調査した孤児は2818人。身元判明者は1284人にすぎない。

「戦争は民衆にとって何もいいことはない」

孤児だった那須町豊原丙、星益英さん（73）は81年、第1次訪日団で祖国の土を踏んだ。初の訪日なのに、「帰国」だ。父と再会を果たした。

終戦時は3歳。星さんに親の顔や戦時の記憶はない。

帰国して、引き裂かれた愛する家族の現実を知る。日本に永住した後も、日中の習慣や文化の違い、「言葉の壁」に悩まされた。

終わった戦争に、人生を翻弄され続けた。

⑩終戦　被爆

苦しみ、傷一生消えず

やけどの痕…夏でも長袖しか着られない

高橋（たかはし）久子（ひさこ）さん（81）（下野）

高橋久子さんが袖をまくり上げた。

やけどの痕は上腕で途切れている。きれいに線を引いたようだ。

あの時は半袖の体操着を着ていた。

「70年前に刻まれた被爆の烙印（らくいん）です」

被爆の苦しみを抱えながら、体験を伝え続ける高橋久子さん＝下野市祇園５丁目

夏でも長袖しか選べない。「せめても」と柄や素材にはこだわってきた。過去を知らない人に「おしゃれでいいわね」と声を掛けられる。

「違うのよ」。そう説明するのをためらい、胸を痛めてきた。

1945年8月6日。広島は朝から暑かった。

学徒動員先の練兵場。高橋さんは中腰になり草を取っていた。左後ろから耳元を熱い線が走る。地べたに伏せたが、そのまま気を失った。

同級生の泣き叫ぶ声が耳に入り、意識を取り戻す。半袖から露出した両腕は焼けただれていた。皮が手先の方へだらりとぶら下がっている。左脚もモンペが破れ、ひどいやけどだ。

救護所が設けられ、負傷者が集まってきた。兵士から乳飲み子を抱いた母親まで、体は焼けただれ、血まみれ。

「一体何が起きたの」

自分より激しくけがをした人の列に並ぶことに尻込みし、自宅へ。腫れ始めた両腕はボールのよう。水ぶくれの脚からはドボドボと音がする。たどり着いた自宅は焼失していた。

翌日、広島県内の叔母のもとに身を寄せ、ようやく治療を受けた。

「ごめんね。こんな姿にしてごめんね」。包帯を替えてくれる母はいつも泣いていた。

「それ何?」。再び通い始めた女学校で、赤みがかった腕の肌のことを聞かれた。以来、半袖は着ていない。ケロイドを見詰め、何度も涙を流した。

「どうせ結婚はできない。独りで生きていくしかない」

25歳の時、親戚の勧めでお見合いをした。相手は被爆者と知っても望んでくれた。「体を見られたら離婚される」。夫の均さん（87）は、そんな不安ごと受け入れてくれた。

妊娠すると、わが子への被爆の影響に気をもんだ。長女には1歳から知能検査を受けさせた。杞憂（きゆう）だった。

「被爆者の苦しみは傷痕とともに一生付いて回る」

それでも二十数年前に栃木に移り住んでから、近所の人に「もう原爆のことは忘れたでしょ」と言われた。

湧き起こるような衝動を覚えた。「今も続くこの痛みは口を開かなければ伝わらない」

隠し続けた被爆の記憶を語るようになった。

高校３年生の時の高橋さん。体に残ったケロイドを見詰めては涙していた

⑪終戦　シベリア抑留

仲間の埋葬さえもできず…無念」

労働過酷　絶望の鉄線

大橋（おおはし）皓佑（こうすけ）さん（86）（栃木）

「若い人に戦争の苦しみを知ってもらい、将来を考えてほしい」。自身の体験を踏まえ語る大橋皓佑さん＝2015年2月19日、栃木市川原田町

夏の高い太陽から日差しが照りつけ、土ぼこりがごうごうと舞う。

終戦直後の１９４５年８月下旬。

大橋皓佑さんは、満州から北へ２００キロを超える道を歩き続けた。

食料や防寒具を入れた20キロの背のうのひもが肩に食い込む。目覚めてから暗くなるまでひたすら歩を進めたが、それでも港まで10日以上かかった。

「日本に帰りたい」。切なる思いが、今にも倒れそうな身を支えた。混乱の中、日本兵への暴行や略奪が横行していた。「隊列から脱落したら、現地の人に殺される」と恐怖も感じていた。

満州に渡ったのは42年５月、14歳の時だ。同級生３人と国策だった「満蒙開拓青少年義勇軍」に入った。戦局が悪化した44年11月、現地で関東軍に召集された。

日本の降伏後、誘導されるまま北上した。

港から船を乗り継ぎ、シベリア山奥の収容所に連行された。「もう帰れない」。絶望のふちに立たされた。

過酷な金鉱での砂金採取を課せられた。削岩機やダイナマイトの爆破によって、岩を削り、重量のある鉱石を日々、運び出す。

食事は、わらが混じった小さな黒パンと岩塩スープだけ。それが1日2回では、どうしようもないほど飢えた。

冬ともなると、零下30度を下回る酷寒。

体を突き刺すような寒風が吹きすさぶ。雪道を歩き、鉱内では冷たい地下水が頭上からしたたり落ちた。「さらなる地獄」だ。

命を奪われる兵士は後を絶たなかった。

仲間の亡きがらを埋めようと、つるはしを地面に突き立てた。土が凍り、はね返された。

「すまない」。そっと雪をかけ、手を合わせることしかできない。埋葬さえままならない現実。無念だった。

収容所の望楼からは、監視の目が光っていた。顔見知りの３人が脱走を図った。銃殺された。

1945年に満州で撮影。大橋さんは当時17歳

解放され、帰国の途に就く「ダモイ列車」に乗せられた。終戦から2年3カ月後、京都の舞鶴港に降り立った。

ともに満州に渡った同級生４人のうち、２人は遺骨も戻らないまま。

法事に呼ばれ、家族から「あの子はどう死んだのか」と尋ねられた。大陸での夢を追おうとした仲間なのに、死んだ場所も理由も分からない。

生き残ったことが後ろめたい。もう訪れることはできなかった。

自らの体験を語りながら、こう思う。

「また悲劇が繰り返されたら、向こうで死んだ連中が、あまりにもかわいそうだ」

⑫終戦　中国残留孤児

「お前は日本人　それが養母の最期の言葉」

帰国後も言葉、習慣の壁

星(ほし)　益英(ますえい)さん(73)(那須)

「日本人なのに日本語が話せない」と苦笑する星益英さん(左)と芳子さん
＝2015年2月19日、那須町豊原丙

星益英さんが出自を知った時、終戦から既に30年が経過していた。

1975年夏。中国東北部で生まれ育った星さんは、病床の「母」の最期の言葉に耳を疑った。

「お前は日本人。本当の親を探しなさい」

結婚して子ども3人に恵まれ、平穏な暮らしを送っていた。中国人の養父母はやさしく、他のきょうだいと分け隔てなく愛情を注いでくれた。

心に波紋が広がる。「侵略した」と教えられた日本が祖国なのか。両親はどんな人、日本はどんな国だろう…。

「自分は日本人だ」という思いは次第に強まっていった。

初めて訪日した翌年の82年、悩み抜いた末、妻子を連れて永住帰国した。

星さんの住まいは、父がいた那須町豊原丙の「千振」。永住直前に父は急逝したが、その場所で生活を始めた。

千振は、満州の「千振開拓団」が中心となって戦後、再入植して切り開いた酪農地帯だ。

理解ある経営者の工場で働いたが、考えをまっすぐ主張する中国の習慣を貫くと、同僚らと何度もぶつかった。

中国で経験を積んだ内外装を手掛ける建築職人に転職する。すると収入も上向き、暮らしは落ち着いた。だが会話の機会が少ない分、日本語の上達はゆっくり。今も日本語に難儀してしまう。

千振の人の多くは、親らと苦楽をともにした「身内」。星さんは「千振の人に救われている」と思う。

移住して、間もないころ。「言葉が分からなくても、仕事は見ればできる」。町長だった益子重雄さんの計らいもあり、中国人だった妻の芳子さんは地元保育園の用務員として雇われ、日本語も上達した。

満州での母やきょうだい4人の様子も、千振の人から教えてもらった。

ソ連軍侵攻後の混乱で、兄と姉はそれぞれ中国人に引き取られた。2歳だった妹は「足手まといだ」と毒を飲まされ「集団自決」の犠牲になった。母は1歳の弟と外出し、撃たれたらしい。

「戦争は人を死なせ家族もばらばらにする」。星さんが「絶対にだめだ」と言う理由だ。

今、日中関係はぎくしゃくしている。「原点は日本による侵略」と位置づける星さんは「それをきちんと認識しなければ始まらない」と考える。

「戦争を忘れてはならない」。その思いは強まっている。

満州の千振開拓時代、1歳ごろの星さん(後列右から3人目)。抱いている母の記憶はない

①開戦　学校

「お国のため」信じ

戦争一色　染まる世の中

その場所に立つと、記憶の糸がぴんと張り詰める。

宇都宮市東部の清原地区。太平洋戦争時、陸軍宇都宮飛行場があった場所だ。

5月中旬、宇都宮市西川田3丁目、大塚房子さん（89）は小さなピンマイクを手に語った。

「空襲警報が出ると、建物内を怒鳴って歩いて知らせたんです」

市民団体「ピースうつのみや」主催の戦跡巡り。説明役の大塚さんを40人以上の老若男女が取り囲んだ。

戦時中は同飛行場で、航空機の兵器補給や修理を担う「航空廠（しょう）」で働いていた。当時の体験を話すのは初めてではない。だが、戦後70年の節目に集まった参加者たちの真剣なまなざしの中で、今回は声に力が入った。

「私らが伝えなかったら、戦争を知らない人ばっかりになっちゃう」

大塚さんは大正時代末の生まれ。10代の青春がそのまま戦争の時代と重なる。

日中戦争が始まった翌年の1938年、宇都宮第一高等女学校（第一高女、現宇都宮女子高）に入学。町ではかっぽう着姿の国防婦人会が出征兵士を見送り、学校では大塚さんら学生が食糧確保のための農業手伝いなど勤労奉仕に励んだ。

太平洋戦争が始まったのは、4年生の時。卒業後に勤めた航空廠は、休みが月2日。まさに当時流行した軍歌の題名通り「月月火水木金金」の勤務だったが、「不満はなかった」。

45年7月、宇都宮空襲で自宅を焼かれ、20歳の誕生日を迎えて間もない8月、終戦を迎えた。

『お国のためであれば、どんなことがあっても仕方ない』と信じていた」。国中が戦争一色に染まっていた当時、何の疑問も感じなかった。命懸けもやむを得ないとさえ思った。

教訓を胸に、戦争を語り継ぎ平和を訴える活動に参加している。だが最近、こんな思いが強くなる。

「今の人たちは世の中がどう戦争へと傾いていくのか、分からないのではないか」

戦争を「銃後」で支えていた自身の苦い体験が今、脳裏をよぎる。

◇　　◇

「贅沢は敵だ」「進め一億火の玉だ」—。70年前の戦争は、勇ましい言葉で国民全体を巻き込んでいった。戦場の後方、「銃後」で戦争を経験した人たちの思いをたどる。

日露戦争の記念艦として保存された「三笠」の前で記念撮影する宇都宮の国防婦人会の会員たち。白かっぽう着にたすき掛けの統一された衣装で、「銃後の守り」を担った＝1940年、神奈川県横須賀市（大塚房子さん提供）

◀ 29P

①開戦　学校

開戦に沸き立つ県民

「物不足…解決には戦争しかない」

少女たちの高揚した声が講堂にこだました。

「ばんざーい、ばんざーい」

1941年12月8日、日本の連合艦隊がハワイ・真珠湾の米太平洋艦隊を奇襲した日。大塚房子さん（89）は歓声のただ中にいた。宇都宮第一高等女学校（第一高女、現宇都宮女子高）の4年生だった。

宇都宮第一高等女学校（現宇都宮女子高）に組織された「報徳勤労団」。学校に泊まり込み、昼は校庭整備などの作業、夜は報徳道の学習などを行った＝1940年夏（大塚房子さん提供）

4年前から続く日中戦争と、米英など各国の頭文字から「ＡＢＣＤ包囲網」と呼ばれた対日経済制裁が、暮らしに影を落としていた。「解決するには戦争しかない」。大塚さんら女学生の中には、戦争を待望する雰囲気さえあった。

あらゆる物が不足した。ゴムは貴重品で、ゴム底が減った運動靴にぼろ布を当てた学生も。3年生になると、コメは切符で割り当てられる配給制になった。

「南の島々の人たちを植民地支配から救い出す戦いなのだから、自分たちも何か協力しなければ」。政府の喧伝（けんでん）を、信じていた。

同じ日、栃木市の大宮南国民学校（現大宮南小）。「帝国海軍はハワイ方面の米艦隊、航空兵力に決死の大空襲を敢行し…」。校庭でラジオが真珠湾攻撃を報じると、子どもたちは無邪気な声ではやし立てた。

「やっちゃえ、やっちゃえ」

5年生だった栃木市樋ノ口町、田村立吉さん（84）も手をたたいて喜んだのを覚えている。

小学校は41年4月、国民学校に変わり、小学生は「少国民」と呼ばれた。「天皇陛下に仕える小さな皇国民」の意味だ。スピーカーから聞こえる華々しい戦果に、少国民の田村さんは奮い立った。

「いつか自分も憎き米英を、やっつけてやる」。子どもたちも信じていた。全てはお国のため、と。

挙国一致―。世の中は戦争を批判できる雰囲気ではなかった。

「そんなことを外で言ったら、捕まっちゃうから」。大塚さんは開戦後、14歳年上の兄が家で「戦争なんてばからしい」と言うのをたしなめたことがある。

桃太郎は鬼を退治した後、宝物を持ち帰ってくるのがずるい。日本も欲張って戦争を始めた。そんな戦争は駄目だ―。たびたびそう言っていた。「兄のように思っていた人は、実際は結構いたのではないか…」。大塚さんは今、そう思う。

戦争末期、兄は軍需工場に徴用された。どんな思いで「戦争のための仕事」をしていたのか。戦後間もなく早世した兄に、尋ねるすべはない。

宇都宮女子高正門近くの「操橋」を渡る大塚房子さん。太平洋戦争開戦時、万歳をした講堂は写真奥の辺りにあった＝2015年6月3日、宇都宮市操町

②開戦　学校

軍国教育に染められ

31P

かつて、どこの学校にも「奉安殿」と呼ばれるほこらのようなものがあった。

天皇、皇后両陛下の写真「ご真影」と、明治天皇が徳行を説いた教育勅語が納められていた。奉安殿の前を通るときは最敬礼をするものだった。

1937年、北京郊外の盧溝橋で日中両軍が衝突して始まった日中戦争は、次第に泥沼化していった。県内では進軍を祝う提灯行列が各地で行われる一方で、焼夷弾や毒ガス弾攻撃に備えた訓練も始まった。

欧米人の模倣だとして「パーマネントはやめませう」のスローガンが世に出始めたころ。近衛文麿内閣は38年、国家総動員法を制定、国を挙げて戦争への道を突き進むこととなった。

教育現場も例外ではなかった。41年4月、国民学校令が施行され、明治時代から初等教育の場だった小学校は「皇国民鍛錬」の場に姿を変えた。奉安殿はその象徴的な場所だった。

「負けじ魂」。宇都宮市今泉町、関口喜美子さん(84)は国民学校で「神風が吹いて日本は勝つ」という教育をたたき込まれた。「純真無垢な子どもは、教師の導きでどのようにでも染まるから」。そして皆「同じ色」に染められていった。

③開戦　教練

校庭で銃構えた中学生

32P

校庭でゲートル姿の中学生が銃を構える時代だった。

陸軍将校の指導の下、行進からほふく前進、手りゅう弾の投げ方まで学んだ。

軍事教練だ。

国家の総力戦となった第1次世界大戦。その経験から日本も、青少年への軍事予備教育の必要性に目を向けた。

全国の中等学校以上に陸軍将校が配属されたのは1925年。教練は正式な授業科目となった。

開戦が近づくにつれて、教練は熱を帯びていく。39年には宇都宮市周辺で、県下中等学校連合演習が行われた。県内の中学生が「北軍」と「南軍」に分かれ、鍛錬の成果を競った。

宇都宮市越戸1丁目、宮岡正紀さん（84）は、国民学校時代から剣道の稽古に励む軍国少年だった。月1度は剣道仲間と宇都宮二荒山神社まで走り、戦勝を祈願した。

中学校では敵兵の姿を思い浮かべ、力いっぱい銃剣を突き出す日々に。

「戦争に行って死ぬのが当たり前」

学生帽はカーキの戦闘帽に変わった。生徒たちが描く将来も変わっていった。

④戦時　出征

駅に響く軍歌と万歳

33P

「勝ってくるぞと勇ましく…」

日中戦争が始まった1937年に発表された軍歌「露営の歌」は、戦地に出向く出征者を見送る際の定番歌だった。

国民皆兵―。男性は20歳になると徴兵検査を受け、2年間の兵役に就いた。中国の首都・南京陥落に国内が沸くころ、県内各駅では見送る人々の歌う軍歌が響いた。太平洋戦争が激化すると、いくら徴兵しても兵力が追い付かなくなる。男性は次々と軍隊にかり出された。その結果、街角から、農村から、働き盛りの男性の姿が消えていった。

軍の召集令状はその色から「赤紙」と呼ばれ、応じないという選択は許されない。夫、息子、兄弟の無事を祈り、女性、子どもは街頭や学校で白いさらし布に赤い糸を縫い付ける「千人針」を募り、日章旗に武運を祈る寄せ書きを集めた。

「人を笑わせるのが好きで、近所でも人気の兄だったんです」

野木町野木、田村行子さん（84）も、出征する長兄を見送った。自宅の庭には竹ざおに下げた祝いのぼり旗がはためき、「万歳」を合図に駅へと向かった。

②開戦　学校

すり込まれた忠誠心

「お国のために死ぬのは美しい」

全てが軍国調だった。

太平洋戦争が始まった1941年ごろ。関口喜美子さん（84）が通った宇都宮市の西国民学校（現宇都宮市西小）は昼休み、決まって大きな太鼓の音が校庭に響いた。

分列行進の訓練が始まる合図だった。

横に４人で隊列を組み、足の運び、手の振り、隊列の前後左右など一糸乱れぬようになるまで練習した。

「まるでテレビで見る北朝鮮の軍隊パレードのようだった」。隊列を組んで10キロ近く離れた多気山を目指す行軍訓練もあった。

教員との会話も変わった。

教員が「地図を用意してくれ」と言えば、子どもたちは「はい、地図を用意するであります」。指示を復唱し「であります」で締めた。教員の言うことは絶対。「金科玉条」だった。

旧制真岡中にあった奉安殿。終戦まではあらゆる学校に設けられ、学校で最も神聖な場所とされた（真岡高「百年誌」より）

国民学校は国に身をささげる価値観や精神も徹底して教え込んだ。

天皇誕生日など旧制の祝祭日「四大節」を祝う祝賀式典。市貝町の市塙国民学校（現市貝小）の校庭で、益子町七井、片岡定光（かたおかさだみつ）さん（85）は直立不動で体をこわばらせていた。

教頭が奉安殿からふくさに包まれた巻紙の教育勅語を取り出し、黒い盆で恭しく運ぶ。壇上で受け取った校長が厳かに読み上げた。

「朕惟（ちんおも）ふに…」

片岡さんら「少国民」は一斉に深々と頭を垂れた。「当時はその行為に、何の疑問も持たなかった」。毎日の朝礼では、皇居の方角に向かって最敬礼した。「どうしてそうするのかを考えさせない教育。一方通行の教えが当たり前だった」

だが45年の終戦を境に、国民は「当たり前」が必ずしもそうではないと知る。

栃木市都賀町合戦場、舘野サク子さん（83）は、戦中には読むのを禁じられた反戦文学などを戦後に読みあさり、がくぜんとした。

「知らないことの罪、知らされないことの悲しみ、教育の恐ろしさを感じた」

佐野市の第三国民学校（現栃本小）で教育勅語の忠誠心をすり込まれ、「お国のために死ぬのは美しい」と思っていた。佐野高等女学校（現佐野東高）では、すぐ前の第一国民学校に戦車部隊が配備されるのを目の当たりにした。「自分もどこかの塹壕（ざんごう）で死ぬ」と覚悟した。

「次の世代に、同じ経験をさせたくない」。戦後、高校の国語教員になった舘野さんは、教え子に繰り返しこう言ってきた。

「本を読み、いろいろなことを知りなさい。自分できちんと考え、判断できるようになるために」

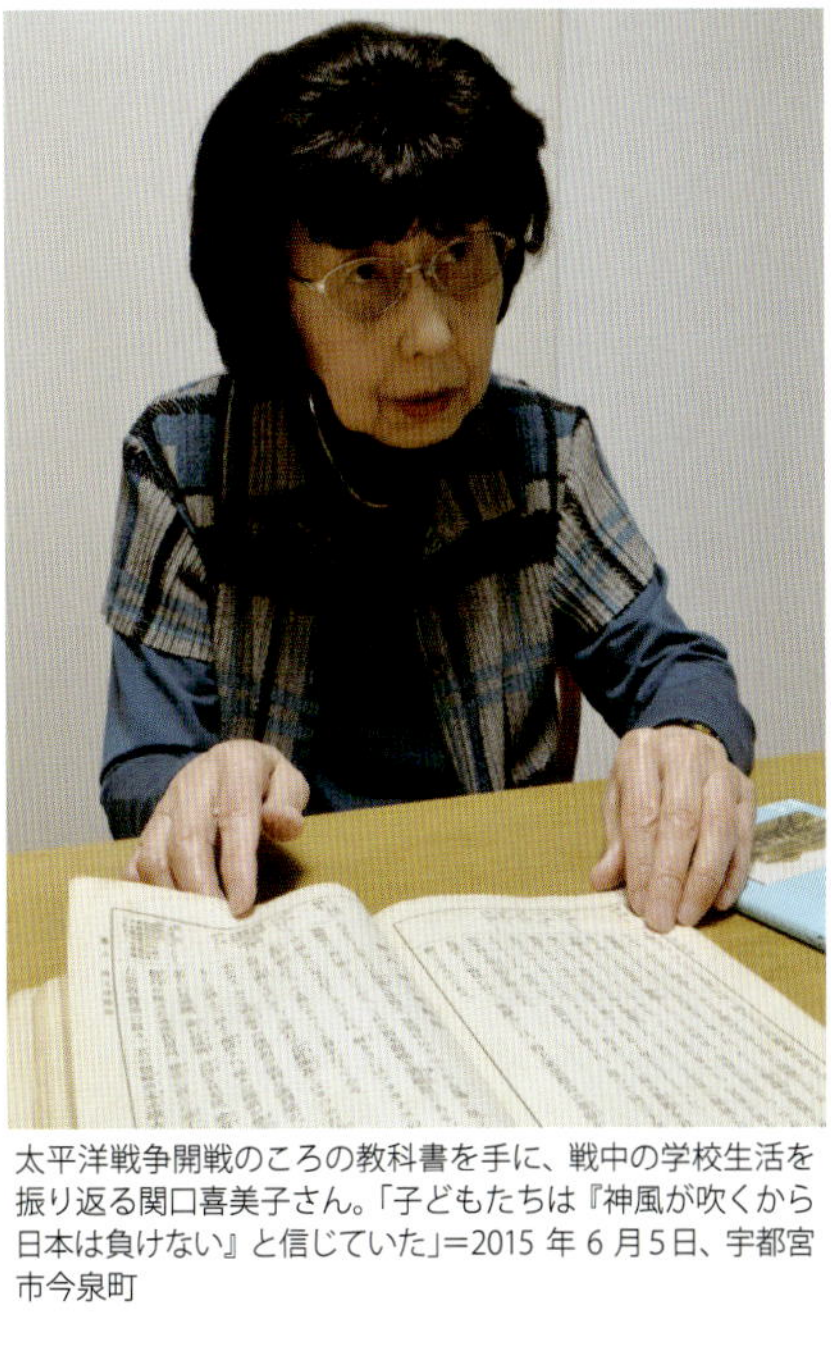

太平洋戦争開戦のころの教科書を手に、戦中の学校生活を振り返る関口喜美子さん。「子どもたちは『神風が吹くから日本は負けない』と信じていた」＝2015年６月５日、宇都宮市今泉町

③開戦　教練

軍隊の意識、植え付け

「歩兵より飛行兵で死にたい」

旧制真岡中（現真岡高）で行われていた軍事教練の査閲。銃の撃ち方の「試験」もあった（真岡高「百年誌」より）

校庭に将校の合図が響いた。宮岡正紀さん（84）の順番だ。右手には訓練用の模擬手りゅう弾。

「1、2の3」

右手を振ってタイミングを計り、空に放った。

開戦後、宇都宮市今泉町にあった県立宇都宮商業学校（現宇都宮商業高）。宮岡さんは戦場さながらに教練に励んだ。

教本「歩兵操典」を袋に入れ、いつも腰からぶら下げた。三八式歩兵銃や軽機関銃の使い方にも慣れた。

兵隊となる意識が高まるにつれて、戦場へ行く恐怖が薄れていく。死に方まで考えるようになっていた。

「這（は）いつくばって死ぬ歩兵は嫌だ。少年飛行兵となって敵艦に突っ込もう」。受験できる15歳を心待ちにしていた。

壇上の校長はサーベルを提げ、威厳たっぷりに行進を見守っていた。

栃木商業学校（現栃木商業高）に進んだ栃木市樋ノ口町、田村立吉さん（84）は、緊張気味に手足を動かす。

ある時、前後の友人と足のリズムが乱れた。すぐに将校の叱咤（しった）が飛んだ。

「互いに頬を張れ」

向かい合って、ためらいがちに友人に手を上げた。許されなかった。

「弱い。もう一度」

許可が出るまで、友人とお互いの頬を張り続けた。

ビンタの記憶は多い。

明治天皇が下賜（かし）した「軍人勅諭」を覚えていなければビンタ。上級生とすれ違うときに敬礼を忘れればビンタ―。

軍隊のしきたりを徹底的に植え付けられた。

奥日光の中禅寺湖は、海軍の教練場だった。

1944年秋、旧制真岡中（現真岡高）3年だった市貝町市塙、荒井良夫さん（85）も「海洋訓練」に参加した。

毎朝起床ラッパで起き、宿泊先から華厳の滝まで走った。カッターボート漕ぎや手旗信号を間違えると、樫でできた「精神棒」で尻をたたかれた。

「貴様ら、次は太平洋の真ん中で会おう」

教官役の海軍将校と帽子を振って別れたが、心の中でつぶやいた。

「冗談じゃない」

志願制の海軍飛行予科練習生（予科練）の受験は、半ば強制だった。

県庁で受けた身体検査で色覚障害を装った。筆記試験は白紙で出して「落ちることができた」。ささやかな反抗だった。

戦場に行かなくてはいけないとは思っていた。

「でもみんなが進んで死にたかったわけじゃない」

当時の中学生が教練で使った模擬手りゅう弾と宮岡さん。「1、2の3」と投げるタイミングは今も体が覚えている＝2015年6月9日、宇都宮市越戸１丁目

戦争当時の出来事や兄弟の出征時期などを記した年表を広げる田村行子さん。日中戦争、太平洋戦争を通じ、２人の兄が出征した＝2015年６月８日、野木町野木

④戦時　出征

見送り盛大　家には陰膳

「兄が乗る汽車、泣きながら追った」

まるで祭りのようなにぎわいだった。

田村行子さん（84）は1938年1月、15歳年上の長兄正世さんの出征を見送った。

野木町の自宅から数キロ離れた国鉄（現ＪＲ）古河駅まで、兄は3人の出征する青年と共に歩みを進めた。白地に「祝」と書かれた何本ものぼり旗が囲む。「立派な旗だなぁ」。幼かった田村さんは見とれた。

連れ立って歩く親族、隣近所の人の手には日の丸の小旗。道すがら何度も「万歳」の声が挙がった。

駅に着くと、兄は見送る人々にあいさつした。田村さんの記憶はおぼろげだが、覚悟を決めた言葉だったように思う。寄せ書きされた日の丸を肩に掛けた、その「りりしい姿」がまぶたに焼き付いている。

出征は一族一家だけでなく、郷土の誉れとして称賛された。

高根沢町宝積寺、小池秀子さん（89）は42年12月、出征する次兄正文さんを見送った。

先に出征した長兄利政さんは太平洋戦争前、中国北部で戦死した。「兄の敵を討つ」。次兄はことあるごとに憤っていた。

神社で祈願し、馬に乗って宝積寺駅へ。亡き長兄と同じ道をたどった。

ただ「あにさん（長兄）のときのほうが大勢の人がいて、もっと盛大だった」。太平洋戦争開戦後、見送りは頻繁に行われる日常の光景となり、以前ほどの華やかさはなくなっていった。

家では次兄の出征後、無事を祈る陰膳（かげぜん）を食卓に用意するのが常となった。それは戦後、復員するまで続いた。

涙も見せずに送り出した気丈な母の本心が、そこにあったと小池さんは思う。夜、枕を並べて寝ていた母のすすり泣く声が今も耳に残る。

出征は郷土の誉れだった。のぼり旗を掲げ、日の丸を手に出征者を送る宇都宮市小幡町の人々（「写真でつづる宇都宮百年」より）

田村さんの胸に刻まれた長兄との思い出がある。出征前、兄に連れられ東京に行った。その春の小学校入学に備え、兄はセルロイドの筆入れやランドセルを買ってくれた。はしゃぐ妹を笑って見ていた。

出征の日。兄が汽車に乗り込むのを見ると、泣きじゃくって後を追った。

「あんちゃん、行っちゃう」

駅員に止められ、父から「あんちゃんは兵隊に行くんだかんな」となだめられた。

兄が再び古河駅に降り立ち、妹にあの笑顔を見せることはなかった。

⑤戦時　帰還

兵士の命は「はがき1枚」

35P

おびただしい数の兵士が命を落とした。

日中戦争から太平洋戦争にかけての戦死者は、軍人、軍属で約230万人といわれる。本県の陸軍と海軍の戦死者も4万人を超えるとみられている。

一銭五厘―。兵士の命は、当時の郵便はがきの値段に例えられた。召集令状の赤紙一枚でいくらでも代わりがきくという意味だ。

「無言の帰還」は、名誉の戦死とたたえられ、各地で盛大な市町村葬が行われた。戦死者を出した家には、「誉れの家」の標識が掲げられ、称賛された。

悲しむことは許されない。誉れの家らしく、ふるまうことが求められた。戦死を伝える死亡告知書（戦死公報）を手に、涙をこらえ、その死を受け入れるしかなかった。

戦局が厳しくなると、安否が分からず、家族は不安を募らせ、帰りを待ちわびた。

遺骨も、遺品も届かなくなる。戦地から送られた箱を開けると、中に入っていたのは遺骨代わりの木片―。そんなことも珍しくなかった。

高根沢町宝積寺、小池秀子さん（89）の長兄も銃弾に倒れた。

「日本は勝つ。だから必ず帰ってくるとばかり思っていた」

⑥戦時　動員

学業打ち切り工場動員

36P

戦時中、日本軍の主力戦闘機「疾風（はやて）」は宇都宮で生産されていた。

日本最大の航空機会社だった「中島飛行機」の宇都宮製作所。現在の富士重工業宇都宮製作所（宇都宮市陽南1丁目）だ。

1944年、この工場に県内外の生徒・学生が呼び寄せられる。

多くの兵士が海を渡り、国内は深刻な労働力不足に陥っていた。政府は中等学校以上の授業を打ち切り、学徒動員を本格化する。

宇都宮市教委によると、同製作所の従業員数（45年7月時点）は約2万6520人。うち学生は31％を占めた。

旧制真岡中（現真岡高）の3年生は夏休みのある日、突然学校に呼び出された。「これから戦闘機の増産に行ってもらう。勤務地は宇都宮だ」

「お国のため」を刷り込まれてきた益子町七井、片岡定光さん（85）は抵抗なく受け入れた。

「自分たちが働いてこの国を支えるしか道はない」

宇都宮市の関東工業雀宮工場、日光市の古河鉱業足尾鉱業所…。県内各地で動員があった。

学徒の通学風景は消え、「通勤」が始まった。

⑦戦時　工場

戦局悪化、工場も疎開

37P

米軍爆撃機B29による本土空襲が本格化したのは1944年11月。全国の軍需工場は各地に分散し、地下に潜った。

工場の疎開だ。

宇都宮市大谷町の地下採石場。戦闘機の生産拠点だった中島飛行機宇都宮製作所から、工作機械や資材が少しずつ運び込まれた。

大谷石を採掘した後の広大な地下空間は、格好の疎開先だった。約5万8千平方メートルの広さに約1千台の機械。9千人弱の工員や学徒が振り分けられた。

大谷街道や、国鉄（現JR）鶴田駅から敷かれた石材輸送用の貨物線では通勤ラッシュまで起きた。

宇都宮製作所に動員されていた旧制真岡中（現真岡高）3年の横井千春さん（85）＝茨城県筑西市乙＝は、資材や部品を各部署に届ける「現品係」だった。製作所から大谷地下工場への「引っ越し」も手伝った。

周辺の学校でも校舎内で戦闘機を造り始めた。市の中心部にあった肥料店の石蔵には高価な計器類を隠した。

「街中のあちこちが中島の工場だった」

そして宇都宮製作所は「空っぽ」になっていった。

⑤戦時　帰還

戦死は名誉　耐える母

「息子失い『おめでとう』と言われ…」

無事を祈って託した千人針は、血に染まっていた。

「トシが死んじゃった、トシが死んじゃった」

人目をはばからず、声を上げて泣く母。その姿が、小池秀子さん（89）の目に焼き付いて離れない。

小池さんの長兄利政さんは1938年、中国東北部の戦線で胸部を撃たれ、十数日後に亡くなった。24歳だった。

「秀ちゃんが作るご飯はうまいね」

出征前、そう言って褒めてくれた兄は、骨になって帰ってきた。一枚の白布に女性たちが糸を縫い付け、「弾よけ」を祈願した千人針も一緒だった。

親戚一同と写真に納まる小池秀子さんの次兄正文さん（中央）。長兄の利政さんは戦死した。再び帰れるか分からない出征者は家族と記念撮影をして戦地へ向かった（小池さん提供）

「もう二度と帰れません。悔しい、悔しい…」

痛みに耐えながら記したのだろう。残された兄の日記には、乱れた文字が並んでいた。母は亡くなるまで、この日記を手放さなかった。

兄の葬儀は、村を挙げて行う「村葬」だった。

会場の阿久津尋常高等小学校（現高根沢町阿久津小）に大勢の人が集まった。

白い旗を掲げ、墓場まで続く長い列。それが「名誉なこと」なのかは、分からなかった。小池さんは、ただ「あにさんは死んじゃったんだな」と思った。

静まりかえった講堂を幼子がはしゃぎ回っていた。

野木町野木、田村行子さん（84）もまた、兄の村葬の光景を思い返すと胸が締め付けられる。

長兄正世さんは42年３月、ビルマ（現ミャンマー）で戦死した。太平洋戦争が始まって、わずか３カ月後のことだった。

国民学校高等科の講堂。兄を含め戦死者３人の親族、地域の代表らが集まった。人混みと初夏の陽気で汗ばむほどだった。

無邪気にはしゃいでいたのは、戦死者の３歳ぐらいの息子だった。

「こんな小さい子を残して…」。兄を失った寂しさ、幼子のふびんさがないまぜになり、涙があふれた。

田村さんは、兄の戦死の報が届いて間もないころ、近所の人と母の交わす言葉が理解できなかった。

「おめでとうございます」

「ありがとうございます」

母は頭を下げた。

めでたいことなのか、感謝することなのか…。

数日後、麦畑にいた母の姿を見て、本心を悟った。

「あんちゃんは、帰ってこないんだよ」。母の目から涙がこぼれ落ちた。

その時胸に刻まれた戦争の理不尽さを、70年余が過ぎた今も忘れない。

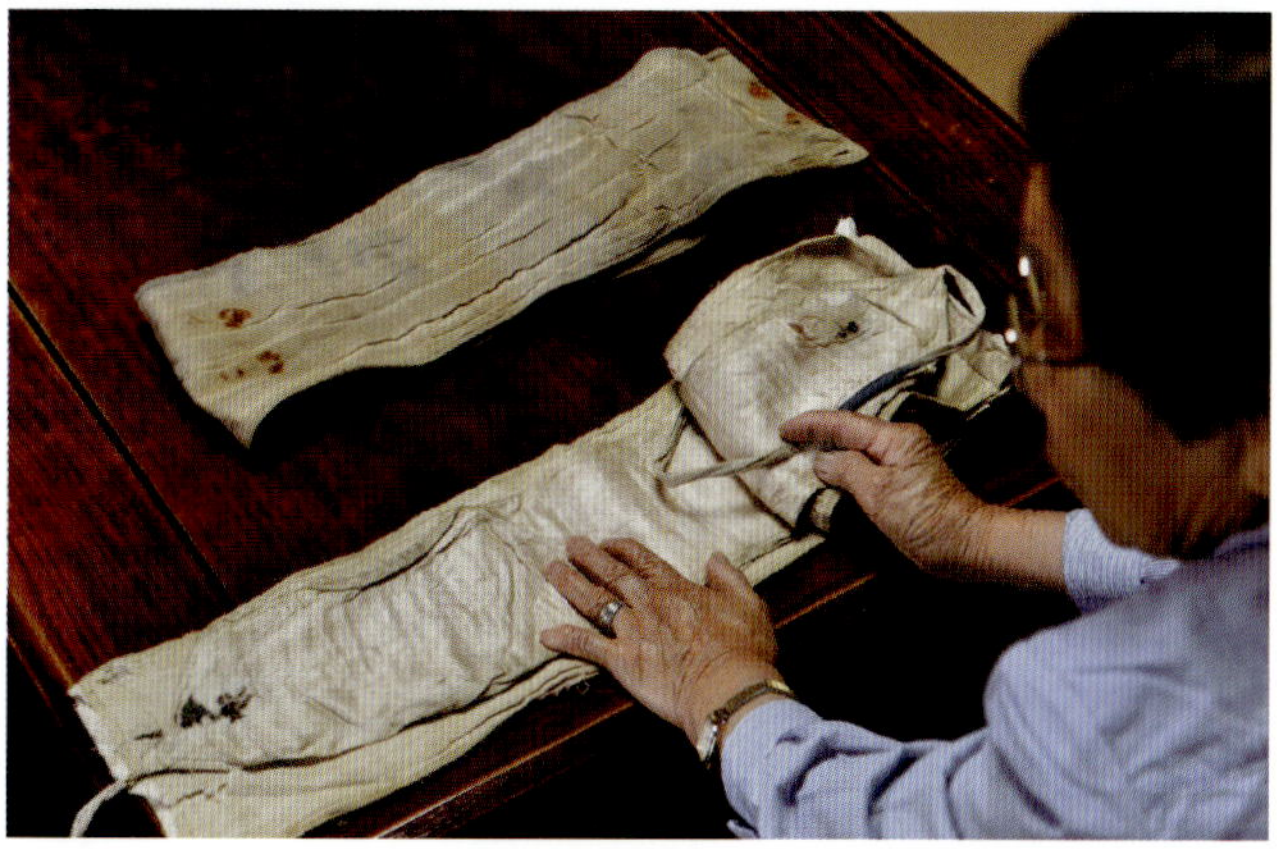

千人針を縫い込んだ長兄の遺品の腹巻きを手にする小池秀子さん。無事帰還の願いを込めたクルミ（来る身）やお守りも縫い込まれていた＝2015年６月４日、高根沢町宝積寺

⑥戦時　動員

勤労、忍耐…慣らされ

「自分も日本の戦力になっているんだ」

15 歳の時、中島飛行機宇都宮製作所に動員された片岡定光さん。「栃木県じゅうの学校が集まってきたようだった。今にして思えば異常ですよ」と振り返る＝2015 年 6 月 2 日、益子町七井

一日の始まりは、午前6時の起床ラッパだった。

点呼の後、戦闘帽をかぶり、ゲートルを巻いた足をそろえて行進していく。

「ここも軍隊だな」

片岡定光さん（85）は、中学校の軍事教練を思い出しながら工場へ出勤した。

1944年秋、中島飛行機宇都宮製作所。遠方に住む学徒は、東武宇都宮線江曽島駅近くの寮に分かれて入った。

「真中寮」。旧制真岡中（現真岡高）の3・4年生約360人が入った寮はそう呼ばれた。

最新鋭の「疾風（はやて）」の機体に使うジュラルミンを伸ばし続ける毎日。仕事の後はヘトヘトに疲れ、勉強どころではない。

空腹とも闘った。食堂の食事は小さな茶わんにサツマイモ入りのご飯1杯。

だが不満は感じない。

学校で「奉安殿」に頭を下げ、厳しい教練を受けてきた。「耐えること」には慣れ切っていた。

「お国のために働き、勝利に貢献できるんだ」

片岡さんの同級生横井千春さん（85）＝茨城県筑西市乙＝は、勇んで真中寮に入った。

数千人が働く作業場の空気は張り詰めていた。女学生は「神風」の鉢巻き姿。憲兵が鋭い目を光らせて回った。

「おしゃか（不良品）は出すな」を合言葉に、「疾風」が1機、また1機と組み上がっていく。

「自分も日本の戦力になっているんだ」。達成感と誇らしさがあった。

完成した機体は、南にある飛行場でテストをした。合格して戦地へ飛び立っていくたび、製作所のあちこちから拍手が起きた。

「太平洋を飛び回り、米軍をやっつけてくれるはず」。そう信じて機影を見送っていた。

１９４７年に米軍が撮影した中島飛行機宇都宮製作所付近の航空写真。大きな建物が４棟ずつ並び、西から東へ工程が流れるようになっていた。右側を南北に走るのは国道１１９号・４号とＪＲ宇都宮線（国土地理院提供）

栃木商業学校（現栃木商業高）の生徒だった田村立吉さん（84）＝栃木市樋ノ口町＝も、足利市小俣で戦闘機造りに精を出した。

群馬県大泉町にあった中島飛行機小泉製作所の関連工場。担当は2人1組での機体のびょう打ち。ある日、手元が狂い、穴を開けてしまった。

「おしゃか」だ。怒鳴られることを覚悟した。

しかし報告を受けた工員は自嘲気味にこう言った。

「いいよ。どうせ沖縄まで飛んで、敵艦に体当たりするんだから」

飛行兵として出征していった先輩たちを思うと、怒りと悔しさがこみ上げた。

日本の勝利を疑ったことはなかった。だがこの時、見えない戦地の空に初めて一抹の不安を覚えた。

⑦戦時　工場

地下に隠れ戦闘機造り

「これは日本も危ないのではないか」

非常招集は開戦記念日の夜だった。

真珠湾攻撃からちょうど３年の１９４４年12月８日、中島飛行機宇都宮製作所。

横井千春さん（85）は、学徒の暮らす寮から工場へ急いで駆け付けた。

意外な指示だった。

「空襲があるかもしれない。工場の一部を移す」

戸惑いながらも資材を麻縄でくくり、軍のトラックへ。男体おろしに震えながら荷台に揺られた。

郊外で停車した。工員の後に付いて、地下へと階段を下りていく。

巨大な空間が広がっていた。立ち込めたもやに裸電球の明かりが揺らめく。

大谷の地下工場だった。

「秘密基地だな」

何も知らない14歳の少年には興奮の方が大きかった。

大谷地下工場の中で保管されていた戦闘機「疾風」のエンジン部品（大谷資料館提供）

細い階段の先に広がる漆黒の闇。初めてのぞいた時は、足がすくんだ。

「こんな場所で戦闘機が造れるのか…」

採石場を利用した大谷地下工場。45年春、宇都宮製作所から「転勤」を命じられた荒井良夫さん（85）＝市貝町市塙＝は尻込みした。横井さんの同級生だ。

配属された作業場は、奇岩で知られる御止山（おとめやま）に掘られた横坑のトンネルだった。木のハンマーや電気ドリルを使って板金部品を製造した。

天井からは水滴がしたたり、大谷石が茶色く変質した「みそ」も落ちてくる。作業効率は悪かった。

宇都宮製作所や寮の付近には、生産拠点を狙った米軍機グラマンやＰ51が飛来するようになっていた。

疎開場所で働いていた安心感はあったが、次第に資材の納入が滞り始めた。穴蔵の中で手持ちぶさたで過ごす日々が続く。

「これは日本も危ないのではないか」

工場から戦局の変化も感じ取るようになっていた。

もう一人の同級生片岡定光さん（85）＝益子町七井＝も出勤先が変わった。

宇都宮南国民学校（現一条中）の学校工場だ。児童が勉強していた教室に工作機械を並べ、戦闘機の一部を造っていた。

「学校まで軍のために使うのか…」。割り切れない思いもあった。

寮からは３キロほどの道のり。毎日、軍歌を歌いながら勇ましく行進していた。

だが防空警報の鳴り響く日が増え、不安が膨らんでいく。警報が鳴ればすぐ退避。生産どころではない。

親元を離れ、軍隊のような寮生活の中で働き続けてきた。勝利を信じて耐えてきたが、もう限界だった。

「早く降伏してくれ。こんなところで死にたくない」

御止山にある横坑跡の前に立つ荒井良夫さん。「切り立った大谷石と松の木は７０年前を思い出すよ」＝2015年６月２日、宇都宮市大谷町の大谷景観公園

⑧空襲　疎開

戦火避け本県へ2万人

39P

1944年7月、サイパン島が陥落。必要不可欠な領域とされた「絶対国防圏」が崩壊し、米軍の本土空襲の危機が迫った。

その直前の同6月30日、「学童疎開促進要綱」が閣議決定された。

政府はそれまで、地方の親類などに子どもを預ける「縁故疎開」を勧奨していたが、縁故疎開先のない都市部の国民学校初等科3～6年生を対象に、学校単位の「集団疎開」を打ち出した。

まず東京、大阪など全国13都市の児童約40万人が農村部などに住まいを移した。近隣県として疎開先に選ばれた本県では、約1万5900人を受け入れた。その後、対象児童の拡大などによって本県には計2万人近く、全国では約60万人が疎開したとされる。

「思い出したくはない記憶」

東京都牛込区（現新宿区）の愛日国民学校から赤津村（現栃木市都賀町）に疎開した栃木市柳橋町の阿部洋子さん（76）は言葉少なに語る。

都市を防衛する上で「足手まとい」になる子どもを地方で生活させ、次世代の戦力を温存する—。

戦争末期に国が進めた施策は、子どもたちに痛切な記憶を刻んだ。

⑨空襲　避難

警報、防空壕で息殺す

40P

サイパンなどマリアナ諸島が連合軍の支配下になると、米軍はその島々を拠点に、爆撃機B29などで日本本土への攻撃を仕掛けた。

空襲が本格化したのは1944年11月。暮らしは一変した。

「ウーッ、ウーッ」

静かな集落に空襲警報の低い音が鳴り響く。焼夷弾や機銃掃射におびえる日々。

夜は「灯火管制」が敷かれた。目標物とならないよう、家庭では電灯を黒布で覆い、一点の明かりすら漏れないよう暮らした。

B29による空襲の当初の目標は、飛行場や軍需工場だった。その後、作戦方針が転換され、大都市から、やがては全国の中小都市市街地に及んでいく。45年7月になると県内各地で空襲が激化し、多数の犠牲者が出た。

国の指導で、地域や学校、家庭では防空壕が大量につくられるようになった。空襲警報が鳴れば、防空壕に逃げ込み、息を殺した。

宇都宮市末広1丁目、古谷シンさん（82）の同市茂原町の実家には、当時の防空壕が今も残る。父が家族10人を守るために、必死で掘り続けた。

「ここで何度、夜を過ごしたことでしょう」

⑩空襲　警戒

見張り役は女性や若者

41P

関東上空に米爆撃機B29が初めて姿を見せたのは、1944年11月。銀翼を光らせ、上空から偵察飛行を繰り返していく。

先進的な能力を誇り、米軍が「超空の要塞（ようさい）」と呼んだB29。陸軍第十四師団が駐留し、飛行場や軍需工場が点在する宇都宮市を中心に、本県に激しい攻撃を展開する。

45年2月10日。群馬県の中島飛行機太田製作所への空襲に合わせて、隣接する足利市にも爆弾や焼夷（しょうい）弾を投下した。住民33人以上が命を落とした百頭（ももがしら）空襲だ。

そして7月12日、B29115機が焼夷弾の雨を降らせた宇都宮大空襲。県都は焦土と化し、620人以上が犠牲になった。

相次ぐ無差別爆撃。下野新聞社の調べでは、県内の空襲による死者は少なくとも785人に上る。

成年男子の多くが戦場に行った戦争末期、空襲から市民を守る任務を中心的に担ったのは、地域の若者や女性だった。

「南の空に機影を見ると、思い出す」

鹿沼市の「防空監視哨」で敵機の来襲を見張っていた同市口粟野、黒子一郎さん（89）は、今もあの日の光景が脳裏をよぎる。

⑧空襲　疎開

国に翻弄　苦難の児童

「また家族一緒に…かなわぬ願いだった」

杉並木に覆われたなだらかな坂の上に、瓦屋根の本堂がたたずむ。

栃木市都賀町大柿の龍興寺。６歳の時に疎開した阿部洋子さん(76)は、その坂の木陰で弟と遊ぶのが好きだった。

１９４４年７月以降、東京から疎開児童を乗せた臨時列車が次々と県内の駅に到着した。受け入れ先は主に寺院や県北の旅館。

阿部さんは、教師だった母親が引率する児童らと列車に乗り、45年春にやって来た。「もう空襲に遭わずに済むんだ」。安堵の思いだった。

本堂で始まった40人の集団生活。食事は大概、イモを浮かべた茶わん１杯の雑炊だった。「いつもおなかをすかせていた。みんなやせ細ってガリガリになっていった」

龍興寺で撮影された疎開児童たちの写真。引率教員や住職、地域住民らが世話に当たっていた（小倉久吾さん提供）

勉学もままならなかった。体中をブユに刺されて腫れ上がり、水疱（すいほう）ができた。ただれて高熱を出し、眠れない日々が続いた。同じ年の子は毎晩、布団を頭からかぶり、声を殺して泣いていた。

「どこから来たんだろう」。栃木市片柳町４丁目、小倉久吾さん（78）は、赤津第二国民学校（旧大柿小、現在は廃校）に大勢でやって来た阿部さんら転校生を不思議に思った。

言葉遣いも違い、きれいな服を身に着けていた。どことなく距離があり、仲良くならないまま「戦争が終わり、またどこかに行ってしまった」。

戦後、国の命令で資料を焼却した学校もあり、疎開児童の実態は十分には明らかになっていない。

だが幼い子どもたちは、国策によって都市と地方の間で翻弄（ほんろう）された。いじめに遭い脱走した子、寺の隅で死んだ子、両親を亡くし孤児になった子…。「忘れてはならない事実」。小倉さんは25年前から疎開の調査を始めた。

阿部さんが最も鮮明に覚えている場面がある。

終戦の日のことだ。

「洋子ちゃん、良かったね。戦争は終わったよ。お父さんは帰ってくるよ」

龍興寺の住職の言葉に、弟と飛び跳ねて喜んだ。

「これで家族一緒の生活に戻れる」。しかし、その願いはかなわなかった。

母は帰還兵が持ち帰った骨箱の中に、見慣れた名前を見つけた。父は終戦２日前、九州で戦死していた。妊婦だった母は２歳の妹を抱き締め、静かに泣いた。

東京の自宅は空襲で焼失した。家族は戦後、疎開先に近い親戚の家で暮らし、「栃木県民」となった。

全てを変えた戦争、そして疎開生活。70年間、誰にも多くを語らず、胸にしまい込んできた記憶だった。

疎開先だった龍興寺を訪れ、現住職と話す阿部洋子さん。「戦争によって、どれだけの数の苦労があったのでしょう」。こぼれ落ちる涙を何度も何度もぬぐった＝５月、栃木市都賀町大柿

⑨空襲　避難

空襲激化、弱者犠牲に

「ここも戦場…生きた思いがしなかった」

宇都宮市街地にあった防空壕。各戸のほか、各町内会でも機銃掃射から歩行者を守る防空壕が造られた（「うつのみやの空襲」より）

のどかな農村地帯が変貌（へんぼう）していった。

宇都宮市南部の茂原町周辺。1943年、山林や畑を切り開き、軍需工場「関東工業」が建設された。陸軍向けに、砲弾を大量生産する工場だった。

古谷シンさん(82)の父が持っていた山林も国に接収された。家族で木の葉さらいをし、野ウサギを追って遊んだ山は、あっという間に形を変えた。

工場は従業員1万人規模。碁盤の目のように整備された土地に、平屋の社宅が立ち並んだ。関東近県から家族連れが続々と越してきて、古谷さんの通っていた小学校では1学年でクラスが三つも増えた。

軍需工場のある村は標的になっていく。

「空襲警報発令、地区ごとに校庭に整列し、下校せよ」。登校すると間もなく、校内放送が流れた。防空ずきんをかぶり、家までの4キロの道を必死で駆けた。

「機銃掃射だ、伏せろ」

大声が聞こえ、体を伏せると、戦闘機が不気味な音を立てて低空飛行していく。

「おっかないよ、おっかないよ…」

地面に顔を押し付けながら、泣きじゃくった。周りの子もみんな泣いていた。

田園が広がる栃木市藤岡町富吉。ここにもまた、山を崩し、戦闘機訓練のための飛行場が造られた。

小山市下生井、武井フサさん(92)は当時、21歳。9人の家族と、東京大空襲で焼け出されて疎開した13人の親戚のために一日中、畑仕事と食事の支度に追われていた。

「ウーッ」。空襲警報が鳴ると、1分もたたないうちに、地響きとともにB29が編隊を組んで来襲する。

作業の手を止めて木の陰に伏せ、ただただ「助けて」と手を合わせた。

「怖くて怖くて。まるで黒い悪魔のようだった」

夜も空襲に備え、下着を入れた風呂敷包みを玄関口に置いた。警報が鳴っては、自宅の防空壕に駆け込み、肩を寄せ合った。毎日、生きた思いがしなかった。「ここも戦場なんだ」と思った。

空襲の夜、古谷さんは生まれたばかりの妹を抱く母に寄り添い、防空壕の中で夜を過ごした。その妹は、まん延していた赤痢にかかり、終戦前に亡くなった。

周囲でも、小さな子どもがたくさん死んでいった。「弱いものが犠牲になるのが戦争だ」と痛感した。

戦後、関東工業のあった場所は陸上自衛隊宇都宮駐屯地になり、社宅跡には新しい家が次々に建った。

「景色は変わったけれど、ここを通ると、あのころに引き戻される」。古谷さんは足を止めたまま、はるか遠くを見詰めた。

実家の裏手にある防空壕をのぞき込み、当時を振り返る古谷シンさん＝2015年5月29日、宇都宮市茂原町

⑩空襲　警戒

自宅焼けても監視続け

「任務解かれるまで離れられない」

航空機を警戒した口粟野防空監視哨。直径約３メートル、周囲をコンクリートで固めた壕（左奥）に立ち、監視に当たった（黒子一郎さん提供。この写真を収めた記念誌が鹿沼市図書館粟野館で閲覧できる）

かすかな音に耳を澄まし、空に目を凝らし続けた。

粟野町（現鹿沼市）の城山山頂にあった防空監視哨。当時19歳だった黒子一郎さん（89）が日夜、詰めていた場所だ。

訓練を重ね、音で敵機の機種、方角が分かるようになった。責任者以外は全員が出征前の10代の少年。

「俺たちがお国を守る」

使命感に燃えていた。

１９４５年２月のことだった。「南の空に、カラスがいっぱい飛んでいます」。後輩の報告を受け、双眼鏡をのぞき込んだ。

カラスの正体は、西へと向かう１００機近いＢ29爆撃機の大編隊。体の底から恐怖がわき上がった。

はるか南西の方角から煙がもくもくと上がるのが見えた直後、大編隊はこちらを目がけ向かってきた。

「グオーッ」と、ごう音を立てて頭上を飛んでいく。「宇都宮が危ない」。すぐ宇都宮市の監視本部に電話し、危機を伝えた。

阿久津村（現高根沢町）の役場に勤めていた那須塩原市太夫塚２丁目、市村園子さん（88）は、村民に空襲を知らせる警報を鳴らす役目だった。

「警戒警報発令」。県から連絡を受けると、サイレンのレバーをゆっくりと上げ、１分間ほど鳴らす。「ウーッ」。さらに敵機が近づくと、「空襲警報」に変え、「ウーッ、ウーッ」断続的に10回鳴らした。

周りの職員も村民も、近くの防空壕に逃げ込んだ。役場に一人残されたが、怖さは感じなかった。「これが私のお役目だ」。無我夢中だった。

警報解除のサイレンは、１回だけ鳴らす。「これで村の人が安心できる」。鳴らし終わってようやく、われに返った。

街は戦火に照らされていた。

「あの夜は、鹿沼も『まっぴかり』（非常に明るい状態）だったんだ」

鹿沼市戸張町、石村信吉さん（88）は45年７月12日、近くの防空監視哨で夜の見張りに就いていた。

東の空が炎で真っ赤になった。宇都宮大空襲だ。

間もなく、鹿沼市にも焼夷弾が落ちる。監視哨から、自宅の周りで火の手が上がったのが見えた。だが、責任者から許可が出るまでは任務を離れることはできない。

自宅に戻れたのは翌朝。隣近所も含め家々は跡形もなく焼けていた。両親には近くの病院で再会できたが、祖母は亡くなっていた。

「履く下駄もなかった」

ただぼうぜんとした。肉親や家を失った喪失感に打ちひしがれるのは、その後しばらくしてからだった。

７０年前、「口粟野防空監視哨」に立った黒子一郎さん。奥に見える城山の山頂に監視哨は建造された＝2015年６月19日、鹿沼市口粟野

⑪終戦　敗戦

ラジオで聞いた「玉音」

43P

足利・百頭、宇都宮、小金井…。1945年に入り、容赦なく続く空襲に県民はおびえていた。敵機がわが物顔で上空を飛ぶ光景は日常化した。

陸海軍は事実上、追い込まれていた。戦闘機、潜水艦が片道分の燃料と爆弾を載せて敵機、敵艦へと突進する捨て身の「特別攻撃（特攻）」、部隊全滅覚悟で敵陣へ切り込む「万歳突撃」が繰り返された。

国内唯一の地上戦となった沖縄戦は6月23日、組織的戦闘が終結。約3カ月間で、日米の軍人と市民計20万人以上が命を落とした。

それでも軍部は本土決戦も辞さない覚悟で、市民には竹やりでの戦闘訓練を強いた。

8月。広島、長崎に「新型爆弾」が相次いで投下された。世界最初の原子爆弾。一瞬で何万人もの命を奪い、街は焦土と化した。

「朕深ク世界ノ大勢ト帝国ノ現状トニ鑑ミ…」

8月15日正午、玉音放送。多くの国民は初めて、昭和天皇の声を聞いた。

「雑音ばかりでよく分からない」

宇都宮市西川田3丁目、大塚房子さん（89）は同市内の農家の庭で聞いた。

「負けたんだよ」。近くの誰かの言葉で、敗戦を告げる放送だと知った。

⑫終戦　傷痕

新しい国づくりの陰で

44P

終戦は、連合国軍総司令部（ＧＨＱ）による占領の始まりでもあった。

県内も軍服を着た米兵が街を闊歩（かっぽ）した。「ＭＰ」と書かれたヘルメット姿の米軍憲兵（ミリタリー・ポリス）が防空壕に武器などが隠されていないか目を光らせた。

焼け野原となった宇都宮市の市街地には粗末な造りのバラックが並び始め、非正規の流通ルートでサツマイモや野菜などの食料を扱うヤミ屋が繁盛した。

終戦から半年後の１９４６年2月、昭和天皇は戦争の傷痕（きずあと）を残す各地を訪ねる全国巡幸を始めた。

47年には県内も来訪。宇都宮、足利、小山、鹿沼…。各地で歓迎の市民が人垣をつくった。

「日本国民は、恒久の平和を念願し…」。47年5月3日、「国民主権」「基本的人権の尊重」「平和主義」をうたう新しい日本国憲法が施行された。

塩谷町大久保、斎藤春枝さん（73）はそのころ5歳。実父は戦死し、母は後に新しい夫と再婚する。

「どうして死んじゃったの。どうして私を生んだの」。新しい父を迎えた斎藤さんの心には、その後長く戦争の傷が影を落とした。

昭和1丁目

本社記者コラム

沈黙と向き合う取材

「とちぎ戦後70年」の記事を書くため、太平洋戦争を体験した人たちを訪ね、証言を聞く取材を続けている。

陸軍で南方に出征した男性を取材した時のこと。取材ノートに証言を書き留めながら、ふと男性の語りが途切れたので、ノートから視線を上げた。

男性は宙の一点を見つめ、押し黙っていた。

1分以上も続いたろうか。沈黙のあまりの重さに、その意味を問うことはできなかった。

戦艦武蔵に搭乗した男性もまた、壮絶な体験を語る中、しばし沈思黙考した。卓上の一点に視線を落とし、その目は潤んで見えた。

いずれの沈黙も言葉を挟むのに忍びなく、ただただ、目の前の戦場体験者が心に秘めた悲しみの深遠さに思いを巡らせた。

70年たっても、記憶をたどると言葉を失う体験とは、いかに苛烈なものだったか。戦争とはこんなにも生身の人間を苦しめ、傷つけるのか。

証言を記録するだけでなく、こうした沈黙に向き合うこともまた、重要な取材だと思っている。

⑪終戦　敗戦

「お国」倒れ、残る苦難

悔しさ、憤り、むなしさ…何もかも悲しかった」

手渡された紙片には、こう書かれていた。

「我が陸軍は健在なり」

１９４５年８月15日、敗戦を伝える正午の「玉音放送」を聞いた直後。勤めていた陸軍宇都宮飛行場に戻ると、上官からビラの印刷を命じられた。

受け取った大塚房子さん(89)は20歳になったばかり。急いで印刷機に向かい、束になるほど刷り上げた。

まだ戦える。降伏しては駄目だ―。飛行機からばらまくのだと聞いた。

間もなく別の上官に見つかり、とがめられた。

「何やってるんだ。こんなものが見つかったら大変なことになるぞ」

焼却を命じられた。大塚さんは「残念な思い」で、ビラ束の炎を見つめた。

信じていた「お国」が倒れ、軍人、国民、全ての人々が混乱していた。

終戦後、占領下の宇都宮市内に立つ英語の標識。1945年９月に撮影された現在の池上町交差点付近（中島みどりさん撮影）

敗戦から1カ月ほど後。野木町野木、田村行子さん(84)宅に一通のはがきが届いた。

45年８月６日、広島市に落とされた「新型爆弾」で死んだと思っていた8歳上の次兄辰雄さんからだった。

「迎えに来てほしい」

生きていた。血の痕がついたはがきを読み、次兄の勤務先だった広島へと60歳すぎの父が向かった。

父が連れ帰った次兄は、リヤカーの荷台に乗っていた。原爆で瀕死の重傷を負い、歩けなかった。

以来、看病が行子さんの日々の務めになった。女学校から帰ると、宿題よりもまず次兄の包帯を替えた。

両親が当時繰り返していた言葉が頭に残っている。

「今やらなきゃならないんだ、あんちゃんの看病は。命は勉強よりも大切だ」

数カ月後、次兄は歩けるまでに回復したが、晩年まで後遺症に苦しんだ。

周囲の誰もが泣き崩れていた。

「悔しさ、ひどい思いをしたことへの憤り、むなしさ…。何もかもが悲しかった」。小山市下生井、武井フサさん(92)は玉音放送を聞きながら、言いようのない感情があふれ出るのを抑えきれなかった。

７歳上の兄は、満州（現中国東北部）で戦病死した。43年に戦死公報が届いた時、家族はわれを忘れて「村中に響き渡るほど」泣き叫んだ。

45年８月15日、ラジオの前で再び泣いた。泣いても、命も失った時間も戻らない。

武井さんは今、痛切に感じている。

「日常を奪い、思考を停止させ、若者を無駄死にさせる。戦争ほど惨めなものはない」

戦死した兄の遺影を手にする武井フサさん。「罪のない人がなぜ、戦争で殺されなければならないのでしょうか」＝2015年６月12日、小山市下生井

⑫終戦　傷痕

戦争が変えた家族の形

「せめて夢の中で実のお父さんに会いたい」

戦後の全国巡幸で県庁屋上から宇都宮市内を視察する昭和天皇（屋上手前右）。左手前は説明する佐藤和三郎市長（当時）＝1947年9月4日

実父の記憶はない。

覚えているのは、父の遺骨箱を抱いた母の後ろ姿。

当時4歳だった斎藤春枝さん（73）は、幼心にも「孤独」を感じ、胸が締め付けられる思いがした。

父は妊婦の母を残して出征し、ビルマで戦死した。

終戦から1年後の1946年。自宅から10キロほど離れた国鉄（現JR）蒲須坂駅（さくら市）に馬車で向かい、遺骨箱を抱えて帰ってきた。

箱には、入っているはずの遺骨さえなかった―。後で母からそう聞かされた。

2年後の48年、父の弟がパラオから復員した。父母両家は「逆縁婚」を決めた。家を守るため、母は戦死した父の弟と再婚した。

斎藤さんの「新しい父」は夜中に突然、叫び、泣くことがあった。「戦地を体験したトラウマ（心的外傷）だったのだと思う」

母に厳しく当たることも少なくなかった。

だが母が言い返すことは、一度もなかった。

「お国のためにけがをした。その人に尽くすのは当然のこと」

栃木市柳橋町、大島正子さん（93）は戦中の43年、軍人の夫と結婚した。

12歳上、戦闘機「隼」のパイロット。結婚が決まった時には、大分県の別府海軍病院で療養していた。南方で首筋に機銃の弾を受けたと聞いた。

それでも結婚にためらいはなかった。

戦後、夫の故郷の栃木市へ戻った。後遺症で右半身が不自由な夫を支え、実家の質屋を切り盛りした。

「体が不自由でも、生きて戻れたのだから幸せ。恨み言を言っても仕方ない」

そう言い聞かせてきた。

2008年11月、夫は98歳で亡くなった。毎朝、左手だけで顔を洗っていた夫。大島さんは一周忌で歌を詠んだ。

両の手に
三途の川の水すく
いて顔洗う
亡夫を偲び涙あふ
るる

「せめて夢の中でも、実のお父さんに会いたい」

「お母さんが『新しいお父さん』にしかられないようにしなきゃ」

戦後、斎藤さんはそんな思いを引きずり続けた。

なのに、たまに見るのは、米軍爆撃機B29に追われ、逃げ惑う悪夢。「新しいお父さん」を9年前に亡くすまで、結局一度も「お父さん」と呼べなかった。

終戦から70年がたとうとしている。

今、自宅の仏壇には母と、2人の父の遺影が並ぶ。父の愛情を受けられず、つらい思いばかりだったが、3人に等しく感謝できるようになった。

「皆それぞれ、戦争によって不幸せになった一人だった」と思うから。

自らの歌集「傷痍（しょうい）の妻」を手に取る大島正子さん。戦争で負傷した「傷痍軍人」の妻としての思いを込めて短歌を作り続けた＝2015年6月19日、栃木市柳橋町

戦争を忘れない　それぞれの取り組み

とちぎ 70回目の 8・15

犠牲の重み心に留め

兄戦死歌の原点に　船村徹さんに聞く

「人生の悲哀を体験」

「大人たちは『敗戦国になった』と泣いていた」と70年前の８月15日を振り返る船村さん＝東京都内

「日本が地響きを立てて崩れていった日」。塩谷町出身の作曲家で名誉県民の船村徹さん(83)は下野新聞社のインタビューで、70年前の8月15日の記憶をたどりながら「敗戦は、今になれば貴重な体験だった」と振り返った。終戦の1年半前に兄が戦死。「人生は悲しいものなんだ」。若い兄を失った戦争体験が、哀愁を帯びた船村メロディーにつながったという。

1945年8月15日、旧制今市中（現今市高）1年生だった。正午、船生村（現塩谷町）の自宅でラジオを聞いた。朝から暑く、せみ時雨がうるさかった。ザァー、ピィー。

「電波が悪くて。ラジオをあっち向けこっち向けしていたら、雑音の中から陛下の声が出てきた」

終戦を伝える玉音放送。大人たちは泣いていた。

戦争で思い出すのは12歳上の兄福田健一さんのこと。終戦1年半前の44年2月16日、健一さんは23歳で戦死した。陸軍士官学校出身の通信将校で、身長180センチ超の大男だった。

「遺骨が帰ってきたと思ったら、木箱の中は遺骨なんかなくて『陸軍中佐福田健一之霊』と書いた板だけ。あの大きな兄が板切れになっちゃうんだから。子どもながらに『戦は負けるのかな』と思った」

健一さんは軍隊から帰省した夜、寝床でハーモニカを吹いてくれた。それが船村さんの音楽の原体験になった。そして、兄を失って「人生は悲しいものなんだ」と悟った気がした。

戦後、船村さんは日光、鬼怒川方面にいた進駐軍のダンスパーティーで伴奏を務めるなどして、音楽の道を歩き始めた。

学校教育も一転、それまでの教科書は大半が墨塗り。「敵性語」とされた英語を教えられ、「自由」を謳歌（おうか）して音楽部を立ち上げた。

「70年という月日の流れはすごい。今の日本人はわれわれ戦中の人とは別の国の人になったような気がする」。そんな劇的な変化の始まりとなった終戦。「貴重な経験だった」

激動の時代を生き、船村さんは今、伝えたいことがある。「親孝行をする、皆仲良くする。今こそ、日本が持つ良いもの、古い文化や価値観を大切にしてほしい」

5歳ごろの船村さん（右）と兄健一さん。健一さんは23歳だった1944年、フィリピン沖で戦死した

①戦場　特攻

「親孝行」兄の願い散る

小柳（おやなぎ）　荘（さかん）さん（84）（芳賀町出身）

父母上様　永い間お世話様になりました。私も未だ十九歳の若輩で、この大空の決戦に参加出来る事を、深く喜んでおります。

私は潔よく死んで行きます。

塩田寛さんは1944年10月26日、フィリピン・レイテ島沖で神風特攻隊として戦闘機ごと空母に突っ込み、戦死した。19歳だった。

「遺書を読むといつも涙が出て、最後まで読めんです」。6歳上の兄を思い、弟の小柳荘さん（84）は新潟県加茂市の自宅で目を潤ませた。

兄弟は旧祖母井町（現在の芳賀町稲毛田）生まれ。寛さんは宇都宮中（現宇都宮高）4年で海軍飛行予科練習生（予科練）を志願した。飛行機乗りになれば、死ぬ覚悟をするのは当たり前という時代。反対する両親を説得した。

特攻隊で出撃し、戦死した兄（写真）の思い出を語る小柳荘さん

神風特攻隊が初めて編成されたのは44年10月20日。寛さんは最初の「神風」13人の1人だった。

編成当日、海軍報道班が隊をとらえた写真が残る。「特攻生みの親」とされる大西瀧治郎中将と水杯を交わす隊員。そこに伏し目がちに直立する兄が写っている。

その表情に、遺書にあった「喜び」は見いだせない。「覚悟はあっても、喜び勇んで出撃はできなかっただろう。特攻に行けば、必ず死ぬのだから」。荘さんは心中を推し量る。撮影の6日後、兄は戦死した。

宇都宮市内の下宿先から帰る際には、お土産にお菓子を買ってきてくれる優しい兄だった。遺書には両親、郷里への未練もにじむ。

故郷の兎おひしあの山、小鮒つりしあの川

皆懐しい想出ばかりです。然し郷土の父母上様にお別れするにあたりもっと親孝行がしたかった。そればかりが残念です。

若くして特攻に散った兄。「戦争は絶対駄目だ。戦争は社会を背負う若い世代が犠牲になる。そんなことをしていれば、国が滅びる」。兄の死で、荘さんが思い至った教訓だ。

◇　◇

70年前の8月、日本は終戦を迎えた。戦地で生死の境をさまよった兵士、空襲におびえた市民…。戦争の時代を生きた人々が今、語り、遺す教訓に耳を傾ける。

偏った教育影響大きく

陸軍少年飛行兵に志願し、整備兵として朝鮮（当時）・泗川飛行場にいた1945年春、陸軍の航空特攻隊である振武隊の出撃に立ち会った。

水谷（みずたに）　郷（さとし）さん（91）＝宇都宮

「少年飛行兵は特攻隊に選ばれると名誉に思った。現在の高校1年生ぐらいで陸軍の学校に入り、軍隊教育を受けたのが大きい。本も新聞もなく、軍隊生活だけ。偏った教育が何をもたらすか。幅広く学ぶ大切さを若い人たちに伝えたい」

名ばかりだった志願制

1944年、海軍飛行予科練習生（予科練）となり、石川県小松市の小松海軍航空隊に入った。45年7月、17歳で特攻隊に選ばれたが、出撃せず終戦を迎えた。

柴田昭三（しばたしょうぞう）さん（87）＝栃木

「特攻隊は志願制だが、それは名ばかり。全てが上官から言われるままだった。個人としての夢や希望は持てなかった。戦争が終わり、一人の人間として生きる大切さを知った。今の若者に、あの時代の危うさを知ってほしい」

②戦場　南方（上）

生還「戦友に申し訳ない」

矢野（やの）金吾（きんご）さん（95）茂木

１９６９年10月、遺骨収集のためニューギニア島を訪れた。終戦後の抑留から解放された46年以来だった。現地住民に導かれ、１人の遺骨にたどり着いた時のことが今も忘れられない。

「見つけたのは海岸近く、海が見える洞窟でした。水平線を見つめ、故郷、家族を思って独り眠りについたのでしょう。泣きながら、遺骨を納めました」

日本から5千キロ近く離れた南方の激戦地ニューギニア島。43年7月、東部に上陸した矢野金吾さん（95）＝茂木町河井＝ら野砲兵連隊を含む師団は間もなく、連合国軍に包囲された。

玉砕か、山越えの撤退か―。

師団長は総勢約８７００人での撤退を決意した。

そびえるのは標高約４５００メートル級のサラワケット山脈。赤道直下だが、気温は氷点下まで冷え込む。目的地まで直線で１２０キロ程度で、確実に１カ月以上はかかる過酷な行軍だった。

陸軍見習士官だったころの矢野金吾さん。この後、ニューギニア戦線で多くの戦友を失った＝1942年４月（本人提供）

携行した食料は10日分ほど。衰弱した将兵は次々と倒れた。野砲兵連隊はやむなく大砲を放棄。部隊の集団行動もままならなかった。ようやく歩ける４、５人が声をかけ、支え合った。

戦闘はなかったが、１千とも２千ともいわれる兵士が息絶えた。

太平洋戦争で東部ニューギニアの本県出身戦死者は約９千人に上る。

「故郷に帰れなかった戦友たちには、生きて帰って申し訳ないと思う。戦友への思いは『冥福を祈る』という言葉では言い尽くせません。あの戦争を振り返ると、命ほど大事なものはない。本当にそう思います」

遺骨収集には73年にも参加した。97年には趣味の日本画で「パプアの夜」を描いた。ヤシの木が茂る海岸、水平線の上に浮かぶ満月。「あの絵を見ると、今も涙が出る」。戦友を亡くし、自らも命を削ったあの地を、生涯忘れることはない。

悲惨すぎて遺族に話せず

1944年中ごろ、歩兵連隊の一員で西部ニューギニアに入った。別隊の援軍に向かったが、密林などに阻まれたどり着けなかった。兵器さえ放棄する過

磯（いそ）　直（ただし）さん（92）＝茂木

酷さで、多くの戦友は戦闘でなく衰弱などで死んだ。

「自分だけ生きて帰ってしまい、申し訳ない。同年兵の遺族には、現地の詳しい話は悲惨すぎてできない。お盆は同年兵に思いを致すだけで、家には行かないようにしている。悲しみを思い出させたくないから」

命いくつあっても足りぬ

1944年に半年ほど、西部ニューギニアで陸軍歩兵として従軍した。太いヤシの木を吹き飛ばすほどの爆撃で戦友が死んだ。歩兵の小銃では対抗できず、密林に隠れる

鈴木一市郎（すずきかずいちろう）さん（94）＝壬生

だけだった。

「陸軍では爆弾を背負った兵士が戦車に飛び込む訓練さえあった。命がいくつあっても足りない。ニューギニアには今も遺骨さえ故郷に帰れない戦友がたくさんいる。悲惨さを伝えることが、戦友の無念を晴らすことになるのではないか」

③戦場　南方（下）

みじめな戦争　巻き込むな

井手口（いでぐち）義雄（よしお）さん（89）那須塩原

激戦地サイパン島を生き抜いた体験を語る元落下傘部隊の井手口義雄さん

波間が見えなかった。

戦艦、巡洋艦、駆逐艦―。1944年6月、サイパンの青い海は米艦隊の黒い影に覆われていた。猛烈な艦砲射撃が島を揺らした。

海軍の落下傘部隊だった井手口義雄さん（89）＝那須塩原市住吉町＝は同15日、上陸した米軍への夜襲部隊に組み込まれた。

米軍の照明弾で、海岸線は「野球のナイターのような明るさ」。奇襲にならなかった。

「進め、進め」

隊長は意に介さず声を張り上げた。

米軍の圧倒的な砲爆撃に、乱れ飛ぶ機関銃の弾。こちらの手元には拳銃しかない。土砂が舞い上がるたび、仲間が吹き飛んだ。

「これは死ぬために前進しているのか」

意識を失い、おびただしい遺体の中で目を覚ました。「死体だと思われて助かったんだ」

水際作戦が失敗した日本軍は1カ月も持たずに玉砕し、島は陥落した。敗残兵はジャングルに潜った。

「横綱に序の口が挑むようだった。日本は勝てないと分かったはずなのに戦争を続けた。死ななくていい兵が死んで、市民まで犠牲になった。ふざけるなって」

米軍は島に航空基地を設け、日本の本土空襲を本格化させた。林間からその機影を見送るしかなかった。

米軍の掃討戦。井手口さんは、戦車砲の砲撃による破片で背中を裂かれ、火炎放射器で胸を焼かれた。

「おっかあ万歳」

観念した戦友は大切な人の名を叫び、散っていく。

飢餓との戦いは人間を獣に変えた。米陣地から死と隣り合わせで盗んだ残飯。その戦利品をめぐって、仲間が殺し合いを始めた。

密林の苦闘は1年以上続いた。民間人1万2千人を含む5万5千人の日本人が犠牲となった。

「あのみじめさが、どうやっても今の政治家や若者に伝わらない。それが歯がゆくて、歯がゆくて。人間らしい死に方もできなかった戦友の子孫を、絶対戦争に巻き込まないでくれ」

いつ死ぬか分からない

陸軍第14師団宇都宮第59連隊として1944年4月にパラオへ出兵。本県出身者が玉砕したアンガウル島の守備に就いた。米軍上陸の2カ月前、上官に付き添って本島へ移動した。

小野源治郎（おのげんじろう）さん（93）＝佐野

「いかだに爆薬を積んで敵艦に突っ込もうとしていた。なぜあんなバカな戦いをさせたのか。一緒に宇都宮を出た仲間はアンガウルで散った。隣で寝ていた戦友も翌朝には病気で冷たくなっていた。誰がいつどう死ぬか誰も分からないんだ」

魚雷に震えた夜の海

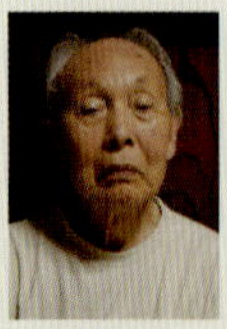

1943年1月、ティモールへ渡航中、敵潜水艦の魚雷で輸送船団が壊滅。ジャカルタ刑務所にも収容され、絞首刑の恐怖を味わった。

西谷三七郎（にしやさんしちろう）さん（93）＝宇都宮

「夜、甲板でいつ命中するか分からない魚雷に震えていた。爆発のたび、数え切れない仲間が暗い海に沈んだ。軍隊では病気にかかっても『お前の命は一銭五厘。やる薬などない』と殴られた。人間扱いされない。自分を、人さまを大事にできる世であってほしい」

④焦土　原爆

惨状「見ていられない」

築島（つきしま）滋（しげる）さん（84）那須

腹を突き上げるような爆音とともに、一瞬で周囲の建物が崩れ落ちた。

広島に原爆が投下された1945年8月6日。築島滋さん（84）＝那須町豊原乙＝は、爆心地から約1・5キロの場所で被爆した。学徒動員先の広島陸軍兵器廠（しょう）に向かう途中だった。

「何が起きたかも分からず、煙とほこりの中を手探りで歩いた。ひどかったのはその後。それはもう、見てもいられない。思い出すのもつらいです」

親戚の家に避難すると、玄関先に人が倒れ込んできた。全身にやけどを負い、顔や体がどろどろに溶け、水ぶくれだらけになった瀕死（ひんし）の叔母だった。

「熱い、熱い」

うなり声を上げる叔母を代わる代わる看病したが、3日後に息を引き取った。遺体は一人でリヤカーで運んだ。木の枝を集めて遺体のそばに置き、火を付けた。当時、14歳。そこからの記憶はない。

「怖かったのか、夢中だったからなのか分からないが、骨も拾わず、そのままにしてしまった。叔母の2人の子どもに、骨だけでも残してやれていたら。申し訳ないことをしたと、ずっと悔やんでいる」

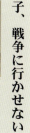

「この平和がいつまで続くのか心配になる」。将来を危惧する築島滋さん

同級生の多くは、傷を負っていないのに、次第に髪が抜け、やせ細り、次々に死んでいった。あちこちで遺体が山のように積み上げられ、油を掛けて焼かれた。その光景や臭いは、今も忘れられない。

あの日から70年。日本が戦争をせず、平和を守り続けてきたことを「大したもんだ」と思う。

「今の時代に戦争が起きたら、核や化学兵器で国ごとなくなってしまう。戦争っていうのは、原爆っていうのは、そりゃあひどいもんだ。国を守りたいなら、戦争をしないことだ」

核の怖さを訴え続ける

学徒動員で働いていた広島の軍需工場で被爆した。青白い光がピカッと光り、その後、気を失っていた。倒壊した工場のがれきからはい出ると、市内は煙に覆われ、不気味なほど静かだった。

佐藤幸枝（さとうさちえ）さん（85）＝宇都宮

「目も鼻もないほど顔が腫れ上がった人、『水、水』と求める人。自分のことで精いっぱいで、何もしてあげられなかった。核は本当に恐ろしい。生きている限り、訴え続けていきたい」

子、戦争に行かせないで

1945年8月9日、長崎市に隣接する時津町の自宅の庭にいた。当時5歳で、原爆投下の瞬間は覚えていない。家族と防空壕（ごう）に逃げ込んだ記憶はある。

山口菊代（やまぐちきくよ）さん（75）＝宇都宮

「庭で一緒に遊んでいた2歳下のいとこは、下痢が続き、間もなく死んだ。今も常に、健康に不安を持ちながら生きている。母親として、子どもを持つお母さんに伝えたい。政治や選挙に関心を持ち、子どもを戦争に行かせないで」

⑤焦土　空襲（上）

あと数秒で火だるまに

渡辺(わたなべ)　力栄(りきえい)さん（82）　茂木

患者や見舞客が絶え間なく訪れる真岡市台町の芳賀赤十字病院。

「70年前にここであったことを知っている人が、どれだけいるでしょうかね」

茂木町茂木、渡辺力栄さん(82)は、玄関から門まで続く緩やかな下り坂を見つめた。今も、ありありと目に浮かぶ。幾筋もの「火の川」が流れたあの光景が。

グオン、グオン—。

消灯後の暗闇の中、降りしきる雨に交じり、米軍爆撃機B29の重低音が迫ってきた。渡辺さんは4歳年上の兄と、同病院の前身「芳賀病院」に入院していた。

620人を超える犠牲者を出す「宇都宮空襲」があった1945年7月12日夜。近隣の鹿沼市、そして芳賀病院周辺にも焼夷弾が投下された。同周辺で民家30～40戸が焼失したとされる。

芳賀病院に焼夷弾が落とされた1945年7月12日の様子を語る渡辺力栄さん＝真岡市台町、芳賀赤十字病院

「逃げろ」。兄の叫び声で、渡辺さんは弾かれたように病室を飛び出した。火災で明るくなった院内。視界の隅に、ごう音とともに天井を突き破って焼夷弾が落ちてくるのが見えた。

玄関に出ると、雨水と焼夷弾の油が一緒になって引火し、炎が川のようになって流れていた。はだしのまま、夢中で逃げた。

「あと1、2秒遅れたら、私は火だるまになっていたでしょう。火の中を逃げたのはあの時だけ。あんな恐ろしい目には二度と遭いたくない」

近くの防空壕に駆け込み、約3時間、足首まで雨水につかりながら立ち続けた。救護され、寝かされた寺の本堂。皮がべろんとむけた足が目の前にあったのを覚えている。

翌日、目覚めた時、その足はもうなかった。手術を受けたばかりの入院患者で、全身にやけどを負い、亡くなったと聞いた。

「子ども心に『病院は安全だ』と思っていたが、そうではなかった。戦争はひどい。病院まで爆撃を受ける。勝とうとして何でもしてしまう。とにかく戦争をしては駄目なんです」

その思いを若者に伝えたい。渡辺さんは茂木町内の中学校で、生徒たちに体験を語り続けている。

地獄と知れば戦争しない

1945年3月10日の東京大空襲に遭い、多くの犠牲者が出た墨田区の菊川橋で一夜を過ごす。同年7月12日、鹿沼市でも空襲に遭い、焼夷弾で実家が全焼した。

福田(ふくだ)　勇(いさむ)さん（89）＝鹿沼

「菊川橋では助けたくても助けられなかった。鹿沼でも防空壕に入った近所の家族が亡くなった。起きたことを知ってもらうことで犠牲者も浮かばれると思う。戦争は地獄。あったことを知れば、誰も戦争はしない」

黒焦げの遺体、忘れられず

1945年7月12日の宇都宮空襲の直後、小金井（現下野市）の食糧増産隊本部から遺体置き場となった東国民学校（現宇都宮市東小）に駆け付け、がれきの後片付けに当たった。

柿沼昭雄(かきぬまてるお)さん（87）＝宇都宮

「校庭に、前かがみの姿勢で黒焦げになった遺体があったのが忘れられない。戦争は残酷。孫が今、あのころの自分と同じ年になる。孫の代はどうなるのか分からない。戦争は絶対にやっては駄目だと伝えたい」

⑥焦土　空襲（下）

生徒の悲劇　もう二度と

大谷津（おおやつ）　吉男（きしお）さん（83）　宇都宮

中学2年生の時、国鉄（現JR）宇都宮駅近くの工場で受けた機銃掃射の恐怖を振り返る大谷津吉男さん

「あれはゲームだよ。米国の操縦士は、必死で逃げ回る生徒を狙い撃って楽しんでいたんだ」

中学2年の夏だった。1945年7月28日、国鉄（現JR）宇都宮駅近くの日清製粉宇都宮工場。下野中（現作新学院高）の生徒204人が宇都宮空襲の焼け跡整理に動員されていた。

「まだまだ負けない」。陸軍第14師団に憧れていた13歳の大谷津吉男さん（83）＝宇都宮市桜2丁目＝は、「神風」を信じて汗を流していた。

突然、何かに興奮した馬車馬がすごい勢いで突っ込んできた。

「バリバリバリ」

轟音で空を見上げると、米軍機P51の機影。機銃掃射が始まっていた。

少年たちはクモの子を散らすように逃げだした。大谷津さんも夢中で大谷石の壁に身を隠した。

「バリバリバリ」

何度も旋回し、銃口を向ける米軍機。大谷石が弾け、砂ぼこりが舞った。

「かあちゃん、おっかねえ」

「南無阿弥陀仏（なむあみだぶつ）」

折り重なって震えている同級生から悲鳴や念仏が聞こえてくる。

「いてーよ、いてーよ」

いつも教室でふざけ合っている友人は、太ももから血を流していた。慌てて手ぬぐいを巻き付けた。

銃声がやみ、辺りを見渡すと、真っ赤な肉片が飛び散っていた。後日、5人が犠牲になったと聞いた。

パイロットの白いスカーフと「ニタニタ顔」が頭から離れなかった。

「米軍機が不時着でもしたら、石でも竹やりでも使って殺してやる」。玉音放送を聞くまで、そう思い続けていた。相手から向けられた憎悪は、怒りで増幅され、また相手に返っていく。戦争は、憎しみの連鎖を生むものだと知った。

長年、慰霊祭を営んできた同窓会はことし、会員の高齢化から解散した。

願いは変わらない。

「空襲で中学生が撃ち殺されるような時代が二度と来ないように、この悲劇を伝えていってほしい」

子ども犠牲…誰も知らず

1945年7月、国鉄宝積寺駅であった機銃掃射を目撃。同駅では計9人以上が犠牲になった。その1人が後の嫁ぎ先に疎開していた少年だった。

佐滝（さたき）タカさん（91）＝矢板

「義理の弟から、腐敗して死臭漂う遺体をリヤカーで運んだと聞いた。情報統制されていたので、子どもが命を落としたことを近所の誰も知らなかった。こんな田舎でも空襲で狙われ、犠牲者が出た。その事実は残したい」

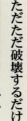

ただただ破壊するだけ

小学生の時、自宅前に開設された陸軍の那須野（埼玉）飛行場建設を手伝った。終戦1カ月前に米軍の爆撃や機銃掃射があった。

白石アサ子（しらいしあさこ）さん（81）＝那須塩原

「すごい音と衝撃で防空壕（ごう）の中で震えていた。後から機銃の薬きょうや戦闘機の破片を拾い集めた。当時の新聞は『勝った、勝った』とうそばかり。遠い外国へ行かなくても、女性や子どもは突然、戦争に巻き込まれる。戦争は何も生まず、ただただ破壊するだけだ」

⑦銃後　学徒

風船爆弾「知らずに加担」

五味渕（ごみぶち）　みどりさん（87）那須烏山

「こんな田舎におかしい…。ばれたのか」

父親のつぶやきが耳に残っている。

1945年7月7日。米軍機が烏山町（現那須烏山市）中心部に焼夷弾を投下した。烏山実践女学校（現烏山高）を卒業して間もない16歳の少女、五味渕みどりさん（87）＝同市中央2丁目＝の自宅のすぐそばが炎に包まれた。

「はじめは『気球』と聞かされていた」と、風船爆弾づくりに関わった経緯を話す五味渕みどりさん

近くには、学徒動員で働く「工場」があった。

月2回、私服姿の将校が直接、様子を見に来ていた。作業は「マル秘」。

「疑問を持ってはいけなかった。従わなければいけない時代だったから」

44年11月から、市内の「特殊加工株式会社」で作業に従事した。「気球をつくる」と聞かされていた。

縦1間（約1・8メートル）分、細長い板に薄い和紙をのせ、粉こんにゃくと薬品を混ぜて塗り、貼り合わせる。乾いたら丁寧に和紙をはがし、縄を丸めたタワシで板を洗う。でこぼこがあると、上手に和紙を貼り合わせられない。

「きれいにやれ」

難儀したが、厳命され、一生懸命に洗った。

「どこに飛ばすの？」

工場の責任者だった父親に尋ねると、「誰にも言うな」と意外な答えが返ってきた。

「和紙を東京に送り、爆弾を仕掛け、（福島県の）勿来から米本土に飛ばす」

気球の正体は、「風船爆弾」だった。

直径約10メートルもの「巨大風船」は、約8千キロ離れた米ロッキー山脈を越え、爆発。死者も出た。

「すごい。役に立てた」

初めはそう思えた。

しかし、戦争で、女学校の先輩の婚約者や夫が次々亡くなっていた。

「自分で手を下さなくとも、人を殺したのと同じ」

少女のころに感じた「嫌な」思いは、70年たった今も消えない。

「知らず知らず加担していた。それが戦争。未来永劫してはいけない」

学校生活奪われ、悔しい

旧制今市中（現今市高）3年だった14歳の時、古河電工日光電気精銅所に動員された。寮に入り、戦闘機に使うジュラルミンを炉でのばす作業をしていた。

村上正英（むらかみまさひで）さん（84）＝那須烏山

「いつも空腹で、母が持たせてくれた炒り豆を少しずつ食べて我慢した。昼は何も考えられないほど暑く、夜勤では立ったまま寝てしまった。作業事故で亡くなった先輩もいた。憧れだった中学生活を奪われ、悔いが残る。あんなことはあっちゃいけない」

戦闘機造り喜ぶ恐ろしさ

足利工業学校（現足利工業高）2年から日本最大の軍用機工場、中島飛行機太田製作所へ。1945年2月10日に爆撃を受けた。

菊地光昭（きくちみつあき）さん（87）＝足利

「軍歌を口ずさみ喜び勇んで通った。戦争へ行き、天皇陛下のため死ぬのが日本男児の誉れ。それ以外何も考えられないよう洗脳されていた。2月10日の衝撃と、灯火管制の闇を歩いて帰った時の不安は忘れられない。今の若い人は戦争の本当の恐ろしさを知らない」

⑧銃後　疎開

親の苦労知らず「恨む」

竹渕（たけぶち）真智子（まちこ）さん（79）栃木

ひもじさや寂しさを耐え忍ぶ戦い。疎開生活もまた、子どもたちにとって「戦場」だった。

１９４５年３月、東京の下町を焼き尽くした東京大空襲。その翌月、東京・町屋に住んでいた当時８歳の竹渕真智子さん（79）＝栃木市片柳町２丁目＝は、福島県伊達市の旅館に集団疎開した。

「３歳上の姉も別の場所に疎開しましたが、あの時のことは思い出すのも嫌で、互いに話したことがありません。痛い、悲しい、つらいと、そんな記憶しかないからです」

空襲の恐怖からは逃れたものの、疎開生活は我慢の日々だった。歯が痛くなっても病院には行けず、日に日に痛みが増した。家族と会えない心細さで、子どもたちは夜になると声を殺して泣いた。

特につらかったのは、どうしようもないほどの空腹だった。食事は大抵、刻んだダイコンに米粒がわずかに付いた程度か、かむことさえできない硬い麦。体は「骨と皮だけ」にやせこけた。

集団疎開の場合、保護者は子ども１人につき月10円を支払わなければならない。コメ一俵が19円の時代に大変な負担だったが、当時は事情も知らず、「なぜこんな苦しい思いをさせるのか」と親を恨んでさえいた。

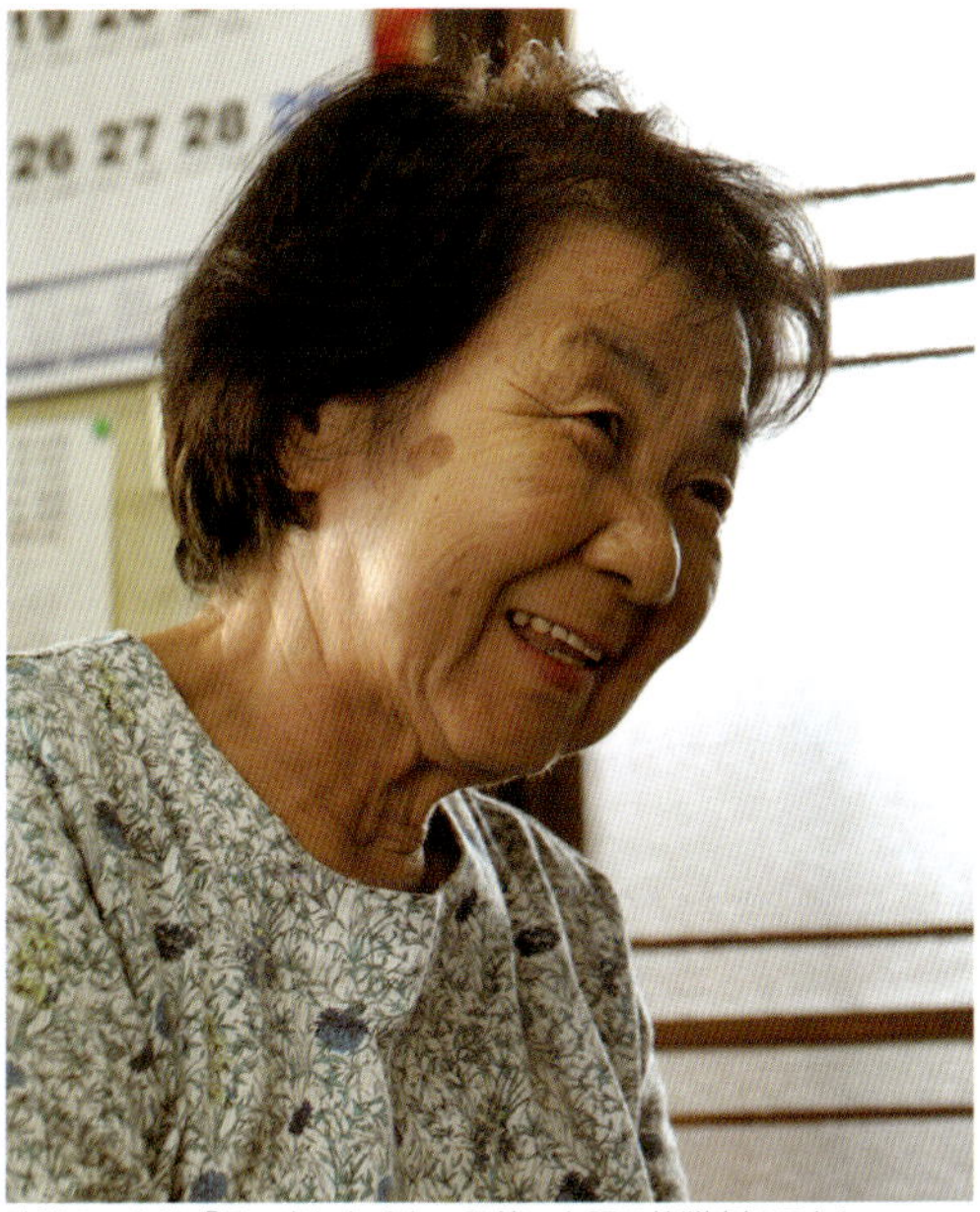
疎開のことは「思い出したくない記憶」と語る竹渕真智子さん

終戦から２カ月後、母親が迎えに来て、家族で栃木に移り住むことになった。東京の家は空襲で焼かれ、土地も終戦後の混乱の中で他人に奪われた。「生活が厳しくて、お弁当はサツマイモ２本。学校に行きながら家の仕事を手伝い、必死に生きました」

封印していた記憶だが、３年ほど前、知人に勧められ、戦争体験者の文集に手記を寄せた。

「戦争が起これば、たとえ戦地に行かなくても、子どもまで巻き込まれる。体験した者として伝えなければなりません」

苦しみ私たちだけで十分

終戦直前に、宇都宮から南那須村（現那須烏山市）に疎開。親戚20人が暮らす家では食べるものが足りず、戦後も食糧難は続き、空腹の毎日だった。

亀田和子（かめだかずこ）さん（81）＝佐野

「戦争で苦労するのは、われわれだけでたくさん。あの苦しみを誰にも味わわせたくない。戦争を知らない若い人たちには、戦争がいかに悲惨であるか、今の平和が簡単に生まれたのではないということを知ってもらいたい」

田舎でも空襲の恐怖が

小学２年の時、横浜市から静岡県長上村（現浜松市）に縁故疎開した。疎開先でも毎日のように空襲に脅かされた。米軍機グラマンに狙われ、土手をはい回って逃げたこともあった。

須貝義弘（すがいよしひろ）さん（79）＝佐野

「グラマンは反転を繰り返し、機銃掃射を浴びせた。子ども相手に遊びのつもりだったのだろう。近くにあった寄宿舎で、特攻隊の青年から『戦争は二度とするな』と言われた。最後に、子どもに遺したかったのでしょう」

せめて野辺の花だけでも

宇塚（うづか）里子（さとこ）さん（92）鹿沼

意識がもうろうとした兵士たちの叫び声が、大部屋に響く。ずらりと並んだベッドに横たわる日本兵。足がない者、眼球を負傷し目が見えない者もいる。

万里の長城の要塞「山海関」に近い、旧満州（中国東北部）の興城第一陸軍病院。１９４４年10月になると、戦局は厳しさを増し、戦地からの傷病兵が急増した。

「悲惨でした。薬も衛生用品も十分になく、満足な治療はできなかった。それでも次々と傷病兵が運ばれてくる。看護でこんなにひどいことはない」

赤十字救護看護婦だった宇塚里子さん（92）＝鹿沼市＝は、同年4月から終戦まで、この病院で従軍看護婦として働いた。２千人の兵士を収容したともいわれる施設。「眠る時間も満足に取れないほど」ひたすら看護に当たったが、亡くなる者も多かった。

宇塚さんは、鹿沼高等女学校（現鹿沼高）を卒業後、「お国のためになる」と言う父の勧めで救護看護婦となった。男性の出征者同様、赤紙で召集された。

赤十字救護看護婦になった宇塚里子さん。従軍看護婦として旧満州の病院などで看護に当たった＝1944年ごろ（本人提供）

終戦後は、混乱の中、中国共産党の「八路軍」の捕虜になり、看護を手伝わされた。共に捕虜になった重傷の日本兵たちは、手当てもされないまま亡くなっていった。

「遺体を埋め、野辺の草花を供えてあげることしかできなかった」

彼らの死は家族に伝わったのか—。70年たった今も、そのことが気に掛かる。

宇塚さんも47年に帰国するまで、祖国で帰りを待っていた最愛の母の死を知ることができなかった。

「戦争はね、しないほうがいいに決まっている。陣取り合戦だけじゃなく、殺し合いだもの。人が傷つき、亡くなっていく。戦争のことを話しても若い人は想像できないでしょう。でも、命が、そして人を助ける気持ちが大切だということは分かってほしい」

戦争は無残なもの

赤十字救護看護婦になり、従軍看護婦として、海軍軍医学校（東京）、宇都宮陸軍病院で働く。終戦後は横須賀浦賀検疫所で、引き揚げ者の救護に当たった。

島田（しまだ）久子（ひさこ）さん（91）＝栃木

「やけどで顔が半分なくなったり、おなかを撃ち抜かれたりした兵隊を看護した。五体満足で出征したのに、そんな姿になってしまう。生きて暮らせているだろうかと今も思う。戦争は無残なもの。やってはいけないと小中学生に伝えたい」

みんな哀れな死に方を

フィリピンのマニラに滞在中、「徴用令」が届き、現地の海軍病院で従軍看護婦として従事した。適当な薬も、食糧もなく、大勢の兵隊の最期をみとった。

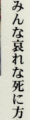

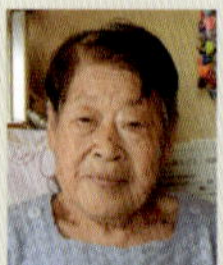

宮崎（みやざき）ミチさん（93）＝宇都宮

「脳症の兵隊は、つぶした雑草を食べ、『お母さんのご飯はおいしい』と言って亡くなった。その言葉に涙が出た。みんな哀れな死に方をした。若い人に強く言いたい。絶対に、どんなことがあっても、戦争は避けなければならないと」

⑩終戦　異郷

尊い犠牲　忘れないで

渡辺（わたなべ）光子（みつこ）さん（85）那須

「開拓に向かった私たちも侵略に加担していたのです」。終戦後、そう気付かされたと話す渡辺光子さん

「家を燃やし、立ち退け」

1945年8月15日早朝、旧満州（中国東北部）。陸軍関東軍の命令が下ると、あちこちの集落から火の手が上がった。

福島県からの開拓民で、14歳だった渡辺光子さん（85）＝那須町湯本＝は炎に包まれた自宅を背に、着の身着のまま逃げた。

「逃げ遅れた人は、現地強盗集団に銃で撃たれ、皆殺しにされた。関東軍の偉い人たちは事前に敗戦を知って、自分の家族を早々に日本へ帰していた。開拓民は見捨てられたのです」

100人近くの開拓民と共に、約200キロ先の敦化（現吉林省）を目指した。途中、ソ連兵に見つかり、子どもや年寄りを乗せた馬車や腕時計、衣類、布団、食料など、全てが略奪された。

息つく間もなく10日間以上、足を引きずり歩き続けた。日本兵が捨てた乾パンを拾って食べ、馬のひづめの跡にたまった水まで、すくって飲んだ。

敦化から汽車を乗り継ぎ、たどり着いた長春。妊婦だった姉は女の子を出産したが、3カ月後に死んだ。父親も栄養失調とチフスで、46年2月に死亡した。

父の遺体は、そりで日本人墓地まで運んだ。広大な土地には、この先死ぬであろう日本人のために掘られた無数の墓穴。行き交う人たちの荷車には、何体もの遺体が丸太のようにごろりと転がっていた。

「古里から遠く離れた国で、日本人は次々に死んでいった。その悲惨さを誰が分かってくれるでしょうか」

ようやく乗り込んだ日本への船でも、コレラで人が死に、そのたび袋に入れ、海に流した。帰国したのは、終戦から1年後だった。

「昔の話をしても通じないほど、日本は平和になりました。でも、それは国内で、南方で、または北方で、尊い命を国にささげた人たちの上に築かれたことを、どうか忘れないでほしいのです」

被害者でもあり加害者

1944年、満蒙開拓青少年義勇軍として満州へ。ソ連軍に食料などを奪われ、命からがら逃げた。終戦から14年後に帰国した。

東城藤七（とうじょうとうしち）さん（86）＝宇都宮

「死への恐れはなかったが、死ぬのなら親のそばでと強く思った。相手を殺さなければ自分が死ぬ。それが戦争。被害者でもあり、加害者でもあることを痛感している。戦争体験のない人が愚かな戦争を始めるのではないかと危惧している」

戦争起こさぬ政治家を

国鉄（現ＪＲ）職員時代の1945年に徴兵され、満州で鉄道第４連隊（668部隊）に入隊。終戦後、シベリアで２年８カ月の抑留生活を強いられた。

左川（さがわ）　誠（まこと）さん（90）＝真岡

「目の前でソ連兵に撃ち殺された人もいた。多くの日本人が、思い焦がれた故郷に帰れずに死んだ。かつて国民は真実を知らないまま、戦争になった。勉強をして真実をつかみ、決して戦争を起こさない政治家を選んでほしい」

①つなぐ

世代超え、記憶伝える

戦友会継ぐ代表は30代

戦友会の有志会で代表を務める篠原直人さん(中央)と氏木武さん(左)ら元軍人。戦争体験者が減る中、証言をじかに聞く機会は貴重だ＝１１月下旬、東京都千代田区、偕行社

消えかけた戦友たちのつながりを、戦争を知らない世代がつないでいる。

東京・靖国神社近くのビルにある小さな会議室。11月下旬、約20人の老若男女が集まった。仙台市を拠点とした陸軍第2師団戦友会の有志会の会員たち。司会を務めるのは宇都宮市西川田町、イラストレーター篠原直人さん（32）だ。

戦時を生きた人々の「孫の世代」でありながら、2年前に有志会の代表（会長）を引き受けた。会は存続が危ぶまれた時期もあった。「70年前にあったことを、私たちは知らねばならない」。年老いていく会員らと交流する中で、そんな思いを強くしたのがきっかけだった。

篠原さんたちが真剣なまなざしで見つめる中、前会長で元陸軍将校の氏木武さん（94）＝東京都世田谷区＝があいさつに立った。

「戦のない平和な日が続くことが何より。生き残ったわれわれは、英霊のためにそれを貫きたい」

もともとは元将兵のみの純粋な戦友会だった。年月とともに会員は減り、8年ほど前に解散を決めた。

だが、氏木さんら会員が伝えたいことはたくさんあった。ガダルカナル島や中国、ビルマ（現ミャンマー）国境近くでの過酷な戦い、今も現地に眠る遺骨、戦後の繁栄は戦友の犠牲の上にあること…。

「生きている限り、平和の大切さを伝えたい」。熟慮の末、氏木さんらは世代や職業を問わない「サロン」のような有志会として会を続けることを決めた。

遺族や大学教員、僧侶、新聞記者…。人づてに戦後世代が集まった。その中にいたのが、篠原さんだった。飛行機、戦闘機好きが高じて、郷土宇都宮の部隊が玉砕したパラオ戦など戦史を調査するようになり、有志会にたどりついた。

最初から強い「志」があったわけではない。ただ、戦場を生き抜いた会員から感じる「記憶を伝えようとする使命感のようなもの」を無駄にしたくなかった。

篠原さんら戦後世代3人が会運営の事務一切を引き受けた。本来の「戦友」は氏木さんら5人だけになったが、会員は30～90歳代の約50人に膨れ上がった。

戦友たちは月1回の会合に足を運び、記憶を語り伝える。その証言に耳を傾けることで、戦後世代は戦争を事実として実感できる。篠原さんにとって、有志会は「体験者と価値観を共有する大切な場所」だ。

戦争を体験した人々の多くが今、「伝えること」の難しさを口にする。本県でも解散した戦友会がある。

いかに体験を、思いを継承していくか―。

「戦争の教訓をつなぐモデルケースになれば」

幅広い世代が関わる有志会の形が他の戦友会にも広がることを、篠原さんは願っている。

②伝える

託されたバトン　後世に

体験者の思い語り継ぐ

節目の年に、バトンは手渡された。

戦争を語り継ごうと活動する真岡市の市民グループ「八月の会」。発足10年目、戦後70年のこととし、会を立ち上げた中島幸子さん(79)=同市荒町=は、戦後生まれの柳田真由美さん(63)=同市東光寺3丁目=に会の代表を委ねた。

柳田さんは覚悟を語る。「体験者たちから聞いた言葉は、心の叫びだった。それを次の世代につなぐのが、私たちの責任でしょう」。その隣で中島さんは何度もうなずいた。

教室で涙をため、うつむく少女。戦時中に見た悲しそうな疎開児童の姿が、中島さんの活動の原点だ。

「戦争の惨苦を伝えたい」。戦後60年の2005年、朗読ボランティアの仲間と会をつくった。会員は30代後半~80代の16人。戦争体験者の話を聞く集いを毎年2回、開いている。

「つらく悲しい思いを二度とさせないように」。中島さんは記憶の中の少女と今の子どもたちを重ねる。

その思いを託され、引き継ぐ柳田さん。平和への願いが込められたバトンをリレーする役割を担う。「戦争を知る最後の世代から自分たちまで、10年かけて思いをつないできた。これから時間がかかっても、次の世代につないでいきたい」と考えている。

戦争体験を伝えなければ—。その思いは戦後世代に確実に広がっている。

民話の語り部や宇都宮市の観光ボランティアとして活動する有岡光枝さん(59)=同市宝木町2丁目。この夏、宇都宮の戦災や空襲を伝えようと活動する市民グループ「ピースうつのみや」に入会した。

「一人でも多くの体験者の話を聞き、次の語り部になりたい」

以前から市内の小学校で宇都宮空襲の絵本を読んだり、観光客に戦跡を説明したりしてきた。2014年夏、宇都宮空襲の体験を絵本にした小林新子さん=当時(81)=が亡くなったことが、さらに一歩踏み出すきっかけになった。「体験者から今、聞いておかなければ、語り継げなくなる」

宇都宮空襲、それをもたらした戦争は自分が暮らすこの街であった出来事だ。「もっと知りたいし、知ってほしい」。ピースうつのみやを通じて戦争体験者と交流する中で、有岡さんの思いはさらに強くなった。

「子どものころに一度でも話を聞けば、戦争への考えが違ってくると思う。いつか体験者の代わりに、子どもたちに語っていきたい」

真岡市で体験を語り継ぐ活動を続ける「八月の会」会長の柳田真由美さん(右)と前会長の中島幸子さん

宇都宮空襲などの絵本を小学生に読み聞かせてきた有岡光枝さん。「子どもたちに伝えたい。今、やらなくては」。戦争体験の継承に危機感を抱く

③残す

原爆の残り火絶やさず

体験者の願いを形に

原爆の残り火を15年間守り続けている東輪寺住職の人見照雄さん。静かに燃える炎は「平和の取り組みへの礎となっている」と語る

その石灯籠は絶えず炎が揺れている。

さくら市鹿子畑の古刹、東輪寺。「今日も頑張って燃えてるな」。第40代住職の人見照雄さん（69）は長年の友に語りかけるかのように小さな明かりを見つめた。

炎は70年前、焦土の広島で生まれた。核廃絶の願いを込めた原爆の残り火だ。

寺には戦時中、東京・湯島の学童が疎開していた。檀家の35人が戦場で散った。それぞれの自宅を訪れるたび、軍服姿の遺影が目に留まる。

「大変な苦労を重ねた人々のために、自分も何か背負えないか」。15年前の8月、残り火の分灯を受ける決心をした。

ろうそくは毎日朝、晩と欠かさず新たなものをつぎ足していく。一緒にともすランプの油も切らせない。それでも、炎と向き合うたびに「次の行動への力が湧く」。

住職の思いを知った檀家は平和を祈るための鐘を寄贈してくれた。毎年、戦争体験者が記憶を語りに来てくれる。人と街を破壊し尽くした原爆の残り火が平和を願う人々を結んでいる。

70年の節目を越え、一つの形を守り続ける。「それが次の人を動かすきっかけとなっていくのです」

時の流れとともに消えていく体験者の言葉を文章で形に残す女性たちがいる。

栃木市の「あいの会」。女性の戦争体験をまとめた文集はことし3冊目になった。ただ、戦後65年の5年前に出した1冊目に登場する女性は、既に3分の1が他界した。会長の大原悦子さん（69）＝同市片柳町＝には焦る気持ちがある。

「今、やらなくては」

会員たちは戦時を生きた女性の自宅を何度も訪ね、「息づかいをそのまま伝えたい」と、語り口に合わせて文字に起こす。

栄養失調で母乳が出ず、赤ん坊に砂糖水を与え続けた母。戦地から帰った夫と共に、手作りの草履を売り歩いた妻…。文集には「普通の女性たち」の暮らしがつづられている。「全ての人に犠牲を強いるのが戦争ですから」。前会長の梅村貞子さん（84）＝同市大町＝の言葉に力がこもる。

ことし会長を引き継いだ大原さんは「どの世代も体験を知り、共有することが、戦争を繰り返さないために必要」と、誰もが手に取れる文集の意義を語る。

市内の映像制作グループがことし、聞き取りの様子を撮影したいと加わった。活動は広がりをみせる。

「どの証言にも共通するのが平和への願い。未来を担う次世代に残さなければ」と大原さん。平和が揺らぐ時代への警鐘の思いも込められている。

丹念に取材と執筆を重ね、数年かけて文集を作る「あいの会」会長の大原悦子さん（右）と前会長の梅村貞子さん

夕方から集まり、戦争体験のＤＶＤ編集作業に取り組む中山俊彦校長（中央）ら

「仲間が死ぬ中、考えました。生かされたのはなぜなんだと…」

戦場体験を語る男性の長い沈黙が続く。モニター越しに、教師たちは作業の手を止め、じっと見つめた。

地元の戦争体験者の話を映像で残す取り組みを進める足利市。小中学校の社会科教師6人がチームで作業を続ける。2016年度には各教師が授業で自由に使えるよう、市のホームページに掲載する予定だ。

「教師としても学ばされた」。そう話すのはチーム最年少の川辺康平教諭（26）。祖父母も戦争を知らず、自身も直接、体験者から話を聞くのは初めてだった。「生の声には、五感で感じる重みがある。子どもたちに、頭だけではなく、心で学んでもらえるのではないか」

チームの中心は、大月小の中山俊彦校長（59）。10年前にも同じ作業に関わった。授業で太平洋戦争を扱うのは十時間程度。70年前の戦争は、子どもたちにとって遠い歴史上の出来事となっていく。「戦争の悲惨さを教えることの難しさ」も一層、感じている。

歴史は繰り返す。だからこそ、戦争を二度と繰り返すことのないよう歴史から学んでほしい。「体験者の声を記憶に残して平和を願う心を育てたい。それが教師の役割だと思うのです」

④教える

体験の重みを子供らに

教壇から使命を果たす

作新学院大の「とちぎ学」。本県の歴史を学ぶ講座だ。ことし郷土で足跡に光が当てられた荒井退造を取り上げたのは10月だった。

退造は大学がある宇都宮市清原地区の出身。沖縄戦時の警察部長として20万人を疎開させ、命の大切さを説きながら職に殉じた。

「身近な偉人から戦争を考え、平和や命の尊さを学んでほしい」。担当する作新学院大女子短期大学部の西田直樹教授（50）が語る。

「荒井退造のように職務への責任感が強い若者を地域に送り出したいのです」

両親から戦時中の話を聞いた「語り継ぐべき第1世代」。自身のことをそう位置付けている。教壇からその使命を果たすつもりだ。

体験者が少なくなり、戦争の「記憶」が「歴史」となっていく。恐怖や悲しみが薄れ、伝わらなくなる。そんな焦燥が募る。

授業では、学生の戦争に対する理解の浅さも痛感した。戦争の事実と罪深さ、歴史上の位置付け、今起きている紛争…。知ってほしいことはたくさんある。

「今こそ小学校から段階を踏んで戦争を理解する下地をつくるべきです」

教育全体で向き合っていく必要性を感じている。

荒井退造を通じて戦争を伝えた西田直樹教授。「戦争を人間の行為として深く考えさせる機会を設けたい」と思い描く

⑤表す

平和へ　歴史知る大切さ

高校生、受け継ぐ決意

後輩と語り合う稲見若菜さん。放送部で戦後７０年をテーマにしたドキュメンタリー番組を作った

私たちは戦争を経験していない—。ラジオ番組の終盤、ナレーション担当の生徒が切り出した。

「そんな私たちが戦争を繰り返さないためには…」

石橋高放送部はことし、戦争をテーマに番組を作った。シナリオを手がけた3年生、稲見若菜さん(17)は取材を重ね、強く思った。

「私たちは知らなきゃいけない。戦争体験者の話を聞くなら、今しかない」

栃木市の女性団体「あいの会」や同校の同窓会を通じて、体験者に会った。相手は90歳代も少なくない。稲見さん自身、戦争の話を聞かないまま祖父を亡くした後悔もあった。

ゼロ戦に乗って戦死した同級生、軍需工場で働きながら空襲におびえた女性…。命懸けで生きた時代を皆、鮮明に証言した。

気付いたことがある。いずれも、今の自分たちと同じ年頃の出来事だということ。それに比べて、今の自分はどうか。

「フワフワと自分のことばかり考えている。もっと自分自身に責任を持って、社会に関心を持たなきゃ」

番組作りは、生き方を省みるきっかけになった。

自分たち高校生に何ができるのか。稲見さんは締めくくりのナレーションに思いを表した。

「戦争経験者の話に耳を傾け、その記憶を受け継ぐことが大切ではないでしょうか」

過去を知り、忘れないこと—。宇都宮中央女子高合唱部の3年、佐藤ひなこさん(18)たちは、歌という表現を通じてその大切さを学んだ。

6月の定期演奏会で戦中の軍歌を歌い、終戦記念日の8月15日には校内に残る国文化財の戦跡「歩兵第66連隊庖厨(ほうちゅう)棟」で同窓会の戦争体験者から話を聞いた。

子どもが「散るこそ誉れ」と決意する軍歌を合唱し、「考えられない」と驚いた。体験者の言葉や表情から、戦中も「友達とのおしゃべり」が心休まる時間だったと知った。

歌の背景を学び、70年前の女学生の証言を聞き、歴史の授業で知っていただけの時代を「感じる」ことができた。

そして思い知った。「当たり前が、当たり前じゃない」。部活で歌えること、家族が無事でいること、焼夷弾におびえる必要がない平和が続いていること…。

「あの時代を繰り返してはいけない。戦争の記憶を伝え続けていかないと、平和な時代は続かない」

戦後70年に学んだことを、次は佐藤さんたちが後輩に伝えていく。

「この夏、感じたことを同世代の子たちと共有していきたい」。宇都宮中央女子高に残る元陸軍施設の国文化財「赤れんが」前で話す合唱部の佐藤ひなこさん（中央）、大竹愛さん（右）、瀬口葵さん

⑥向き合う

身近な問題、平和につなぐ

伝える責任これからも

「ピースの概念は参加者に伝わるかな」

4日、宇都宮大。学生が円卓を囲み、次のイベントの打ち合わせをしていた。

中心にいたのは、国際学部3年の三上果南子さん(21)。ワークショップや映画を通じて平和を考える「Peace time」をこの夏から開いている。

戦争を直接のテーマとはしていない。過去3回で扱ったのは、今起きている教育や食料の格差、難民問題。それらを解決することも「平和」と考えるからだ。

70年前の戦争に強い関心を抱いたきっかけは昨夏。広島で80代の被爆者から言われた。「こうしてお話できるのは皆さんが最後かもしれません」。語り継ぐ危機を「リアル」に感じた。

自分が住む街でも戦争はあったはず—。5月、宇都宮市内の戦跡を巡る「ピースバス」に参加した。

「若いのに関心があって偉いね」。そんな周囲の受け止め方が悔しかった。「若者もきっかけがあれば行動に移せる」。そう信じてイベントを企画している。

次のテーマは「障害」を選んだ。身近な問題から考え、一から動くきっかけにしたい。「その全てがピースにつながると思うんです」

宇都宮空襲を13歳の時に体験した宇都宮市鶴田町、大野幹夫さん(83)は、15年前から紙芝居を使った語りを続けている。

この夏、県内の空襲被害をまとめたウェブサイトを立ち上げた。「次世代が語るための正確な事実を残しておきたかった」。サイトを開設すると、関心を持つ戦後生まれの人から相次いで連絡があった。三上さんもその一人だった。

「ずっと戦争について考えてきた。戦後71年になっても考えるよ」。体験だけでなく、語り続ける思いを伝えた。

「誰でも語り継ぎはできる可能性がある」。戦争が浮き彫りにする命の尊厳や人間らしさを失う現実。普遍的に大切なことを自分に引き寄せて考えてほしい。そうした思いも受け止め、三上さんらは活動する。

本紙のキャンペーン報道「とちぎ戦後70年」の取材班が最初に直面したのは、「語り継ぐ危機」だった。

「父は既に亡くなりましたが…」。取材を申し込むと、電話口で告げられた。本紙の「おくやみ」欄で他界を知ることもあった。

多くの体験者と向き合える「最後の節目」になるであろう一年。その重みを受け止め、まず70年前に何があったのかを伝えようと証言に耳を傾け続けた。

消えることのない「戦争の業」を知った。「生き残って申し訳ない」。取材班キャップの島野剛(42)は、戦地から生還した元兵士の声を今も反すうする。

体験者から話を聞いたことを自らの「責任」と受け止め、語り継ごうと行動を始めた人々にも出会えた。次代への希望を感じた。

安保法制や国際情勢をめぐり、極端な議論がぶつかり合う社会。「戦争は勝っても負けても、誰にとってもいいことはない」。体験者たちが語り、遺した教訓を伝え続けていくことで、共に平和と向き合っていきたい。

イベントの打ち合わせをする三上果南子さん。今起きている不公正な問題を考え、行動に起こすことが平和につながると考える

さまざまな
戦争体験

教え子救えず自責抱え

対馬丸の悲劇　生還した引率教師

学童780人を含む1485人が犠牲になった学童疎開船「対馬丸」撃沈から70年。「我が声もきこえぬものと思えども逝きたる子等の齢をかぞうる」。惨事を生き延び３年前に90歳で死去した栃木市の新崎美津子さんの短歌には、教え子を救えなかったことへの自責の念がにじむ。長女上野和子さん（67）はことし、母の苦悩を思い、惨事で亡くなった子の遺族に初めて謝罪した。母の心に重い塊を残し、古里沖縄からも遠ざけることになった戦争の記憶と向き合おうとしている。

栃木の故新崎さん
亡母の苦悩　娘向き合う

美津子さんが亡くなる４年前から語り始めた過去。和子さんは母の苛烈な経験、心中を思う。

2006年11月10日29面掲載／とちぎ戦後70年／対馬丸での体験を振り返る新崎美津子さん（中央）と付き添う上野和子さん（右）＝2006年11月、大平町中央公民館（当時）

喉の渇き、眠気と幻覚、撃沈で負った傷の痛み…。４日間も海を漂流した美津子さんは九死に一生を得て生還したのに、心に積もるのは苦悩だった。

放り出された夜の海に吸い込まれ、消えていく子どもたちの声。「犠牲になった子の家族に合わせる顔がない」。一緒にいた妹も助けられなかった。沖縄では生き残った教員が石を投げられた、と耳にした。

沖縄には戻らなかった。医師の夫とともに、あえて遠く離れた無医村を探し、栃木にたどり着く。戦争は生まれ育った古里さえ、遠ざけた。

和子さんは、母の死後、趣味の短歌を書きためたノートを見つけた。

「親を呼び師を呼び続くるいとし子の花かんばせの命の惜しき」「子供等は蕾（つぼみ）のままに散りゆけり嗚呼（ああ）満開の桜に思う」

惨事を詠んだ歌が60首近くもあった。

長い間わが子には「漂流したから波乗りが上手になったのよ」と冗談めかしていた母。胸の奥を垣間見たようだった。

「つらいのは子どもたちが忘れられてしまうこと」。そんな母の言葉を胸に刻み、６月、撃沈によって姉を失った千葉在住の遺族を訪ねた。謝罪して返ってきたのは、反対に母をおもんぱかる言葉。それでも親戚らと戦時中のことを語り合うと、今も涙があふれる。

夏、那覇市の対馬丸記念館が開いた特別展に母の短歌ノートを貸し出した。秋にはその縁で、生還した対馬丸の乗員らと会えた。

母の人生には計り知れない影響を与えた対馬丸の出来事。「もっと知りたい」と感じている。

◇ズーム◇
対馬丸の撃沈

総勢１７８８人を乗せた学童疎開船「対馬丸」は１９４４年８月21日、沖縄から長崎へ向け出港したが翌22日夜、鹿児島県の悪石島沖で米潜水艦の魚雷により撃沈された。学童７８０人を含む１４８５人が犠牲となった。疎開は沖縄戦に備えて政府が決定したが撃沈についてはかん口令が敷かれ、終戦後しばらく明らかにならなかった。かん口令には、疎開を続けたい政府の意向があったともいわれる。

さまざまな戦争体験

伯父の最期　知りたい

本紙記事を機に岡崎さん（さくら）

セブ島で埋葬　戦友に対面

フィリピンで戦没した伯父の最期を知りたいー。さくら市鹿子畑、農業岡崎清治さん（58）が８日、太平洋戦争中にセブ島で戦った上三川町大山、稲葉一男さん（95）を訪ねた。岡崎さんは昨年末の本紙記事で、稲葉さんが同じセブ島にいたことを知り、連絡。稲葉さんが伯父の遺体を埋葬していたことを知った。当時の様子を聞いた岡崎さんは「遺体を埋葬してくれた恩人から直接話を聞くことができ、伯父も向こうで喜んでいるはず」と感無量の様子だった。

稲葉さんは岡崎さんの前に、自身の70年前の体験をつづったノートを広げた。あるページで手を止め、指さした。

「岡崎勝」

岡崎さんの伯父の名だ。

勝さんは、岡崎さんの母タカさんの最初の夫。戦後、岡崎さんの父となる弟の実さんがタカさんと再婚、岡崎家を保った。当時は珍しくなかった「逆縁」だ。

稲葉さんと勝さんは１９４４年６月に召集された。共に水戸第42部隊として、激化する南方戦線へ送られた。フィリピン・セブ島の防衛に就いたが、米軍が上陸すると、ジャングルの奥に追い詰められていった。

ある日、稲葉さんと勝さんは米軍陣地に爆弾を持って飛び込む「切り込み」を命じられた。わずか３人の「決死隊」。闇夜に紛れて爆弾を仕掛け、米軍の銃撃の中を必死で逃げた。民家に忍び込み、手榴弾（しゅりゅうだん）を手に自決覚悟で何時間も息を潜めた。

日本軍に食料弾薬の補給はない。飢餓に陥った。疫病も蔓延（まんえん）し、仲間は次々と倒れていった。稲葉さんもマラリアで苦しんだ。

45年７月16日、稲葉さんは野戦病院で寝込んでいる兵を見つけた。勝さんだった。病状が急変し、間もなく息を引き取った。26歳だった。稲葉さんと上官で、少し小高い場所に埋めた。

稲葉さんは何度も死線を越えて、終戦を迎えた。「10人いて、生きて帰ってこられたのは１人」。多くの兵は野垂れ死んだ。「岡崎君は土に埋めることができてよかった…」。稲葉さんのわずかな心の慰めだ。

岡崎さんにとって勝さんは「戦死しなければ、自分が生まれてこない特別な存在」。ずっと自分のルーツをたどるきっかけを探していた。

戦後70年を迎え、体験者が減り続ける現状が背中を押した。「伯父がどのように死んだのか、同じ戦場にいた稲葉さんの口から聞けて感激した。後の世代に伝えていきたい」

フィリピンで伯父の遺体を埋葬した稲葉さん（右）の話に耳を傾ける岡崎さん2015年3月8日午後、上三川町大山

県内の「武蔵」元乗員語る

太平洋戦争末期の1944年10月、フィリピン・レイテ湾沖で旧日本海軍の戦艦「武蔵」が撃沈されて70年余り。世界最大級だった戦艦から生還した県内の元乗組員２人は船体発見の報に触れ、感慨を口にした。「再会したい。一部分でも内地へ戻せるなら…」。沈む瞬間まで「不沈艦」と信じて疑わなかった。その最期を脳裏に刻み、掛け替えのない戦友の慰霊を続けている。

最期の姿　今も脳裏に

「不沈艦」信じていた

稲川清さん（88）上三川

沈む瞬間まで「不沈艦」と信じていた。

上三川町上郷、稲川清さん（88）は、武蔵が撃沈された戦闘を鮮明に覚えている。

射撃指揮官と砲担当との間の連絡をする任務に就き、船体内に配置されていた。爆弾、魚雷の激しい攻撃はその日朝から続く。外の様子は見えず、沈むとは考えもしなかった。

次第に浸水していく。夕方になって、「総員集合」の命令。甲板に出て初めて「すさまじい状況」と分かった。機銃や爆弾に倒れた乗組員があちこちに横たわっていた。

「総員退去」。命令によって仲間は次々と海に飛び込んだ。稲川さんは軍刀回収を命じられ船に残ったが、甲板は見る見る傾きを増し、滑り落ちるように暗い海に投げ出された。

無我夢中だった。我に返ると、がれきにつかまり、海面に浮いていた。武蔵が2回爆発するのが見えた。その後、その巨大な姿は消えた。

「世界一の船。名誉だ」と誇らしかった武蔵への搭乗。復員してからは、「つらい記憶」と家族にもあまり語ってこなかった。

それでも年1回、靖国神社参拝は欠かさない。多くの戦友とともに海底に眠る武蔵。「見つかってよかった。かなうなら、引き揚げてほしい」

「初めて見た時、その巨大さに驚いた」。戦友会の文集を手に武蔵の最期を振り返る稲川清さん＝2015年3月12日午後、上三川町上郷

菊のご紋　再会したい

小瀧龍雄さん（88）那須塩原

「水深が深い場所に沈んだので、永久に見つからないと思っていた」。武蔵の模型で搭乗していた位置を指し示す小瀧龍雄さん＝2015年3月13日午後、那須塩原市南町

ニュースで艦首の紋章が映し出された。「菊のご紋だけにでも、何とか対面したい」

那須塩原市南町、小瀧龍雄さん（88）は「船体発見」に運命を感じた。米寿の祝いで昨年9月、武蔵の模型などが展示されている長崎市の三菱重工長崎造船所史料館を訪れたばかり。自らも記憶をたどって記録を残そうと考えていた。

艦橋最上部に搭乗し、目標との距離などを伝達する役目を担っていた。武蔵もろとも海に沈んだ猪口敏平艦長の後方で、「不沈艦」を撃沈させた猛攻撃を目の当たりにした。

空を真っ黒に染めた米軍攻撃機からの空襲を受ける。海からの魚雷も必死に避けようとした。「まるで海上でのたうつようだった」

沈没して海に放り出された。駆逐艦に救助されたが、その後乗った輸送船も撃沈された。やっとの思いでたどり着いた台湾では、マラリアに冒され死線をさまよった。

時折、武蔵の最期を思い、目を閉じる。すると、丸刈りの同年兵の顔、そのすさまじい戦闘がありありとまぶたに浮かび、今も目が潤む。

武蔵での戦闘で右の鼓膜が破れた。人工鼓膜をつけても耳鳴りに悩まされ続けている。「この耳鳴りとともに、私の戦争は死ぬまで続く」

「亡き戦友認められた」

砲弾、飢餓耐え本島で終戦

さまざまな戦争体験

両陛下パラオ訪問

アンガウルに派兵　上三川の阿久津さん

「亡くなった戦友が認めてもらえた」。天皇、皇后両陛下がパラオを初めて訪問された８日、太平洋戦争中、陸軍第14師団の一員として米軍と戦った上三川町梁、阿久津肇さん（92）の胸に万感の思いがこみ上げた。南洋の島々で70年前、本県の仲間とともに「太平洋の防波堤たらん」と戦い抜いた。雨のような砲弾、飢餓を思い返し、戦友の鎮魂と平和を静かに祈った。

パラオでの戦争体験を振り返る阿久津さん。「日本は二度と進路を誤ってはいけない」と力を込めた＝2015年4月３日午前、上三川町内

両陛下がパラオに降り立つ様子を自宅のテレビで見詰め、感慨に浸った。「普段は美しい島です」。真っ青な空と海、夜空には南十字星が輝く。だが脳裏に焼き付いた記憶は「この世の地獄」だ。

１９４４年４月、宇都宮を本拠とする第14師団は中国東北部の満州からパラオに出兵。宇都宮第59連隊に所属していた21歳の阿久津さんは、アンガウル島の守備に就いた。来る日も来る日も壕（ごう）を掘っていく。部隊の任務は、島にこもり、米軍進攻を少しでも遅らせる「時間稼ぎ」だ。

「我身をもって太平洋の防波堤たらん」。毎朝の点呼で、祖国に向かって叫んだ。

間もなく米軍の戦闘機や艦載機の空襲が始まった。爆弾や焼夷弾（しょういだん）が雨あられのように降り注ぎ、機銃掃射に追われた。誰もが「米軍の上陸は近い」と察した。

そんな中、第59連隊は一部を除きアンガウル島から引き揚げ、パラオ本島を防衛するよう命じられる。衛生兵だった阿久津さんは、残る部隊に組み込まれた。

とっくに「生きて故郷の地は踏むことなどない」と覚悟していた。

ところが一転、上官から引き揚げの命が下る。戦友と涙ながらに別れ、闇夜に本島へ脱出した。

９月、米軍がアンガウル島に上陸すると、守備兵約１２００人の大半は玉砕。「危機一髪で死にはぐったんだ」と生き残った自らの運命に思いをはせる。

本島に移りジャングルの中に潜んだ部隊の食料は、すぐに底を突いた。仲間が次々と息絶えていく。「いかに食いつなぐか」。そんなことだけを考えていた45年８月16日、敗戦を知らされた。

「陛下を米軍に渡すわけにはいかない」。歩兵銃に飾られた菊の紋章を必死でつぶした。

「国のため、天皇陛下のため」死んでいった仲間たち。陛下の慰霊訪問でやっと報われたと感じている。

◇ズーム◇

パラオの戦いと陸軍第14師団

第１次世界大戦後、日本の委任統治領となっていたパラオは、太平洋戦争の軍事戦略上の要地となり、「海の生命線」と強調された。宇都宮を本拠とし、本県出身者が多い陸軍第14師団が１９４４年４月、中国東北部の満州から移り、各島の守備に当たった。第14師団は日中戦争などで戦果をあげ、「関東軍の精鋭」と呼ばれていた。

フィリピンへの進撃を目指す米軍が同９月、日本軍の飛行場があったペリリュー島とアンガウル島に上陸。激戦の末、ペリリュー島では水戸歩兵第２連隊約１万人が、アンガウル島でも宇都宮歩兵第59連隊第１大隊約１２００人がほぼ全滅した。パラオ全体での戦死者は約１万６千人、米軍も２千人近くに上った。

さまざまな
戦争体験

「ようやく戦争終わった」

玉砕戦で生き残り 那須育ちの倉田さん

天皇、皇后両陛下がパラオ・ペリリュー島の「西太平洋戦没者の碑」を訪れた9日、パラオの玉砕戦で生き残った元兵士、戦史を記録する若者、農業支援で草の根交流を続けるボランティアら県内関係者はそれぞれの感慨を胸に、戦没者を偲び、両国の交流発展を祈った。

感慨深く供花見守る

倉田洋二さん

70年もの間続いた胸のつかえが取れていくようだった。

「これでようやくわれわれの戦争が終わった」。南国の青空の下、倉田洋二さん（88）は両陛下の供花を感慨深そうに見守った。那須で幼少期を過ごし、アンガウル島の玉砕戦で生き残った元兵士だ。今はパラオで暮らす。

両陛下がアンガウル島に向かって拝礼されると、いすから立ち上がり、ともに頭を下げた。

1944年、日本の委任統治領だったパラオ。南洋庁職員として働いていた17歳の倉田さんは召集を受けた。配属先は宇都宮を本拠とする陸軍第14師団宇都宮第59連隊。慣れ親しんだ栃木なまりの仲間とともに、20倍近い勢力を誇る米軍と戦った。

天皇、皇后両陛下に声を掛けられる元海軍上等兵の土田喜代一さん（右手前）と元陸軍兵士の倉田洋二さん（右奥）＝2015年4月9日、パラオ・ペリリュー島（代表撮影・共同）

左半身に重傷を負い最後の突撃に加わることができなかった。大勢の仲間たちが死んでいったのに、捕虜となり生き残った自分。拭いがたい「負い目」をずっと感じてきた。

「ご苦労さまでした」。供花を終えた天皇陛下から掛けられたお言葉。その重みをかみしめた。

アンガウル島で散った約1200人の戦友にも、お言葉を聞かせようと、部隊名簿を携えていた。「陛下は戦友みんなに声を掛けられた」と感じた。

会話の中ではそれ以上、戦争の話はしなかった。「その話に触れたくなかった。天皇陛下万歳と言って死んだ戦友がいる。みんな日本を信じて死んでいったんです」と泣いた。

現在は東京とパラオを往復し、戦友の「墓守」を続けている。アンガウル島の慰霊碑は台風などで破損していたため、両陛下の訪問に合わせ自ら修復した。

「両陛下の姿を見て、みんな喜んでいるはず」。10日に島に渡り、戦友に報告するつもりだ。

遺骨収集本格化を期待 県内関係者

「本当によかった」。パラオで戦史調査に取り組む宇都宮市西川田町、自営業篠原直人さん（32）はテレビのニュースで両陛下がアンガウル島に向かって一礼するのを見て、声を高ぶらせた。

現地で両陛下の慰霊に参列した倉田さんとも親交がある。

5年ほど前からたびたび現地を訪れ、「地元の連隊」である宇都宮歩兵第59連隊が戦ったアンガウル島などで戦跡を調べ、地元住民や戦没者の遺族らに聞き取りを続けている。

戦争経験者は次第に亡くなっていく。「次は私たち世代が、ありのままの事実を後世に伝えなければ」と胸に誓う。「今回をきっかけにパラオの戦争をより多くの人に知ってもらいたい」

国際協力機構（JICA）シニアボランティアとして2003年から06年まで、パラオで農業支援を行った宇都宮市駒生町、無職小林光子さん（69）は「今も残る戦没者の遺骨収集が今後、本格化するのではないか」と期待を寄せる。

JICAで赴任後もパラオを訪問している。「パラオに赴任した人は英語が上達しないというほど日本語が残っているし、パラオ人は日本をよく知っている」

陸地の砲台跡、海中の沈没船など戦争の傷跡は今も残るが、パラオ人は日本に好意的という。

「これからも観光客が行き来する関係が発展してほしい」。ここ2年ほど訪れていないが、再訪を計画している。

さまざまな
戦争体験

日の丸　遺族に届けたい
合同慰霊式元米兵の家族から託された品

硫黄島戦に従軍　足利の秋草さん
持ち主「瀧本さん」捜す

太平洋戦争末期、日米両軍が死闘を繰り広げた硫黄島（東京都小笠原村）。3月に開かれた日米合同慰霊式に参列した足利市島田町、秋草鶴次さん（88）は、元米兵の遺族から「持ち主の家族へ届けてほしい」と、日本兵が持っていた日の丸の旗を託された。旗のあちこちには、茶褐色の染み。秋草さんは「血の跡だろう」と、いたわるように旗に触れる。「帰れなかった古里に、戻してあげたい」。旗に書かれた名前を手掛かりに、秋草さんは持ち主を捜している。

17歳の海軍通信兵として硫黄島で参戦した秋草さん。戦後、島を訪れるのは7年ぶり2度目になる。

島の全部を掘り返すかのような爆撃、目の前で次々と死んでいった仲間、地下壕（ごう）での極限の飢え…。「硫黄島に立つと、出来事が目の前に一気に押し寄せる」。つらく悲しい記憶ではある。それでも、必死に生き抜いた「第二の古里」と受け止めている。

慰霊式で秋草さんに旗を手渡した米国人男性は「父親が他界した際、遺品の中から見つけた」と伝えた。

旗は横73センチ、縦67センチ。「祈　武運長久　瀧本要吉」と記され、贈り主の名前に「瀧本榮市」「肥田梅吉」など、家族や友人とみられる28人の名前が書かれている。

硫黄島の戦いで日本軍の生還者は、わずか1千人余。犠牲者は米軍7千人、日本軍2万2千人とされる。島は1968年まで米国の管轄下にあった。今も民間人の立ち入りが規制されていることなどから、遺骨収集は進まず約1万1千人分が見つかっていない。

秋草さんは、遺骨が戻らない戦死者やその家族のために「何とか遺品だけでも帰してあげることができたら」と思う。託された旗は、知人らに協力を呼び掛け、名簿を集めたりして手掛かりを探っている。

旗には地名や、所属隊名などの記載はなく「雲をつかむような作業でどれだけ時間がかかるか分からない」と苦笑する。

「最期まで旗を離さずにいたであろう兵士は、どんな思いだったか。そう思うとやるしかない」。戦場に散った仲間の魂に寄り添うように、力を振り絞っている。

硫黄島で米国人から手渡された「日の丸」の持ち主を捜している秋草さん＝足利市内)

さまざまな
戦争体験

パラオ慰霊碑　再建

台風で倒壊「戦友に安住の地を」

太平洋戦争中、パラオ・アンガウル島の玉砕戦から生還した那須町育ちの元兵士倉田洋二さん（88）が、現地で戦没者慰霊公園の再建を果たした。本県出身者が多い陸軍第14師団宇都宮第59連隊が散ったアンガウル島。戦友のために整備した旧慰霊公園は、2012年の台風で壊滅的な被害を受けた。ショックを乗り越えて実現した戦後70年目の再建。「戦友たちに安住の地を用意できた」と胸をなで下ろしている。

那須育ちの倉田洋二さん
本県部隊玉砕　アンガウル島に

自ら再建したアンガウル戦没者慰霊公園に立ち、感慨深げな倉田洋二さん＝2015年４月、パラオ・アンガウル島（倉田さん提供）

幼少期を那須で過ごした倉田さんは、日本の委任統治下にあったパラオに、南洋庁の海洋研究者として移り住んだ。１９４４年に現地で召集を受けて、第59連隊に配属されアンガウル島の守備に就いた。9月に米軍が上陸すると、約１２００人の守備隊は激戦の末に玉砕。重傷を負っていた倉田さんは最後の突撃に参加できず、捕虜となって生き延びた。東京都職員を退職後の約20年前、戦友の墓守のため再びパラオに移り住んだ。

アンガウル島の玉砕地付近には国や遺族などが建てた慰霊碑が20基以上あった。２００８年、ホテル建設のために移転の話が持ち上がった際、倉田さんは本県などを訪れ、移転費の寄付集めに奔走。10年8月に島東北部に旧慰霊公園を整備した。

だが2年4カ月後、強烈な台風が慰霊碑を襲った。多くの碑が倒壊し、一部は海に流出。倉田さんは「皆さんから寄付を募ったのに申し訳ない…」と、悲しみに沈んだ。寄付を募った責任を感じていたことや、戦友への思いから、私財をなげうっても再建しようと決意した。

土地探しや工事の手配に取り組んだ。島西部に高潮でも安全な土地の提供を受けた。体調悪化のため、東京とパラオを往復する生活となったが、今月の天皇、皇后両陛下のパラオ訪問を知り「何とか間に合わせたい」と整備を進めた。

両陛下の訪問直前に完成した新たな戦没者慰霊公園は約78平方メートル。１９７３年に本県の横川信夫知事が寄進した「しもつけかんのん像」や、新設の1基を含む計15基が並び、本県出身将兵らの霊を慰めている。

倉田さんは両陛下のペリリュー島での追悼に立ち会った翌日の10日、アンガウル島に渡り、お披露目式を行った。「栃木の皆さんも協力してくれた慰霊碑を再建できてほっとしている」と感慨深そうに語った。

遺品日章旗　遺族の元に

ビルマで戦死、宇都宮の半田さん

回収した英兵家族返還

さまざまな戦争体験

太平洋戦争中の1945年にビルマ（現ミャンマー）で戦死した宇都宮市石那田町出身の旧陸軍兵士、半田進さんの遺品の日章旗が２３日、父が英国兵だったイギリス人アンドリュー・マーシャルさん（52）の手で、70年ぶりに遺族の元に届けられた。父親が戦地から持ち帰り保管してあったが、旗に記された「二荒山神社」の文字が手掛かりとなって遺族が判明。進さんの妹木村マサさん（79）＝東京都品川区＝は「兄も家に戻りたかったのだろう。わざわざ届けてくれて、感謝の言葉しかない」と遺品と涙の対面を果たした。

遺族によると、進さんは45年3月、ビルマで戦死した。享年24歳。マサさんは15歳離れた末の妹で、最後に会ったのは41年ごろ。幼く兄の記憶はあまりないが、「家にいる時は、どこに行くにも一緒。私を大事にしてくれた」との印象が残っているという。

マーシャルさんの父ロナルドさんは戦後帰国し、約40年前に死去。「戦争は父にとってショックだったようだ」といい、生前、旗の由来を含め戦争の話は一切しなかった。だが母親を通じ、ビルマで多くの日本兵の遺体が倒れている中、上官の指示で遺品を回収したことを知った。

自身が最近、子を持つ親となり「自分の両親のことを考えた時、旗のことを思い出し返そうと思った」。4月、知り合いの日本人に相談。旗には名前の寄せ書きとともに「二荒山神社」とあったため、この知人が県遺族連合会に問い合わせて遺族が判明した。

マーシャルさんは、進さんのおいで宇都宮市石那田町、半田則夫さん（63）方で遺族と対面。「家族に返すことが、自分のすべきことだと思った」と旗を差し出した。マサさんは「夢のよう。よくぞ70年も残しておいてくれた」と涙を拭った。

マーシャルさんは「父は戦争について私に話さなかったが、忘れることはなかったはず。ご遺族と会い、進さんの写真を見て、感動した」と話した。

戦死した半田進さんの遺品の日章旗を妹木村マサさん（左）ら遺族に届けたアンドリュー・マーシャルさん（右）＝2015年5月23日午後、宇都宮市石那田町

さまざまな
戦争体験

「追悼のことば」清書60年

式典、読み上げた町長6人

【那珂川】健武の農業星爵男さん（90）は60年にわたり、町が毎年５月に開く太平洋戦争の戦没者と消防殉職者の追悼式で町長が読み上げる「追悼のことば」の清書を手掛けている。星さん自身、戦艦長門の乗務員として史上最大の海戦と言われた「レイテ沖海戦」に参加、戦艦武蔵が沈む姿を目の当たりにした戦争体験者。戦後70年を迎える中、追悼文を書きながら、戦争のむごさをあらためてかみしめ「二度と起こしてはいけない」と平和への思いを新たにしている。

元戦艦乗務員　那珂川の星さん
戦友思い平和かみしめ

「追悼のことば」を手にする星さん

星さんは１９４１年に17歳で日本海軍の横須賀海兵団に入団。戦況が悪化した44年、長門の機銃長として戦艦大和などとともに、フィリピン海域で日本海軍と連合国軍が交戦したレイテ沖海戦に臨んだ。

しかし魚雷や爆撃機などの執拗（しつよう）な攻撃で武蔵は沈没。「あの武蔵が沈み、次は自分も死ぬ」と覚悟を決め、無数の爆撃機に対して機銃掃射で必死に応戦した。

終戦を横須賀基地で迎えたのは21歳の時。47年に帰郷し旧大内村の職員に。追悼文を依頼されたのは、村が合併して旧馬頭町になったころだった。書道教室に通い筆まめな星さんに当時の町長らが白羽の矢を立て、町民に贈る賞状や追悼文を依頼した。

追悼文は町が草案を書き、星さんが墨書きで清書。約１メートル50センチの式辞用巻き紙を２枚張り合わせ、戦没者を追悼する言葉などは約１２００字に及ぶ。役場退職後も続き通算で60年。これまで６人の町長が、壇上で星さんの自筆を読み上げた。

〝戦争の悲惨さを幾度となく経験しているにもかかわらずそれが教訓となっていない現実を思うとき平和への憂いを思わざるをえません〟

追悼文の一節を書きながら星さんは、レイテ沖海戦で海に沈んでいった戦友の姿を思い起こすという。

「溺れる仲間を救うこともできない。それが戦争だ。追悼文が書き続けられる平和が続いてほしい」

情報なく　区切りつかず
いつ、どこで、なぜ死んだ…

佐野出身・故小山田孝一さん実弟の
小島末吉さん（埼玉）

供養へ募る思い

さまざまな
戦争体験

シベリア抑留　県内２５０人不明

太平洋戦争後、旧ソ連によって日本人が強制連行され、極寒の地で５万３千人もが命を落としたとされるシベリア抑留。身元が特定できない犠牲者が大勢いる中、厚生労働省は４月、新たに入手した死亡者名簿を追加公表したが、それでもなお、名簿すら提供されていない人は全国で約１万２千人、本県でも約250人に上る。佐野市出身の故小山田孝一さんもその１人だ。高齢となった遺族や戦友は、一日も早い「知らせ」を待ち望んでいる。

小山田孝一さんの写真を見つめる実弟の小島末吉さん＝2015年6月3日、埼玉県羽生市

「なぜ」。小山田さんの８歳年下の実弟小島末吉さん（79）＝埼玉県羽生市＝は幼心に思っていた。

１９４２年、開拓団の一員として15歳で満州（現中国東北部）に渡った兄。終戦後、兵士らは次々と帰ってくるのに、一向に戻らなかった。

のちに両親から「シベリアで死んだ」と聞かされたが、家に届いた骨つぼには一かけらの骨も入っていなかった。

「どんなに寒くて怖かっただろう」。兄の無念を思うと、今も胸を締め付けられる。いつ、どこで、なぜ死んだのか。亡きがらはどうなったのか。分からないことばかり。

2カ月に1度、兄の墓に足を運んでいる。「せめて死亡した状況が分かれば供養になるのに…」

盟友の心中も、複雑なままだ。「一緒に日本に帰りたかった」。同世代の小山田さんと共に抑留生活を送った宇都宮市西原町の坂本菊造さん（87）は、沈痛な表情を浮かべる。

46年春、シベリアの捕虜収容所。森林伐採の作業後、小山田さんは腹痛に苦しみ病院に連れて行かれた。二度と姿を目にすることはなく、「死んだ」とだけ耳にした。

死亡者名簿はつぶさに確認してきたが、友の名は見つからない。「このままでは、あまりにも哀れだ」

戦後70年。生前の小山田さんを知る人は一人また一人と亡くなってきた。

兄の故高治さんの娘小山田あき子さん（61）＝佐野市大祝町＝は「父は孝一さんをずっと気に掛けていた」と振り返る。

くしくも2月、同じくシベリアで死亡したと聞いていた母方の親戚の身元が特定された。死因や死亡日、埋葬場所などが詳細に記されていた。

「遺族としては一つの区切りになった」。孝一さんの身元特定も切に願っている。

シベリアの収容所で亡くなったとされる小山田孝一さん

◇ズーム◇

シベリア抑留中の死者

厚生労働省によると、旧ソ連のシベリア（モンゴルを除く）に抑留された日本人は約56万人。生還者の聞き取りなどから推定した抑留中死亡者は、約5万3千人に上る。２０１５年3月までにロシア政府などから約4万1千人分の死亡者名簿が提供され、日本側資料と照合して約3万8千人の身元を特定した。一方でいまだに約1万2千人分の名簿は提供されていない。

さまざまな
戦争体験

日の丸70年目の帰郷

硫黄島戦に従軍　足利の秋草さん
愛知の遺族に届ける

太平洋戦争末期の激戦地・硫黄島（東京都小笠原村）から生還した足利市島田町、秋草鶴次さん（88）が元米兵から託された日章旗の持ち主が判明し、秋草さんが25日、愛知県常滑市の遺族へ届けた。持ち主は同市出身で元海軍機関兵曹長の瀧本要吉さん（享年37）。1945年４月、フィリピンのホロ島で戦死していた。旗を手にした瀧本さんの長男修さん（76）は「70年をかけて、父が遺品と私たちとを会わせてくれたようだ」と何度も涙を拭った。

「祝　武運長久　瀧本要吉」と書かれた日章旗を届けた秋草さん（左）と、瀧本さんの長男修さん（右から３人目）ら＝2015年6月25日午前、愛知県常滑市役所

日章旗は、秋草さんが３月、硫黄島の日米合同慰霊式に参列した際、元米兵から「家族に届けてほしい」と託された。旗は「硫黄島で日本兵が持っていた」と伝えられたが、米国人コレクターなど何人もの手を渡っており、どこで入手されたかは定かでなかった。

旗には瀧本さんの名を囲むように、親戚や友人ら28人の名前があった。秋草さんは1人ずつ全て、インターネットで検索。複数の名字が愛知県と関連がありそうだと分かり、同県内の知人に頼んで遺族会名簿などを調べてもらい、持ち主にたどり着いた。

「うそだろう」。修さんは日章旗のことを伝えられ、初めは信じられなかった。瀧本さんは修さんと姉の松木初江さん（78）姉弟が幼いころに出征。修さんが3歳の時、家族で広島県呉市へ面会に行ったが、その時の記憶も残っていない。

秋草さんと修さんら遺族は常滑市役所で面会した。「やっと故郷に帰れましたね。皆に囲まれ平和を満喫してください」。秋草さんは日章旗に語り掛け、遺族に手渡した。

旗には血のような茶褐色の染みがあり、破れを縫った跡もあった。

「身に着けておったのでしょうね…」。修さんは「奇跡です」と声を震わせた。遺品は写真しかなく「亡くなった母に『おとうちゃんが帰ってきたよ』と見せてあげたい」と感無量の表情を浮かべた。

瀧本要吉さん

さまざまな
戦争体験

戦友会旗、護国神社に奉納

宇都宮の旧陸軍兵・高橋さん

命懸け帰還、歴史残す

【宇都宮】旧陸軍兵士だった大曽1丁目、不動産業高橋俊一さん（93）は18日、帰還した戦友と立ち上げた戦友会「黄陽（こうよう）会」の会旗を陽西町の護国神社に奉納した。ほかのメンバーから引き継いで半年前から保管していたが、自身が高齢のため、奉納することにした。高橋さんは「会のメンバーは3人のみになった。奉納でき、戦友も浮かばれると思う」と話している。

高橋さんは1943年に陸軍入り。主に輸送部隊の陸軍第35師団輜重（しちょう）隊に所属し、中国からニューギニアに転戦。物資の輸送のほか、退却してくる兵を助ける任務に就いた。高橋さんによると、部隊は約500人いたが、戦場から帰還できたのは70人前後だったという。

戦友会の立ち上げは戦後の混乱が一段落した52年ごろ。中国・黄河沿いの陽武で活動していたことから「黄陽」と名付けた。同時に会旗も作り、年1回の総会時などに掲揚していた。

会旗は昨年まで、当時衛生班長だった田中秀和さん（94）＝岡山県東区＝が保管。田中さんは現在寝たきりで「自分に何かあったら会旗を守れない。守ってくれ」と高橋さんに託したという。だが高橋さんも高齢のため護国神社に相談し、奉納が決まった。宮司の稲寿さん（58）は「歴史を後世に残すことも大切」と話す。今後は同神社資料館で保管する。

奉納を終えた高橋さんは「大役を終えてほっとしている。仲間との思いを新たにした」と当時を振り返る。「戦後70年。生きてきたことが不思議なくらい」と感慨深げに会旗を見つめていた。

戦友会「黄陽会」の会旗を護国神社に奉納した高橋さん

さまざまな

戦争体験

戦災生き抜き98歳現役

「夫の分まで」思い込め

那珂川・理容師箱石さん

東京大空襲で店焼失、夫は戦死

【那珂川】来年100歳を迎える箱石シツイさん（98）＝谷川＝は今も、現役の理容師だ。太平洋戦争で、同じく理容師だった夫の二郎さん（享年31）が戦死。時代のうねりに翻弄されながら大正、昭和、平成と生き、理髪店を経営しながら２人の子どもを育て上げた。今も昭和の匂いが残る店内では「夫の分まで…」と思いを込めるように小気味よいはさみの音が響く。箱石さんは「元気なうちは100歳になっても店を続ける」と笑顔をみせている。

箱石さんは１９１６年11月、旧馬頭町谷川に生まれた。16歳の時に上京、理髪店の見習いとなった。36年に理容師の資格を取得し、銀座や四谷の理髪店で働いた。女性理容師が珍しい時代、丁寧な仕事ぶりで指名客を増やし働き者だった。

二郎さんの遺影とともにはさみを持つ箱石さん

親戚の紹介で39年、東京生まれの二郎さんと結婚。新宿に新居と念願の店を構え、夫婦で働いた。子ども2人に恵まれ、家は住み込みのお手伝いや見習いなどでにぎやかになり、「戦争が始まったけど、本当に楽しかった」と振り返る。

だが、戦局の悪化は幸せな家庭に影を落とした。44年、二郎さんに召集令状が届き、翌年、所属部隊は満州（中国東北部）で全滅した。里帰りのため、箱石さんが子どもたちと実家に帰った時、2人の店は東京大空襲で全焼。帰る場所を失い、疎開を強いられた。

そして敗戦。多くの国民が路頭に迷った。箱石さんも例外ではなかった。終戦から約8年後、小さな小さな木の位牌（はい）とともに二郎さんの戦死の知らせが届いた。

「お父さんの所へ逝こう」。絶望の中、死ぬことを思いとどまらせたのは「死んじゃ嫌だ」という当時10歳だった長男の言葉だった。「子どもたちを育てなければ」と箱石さんははさみを手に、その腕一つで生きていくことを決意。53年、現在地に店を開いた。

今でも毎朝、二郎さんの遺影に目を向け「おはよう」と声を掛ける。「もっとはさみを握りたかったろうに…」と箱石さん。気が付けば、戦後70年。今も、隣に二郎さんがいるようだ。

機銃掃射の恐怖、今でも
遭遇現場訪れ、記憶たどる

さまざまな 戦争体験

宇都宮・90歳の菊地さん
長男も同行　後世にと動画撮影

【宇都宮】太平洋戦争中の1945年、中央国民学校（現・中央小）で教員をしていた元今泉２丁目の菊地イネ子さん（90）は30日、同校を訪問した。この日は菊地さんが同校校庭で機銃掃射の攻撃を受け、九死に一生を得た体験からちょうど70年。「母の壮絶な記憶を後世に残したい」と長男の雅彦さん（55）が動画撮影するデジタルカメラに向かい、「空襲警報はなく、本当に突然の出来事だった」などと当時の様子を同じ現場で語った。

市教委がまとめた資料「うつのみやの空襲」によると、45年7月30日は朝と午後、艦載機による市内への攻撃が学校日誌や米軍資料などに記録されているが、同校攻撃に関する記録まではない。

70年前、イネ子さんは教員数人と食糧用の豆の種まきをしている最中、艦載機の攻撃を受けた。「艦載機は南東から飛んできて急降下した。動いている私たちを認識したから。その後、弾がヒューと耳元をかすめた」とイネ子さん。「その後、急いで校舎に避難して全員無事だったけど、今思い出しても怖い」と当時を振り返る。

70年後のこの日、校庭には夏休み中の児童ら約20人が遊んでいた。その姿に「戦争中、児童はあんな歓声を上げることはなかったし、親も空襲を恐れて外に出さなかった」と語り、「今は平和で本当によかった」と感慨を込めた。

雅彦さんは「機銃掃射の話は以前から聞いていたが、現地で聞くことでより正確な証言として保存できたと思う」と話していた。

「艦載機は南東の方角から飛んできた」と語る菊地イネ子さん（左）と記録する雅彦さん

さまざまな戦争体験

60年経て戻った慰問文

戦時を回想、平和願う

大田原・木田さん 届いた先は恩師の兄だった…

【大田原】黒羽向町、木田ミネ（旧姓石村）さん（81）は70年余り前、小学４年の時に書いた兵士への慰問文を今も大切に保管している。慰問文は、当時木田さんの担任だった那須塩原市宮町、故中村久子さんの兄伊勢男さんに届き、今から10年ほど前に手元に返されたという不思議な縁も。木田さんは慰問文を手に「戦後70年間、日本は大変なことがあっても平和を守ってきた。若い人には戦中のことを当時の人の話や本から知ってもらいたい」と平和への思いを強くしている。

72年前に書いた慰問文を読み返す木田さん

慰問文は木田さんが鍋掛村（現那須塩原市）鍋掛小４年の時、学校で書いた。Ｂ５サイズほどのノートから切り取った１枚の紙の表裏に「兵隊さんのおかげで安心して勉強していられます」などと鉛筆で書かれている。「大変すらすらと良く書けましたね」と久子さんの言葉も記されている。

中国北東部などの戦地に赴いていた伊勢男さんの元に届けられたが、伊勢男さんは負傷。27歳で内地の陸軍病院で亡くなったという。

久子さんは２００５年、伊勢男さんの遺品を整理中、「石村ミネ」との名前が記された慰問文を発見。自分の教え子だと気付き、交流があった木田さんの同級生に頼み同年８月、手紙を添えて返した。木田さんは「60年の時を経てまさか戻ってくるとは…。お兄さんが大事に持っていてくれたのだと思う」と話す。

木田さんは恩師の久子さんを訪ね、約60年ぶりに再会。伊勢男さんや小学生のころのことなどを、２時間ほど語り合った。その後は久子さんが14年１月に亡くなるまで毎年、年賀状のやりとりを続けた。

「この慰問文を読むと戦中戦後のことを一瞬で思い出す。戦後、大人になってから戦争の恐ろしさが分かった」という木田さん。慰問文は普段、居間の仏壇に大切にしまっている。ふと思い出したときに読み返し、伊勢男さんや久子さんへ思いをはせ、平和の尊さをかみしめている。

「国が罪犯す…それが戦争」

元研究員の川津さん（93）＝小山＝が証言

さまざまな
戦争体験

第２次世界大戦中、毒薬や殺人光線、風船爆弾など秘密戦兵器の研究・開発を担った旧陸軍の「登戸研究所」（川崎市）。元研究員の小山市西城南６丁目、川津敬介さん（93）は中国経済の混乱を狙った偽札作りに携わった。研究・開発内容は当時、極秘とされ、研究所の役割を知る人は多くない。「個人であれば罪に問われるようなことを、国家が当たり前のようにやる。それが戦争だ」。川津さんも長年口を閉ざしてきたが近年、周囲の求めに応じて証言を始めた。

第２次世界大戦中に旧陸軍研究所
極秘で偽札作り

川津さんは１９３９年、東京府立工芸学校（現・都立工芸高）印刷科を卒業し、17歳で「登戸研究所」と呼ばれた第９陸軍技術研究所の偽札製造部門に勤めた。

取り組んだのは中国紙幣の偽札や、太平洋戦争で日本が侵攻した東南アジア諸国の新紙幣作り。後で知ったが、就職の際は憲兵に身辺調査された。任務は家族にも秘密。ドイツから輸入した高価な機械など、最新鋭の技術を使って特命に当たった。

処遇は恵まれていて、勤務後、大学の夜学に通って教員免許を取得した。食料に困ることもなかった。

偽札で中国経済の混乱を狙う作戦は「杉工作」と呼ばれた。中国内に運び込むのは、秘密情報を扱う将校を育成した陸軍中野学校の出身者。研究所の研究員が１人付き添うのが慣例だった。

42年、１度だけ上海への運搬に同行した。偽札は現地の日本人や軍の将校に渡した。「偽札で現地の物資を買い集めるのだから、上海租界地はモノであふれていた。札束を渡された将校は、ありがたそうに頭を下げていた」と振り返る。

偽札製造部門は45年４月、現在の福井県越前市に疎開。再開の見通しが立ったころ、８月15日を迎えた。紙の資料は焼き、機械類は民間に払い下げた。

戦後、両親の出身地だった本県に戻り、教員になった。教員生活への影響などを考え、研究所での仕事を口にすることは一切なかった。

戦後70年がたち、取材などの求めがあれば証言するようになった。川津さんは自身の体験を通じ、思う。

「個人が人を殺せば罰せられるが、戦争になると人殺しに勲章が出る。国が偽札も作る。国家は悪いことをする」

「登戸研究所」での偽札作りを証言する川津敬介さん＝小山市西城南６丁目

さまざまな
戦争体験

満州引き揚げ一冊に

体験、資料まとめ自費出版

宇都宮の大沢さん
「悲惨な戦争後世に」

【宇都宮】旧満州（中国東北部）で幼少期を過ごし、終戦後に帰国した春日町、元県職員大沢明さん（80）が「幻の國（くに）－満州國引き揚げの記録－」を自費出版した。自らの体験や両親が残した引き揚げの資料、文献などから、系統的に旧満州をめぐる歴史を探究しまとめた。大沢さんは「戦後70年で戦争の悲惨さを知る人が少なくなった。伝えていくことが私の責務だと考えた」と話している。

旧満州引き揚げ体験などを自費出版した大沢さん

大沢さんは1935年、旧満州で生まれた。父は関東軍に所属。旧満州西部の白城子で過ごすが、45年8月9日のソ連軍の旧満州への侵攻で平和な生活は一変したという。混乱や貧困、寒さの中で生き延び、終戦から1年以上たった46年10月、母と姉、弟と日本へ引き揚げた。

戦後70年となり、大沢さん自身も80歳を迎えたことから、旧満州引き揚げなどの辛酸をなめた体験や記録を後世に伝えていきたいと、自費出版した。

本はA5判、249ページ。「父母の戦争体験」「中国の状況」「日本の状況」「占領軍の進駐、日本人の遭難」「満州国引き揚げの記録」「私と満州国」の6章で構成。参考資料として旧満州関連の書籍や年表を付けた。

満州国引き揚げの記録の章では、引き揚げ家族が過去にまとめた「第336部隊　引揚家族思い出の記」の証言などを紹介。終戦後すぐに帰国できず、食糧不足や病気で子どもを亡くすなど母親らが味わった引き揚げの悲惨さが記されている。

「戦争の記憶は風化しつつある。戦争体験の風化は防げなくても、戦争の記録を伝え語り継ぐことはできる。しっかりとした歴史教育に支えられた平和教育を行うことが、平和につながる」と大沢さん。親戚や知人らに本を配布したところ、「引き揚げの悲惨さを初めて知った」という声も寄せられているという。本は市中央図書館、県図書館に寄贈する予定。

よみがえる悲惨な記憶

さまざまな
戦争体験

語り継ぐ決意 新たに

佐野・山崎さん

終戦の日書いた作文　今も保管

となりのおぢさんがきて
とうとう日本はまけたねといって
おしへてくださいました

【佐野】「となりのおぢさんがきてとうとう日本はまけたねといっておしへてくださいました」。犬伏新町、山崎金成さん(79)は、ちょうど70年前の8月15日の様子をつづった自らの作文「夏休中の思出」を今も大切に保管している。当時9歳。終戦を告げる玉音放送が流れた時の周囲の混乱ぶりを書いた。読み返すたびに戦時中の記憶がよみがえるという山崎さんは「戦争の悲惨さを伝えなければ」と胸に刻んでいる。

百頭空襲を目撃し描いた絵を手にする山崎金成さん

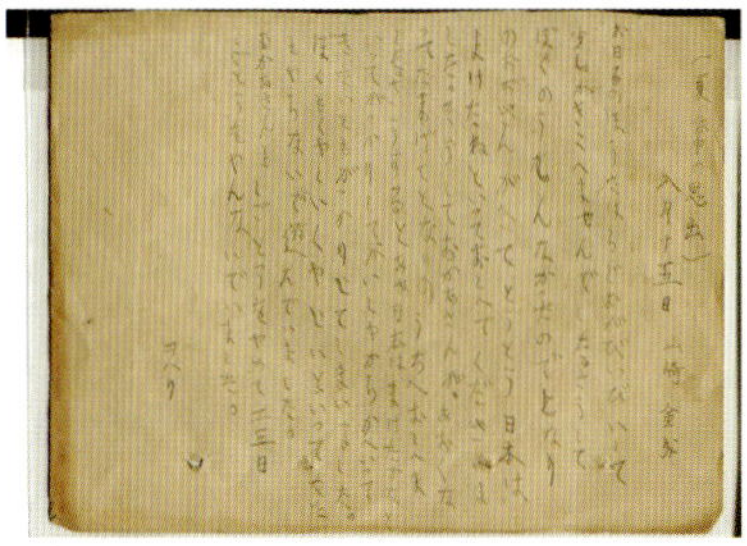
山崎さんが終戦の日の出来事を描いた作文「夏休中の思出」

この作文が山崎さんの手元に戻ったのは、戦後60年が過ぎたころだった。母校・犬伏小の同窓会後、担任だった川久保千恵子さん(87)=旧姓池沢、東京・八王子市=から手渡された。川久保さんは「助教員を辞める時、ほとんどは生徒に返したのに、なぜか手元に残り大事に取っていた」と振り返る。

作文は「身體検査票(しんたいけんさひょう)」の裏に書かれている。山崎さんは「今の子どもたちには想像できないだろう」。紙がとても貴重だった戦時下の厳しい環境に思いをはせた。

作文には、玉音放送を流すラジオの電波が悪く雑音で聞き取りにくかったことや、慌て落胆する大人たちを目の当たりにし自分も悔しかったことなどがつづられている。

子どもながらに「日本は負けるのだろうな」とうすうす感じていたことも覚えている山崎さん。自身の幼い字を目で追うと、あの日の暑さを思い出すという。

そして、頻繁に鳴らされていた空襲警報で死の恐怖におびえ防空壕(ごう)まで逃げたこと、出征した近くの人が戦死しその家族が悲しみに暮れている姿…。戦争の現実が頭に浮かぶ。

作文とともに返された絵画には、1945年2月、足利市内で33人の命を奪った百頭(ももがしら)空襲を描いていた。青い米軍機が赤々と炎を上げて墜落していく様子は、自ら目撃した現実だった。

あれから70年。山崎さんは「8月15日で戦争が終わっていなければ自分も命を落としたかもしれない」と考える。生き残った者の責任として、戦争の恐ろしさを語り継いでいくつもりだ。

さまざまな戦争体験

平和の意味考える夏

家族に宛て　悔恨の手紙

玉音放送に立ち会った父

足利出身小沼少将

70年前の8月15日、玉音放送が日本の敗戦を告げた。放送を阻止しようとする反乱軍の動きがある中、その放送に軍人として唯一、立ち会った県人がいた。足利市出身の元陸軍東部軍参謀副長、小沼治夫少将だ。90歳で他界するまで多くを語らなかったが、玉音放送から数日後、同市に疎開していた家族に送った手紙には、多くの犠牲者を出した戦争を省みる言葉を残していた。「責任や悔恨を心に抱き続けていたのだろう」。次男で慶応義塾大名誉教授（物理学）の通二さん（84）＝横浜市＝は父を思い、語った。

小沼少将は1899年、足利市本城3丁目で生まれ、佐野中などを経て陸軍大学校に入った。太平洋戦争開戦時は大本営参謀（研究班長）として戦略戦術指導などを担当した。

日露戦争とノモンハン事件の研究を命じられ、日本の装備や補給、技術などを踏まえて「精神力だけでは近代戦には勝てない」と結論付けたが、「突撃が伝統になりつつあるのを否定することになる」と、報告書は本部の金庫に隠された。

父・小沼治夫さんについて語る通二さん＝2015年8月13日午後、横浜市

1942年に撮影した小沼治夫陸軍少将（中央）と通二さん（右）

8月15日正午、東京・放送会館で行われた玉音放送。前夜には、徹底抗戦を主張した陸軍将校らが放送の録音原盤を奪おうとし、鎮圧される「宮城（きゅうじょう）事件」も起きていた。小沼少将は、下村宏情報局総裁らと共に放送室に入り、放送が終わるのを見守った。

放送の立ち会いを含め、小沼少将は当時のことをほとんど語らなかったが、通二さんは終戦直後に送られてきた手紙の書き出しを今でも鮮明に覚えている。

「桃源に夢む。天は我が国民に警鐘を乱打せり」

通二さんは「自分の戦史研究が生かされず、矛盾と葛藤の中で戦っていたのだろう。手紙には、悔いと、敗戦を受け止めて新しい時代で懸命に生きなければという覚悟がにじんでいた」と振り返る。

小沼少将は戦後、BC級戦犯裁判の日本側窓口を務めた。失業し、日雇い労働も経験。戦災で破壊された道路修理などを行い、その後に印刷会社社長となった。戦後しばらくして、妻にふと漏らした言葉は、戦争の責任から「私は畳の上では死ねない」だった。

通二さんは、核廃絶を目指す科学者の国際組織「パグウォッシュ会議」創立に携わり、「世界平和アピール7人委員会」の委員なども務める。「70年間、戦争をせず、誰も殺さない、殺されなかったことを日本の貴重な財産として、未来を進んでいかなければならない。父もそう思っているはず」と語った。

国会議員まで「戦力」に

終戦直前召集された衆院議員
益子の故日下田武さん

日下田武さん

さまざまな
戦争
体験

語り継ぐ決意新たに

終戦直前の1945年4月、戦争に駆り出された本県選出の衆院議員がいた。益子町長も務めた日下田武さんで、戦地には向かわなかったものの、宇都宮市の陸軍第14師団司令部で後方支援の任務に当たった。国会議員ですら「戦力」として扱われた時代。それから70年が過ぎた今、国会では平和の在り方をめぐる議論が続いている。

本土決戦備え　後方支援従事
遺族「戦争ない国でいて」

「しばらく家から宇都宮にバスで通っていましたね。経理部に所属し、本土決戦に備えて、材木を集めて陣地構築の後方支援をしていたようです」

うだるような暑さが続いた今月上旬、日下田さんの長男・実さん（85）が住む益子町益子の自宅を訪ねた。セミの鳴き声が幾重にも重なり響く中、実さんは記憶をたどるように話した。

父・武さんのアルバムを眺める日下田実さん＝益子町益子

実さんによると、武さんは1900（明治33）年生まれ。日中戦争初期の37年夏ごろから約1年間、中国大陸に出征した経験もある。立場は「主計中尉」。補給業務などを担う役割を果たした。

帰還後は、39年10月に益子町の町長に就任。約3年務め、戦時下で行われた42年4月の総選挙で当時の栃木2区で立候補して当選し、衆院議員となった。「詳しい経緯は分からないが、大政翼賛会系の議員として出たようだ」

応召はそれから3年後の45年4月6日。その当時に衆院議員で召集されたのは13人。武さんを含む10人は軍歴を有していたため召集され、3人が戦死した。

実さんには印象に残る出来事があった。終戦の日の1、2日前、二つ下の弟と共に武さんに呼ばれ、こう言われたという。

「日本は負けた。15日に天皇陛下が放送する」

実さんは「議員をやっていたから知っていたのでしょうかね。ただ、ほかには言うなと言われましたよ」と振り返った。

応召の間は一時的に議員の身分を失うものの、召集解除の時点で復職となる臨時法ができていた。武さんも8月25日復職した。

9月1日の帝国議会衆議院本会議議事録には、議長の言葉として次のような記述がある。

「日下田武君ハ（略）召集解除トナリ、其（そ）ノ職ニ復シ、本日茲（ここ）ニ同君ヲ迎フルニ至リマシタ、御入隊中ノ御奮闘ヲ厚ク感謝致シマス」

武さんが起立すると、拍手が送られた。その後1年足らずの間、議員を続けたものの、連合国の占領政策で公職追放になったという。

武さんは66年にこの世を去った。15歳で終戦を迎えた実さんは、56年にネパールヒマラヤの未踏峰マナスルに初登頂し、後に県教育委員長も務めた。「このまま戦争がない国であってほしいですね」と静かに話した。

語る、伝える
戦争体験

「普通の生活」大切さ訴え
真岡「伝える集い」で安藤さん

【真岡】戦争体験者らが命の大切さと平和の尊さを伝える集い「今、次世代に伝えたいこと　戦中・戦後・命を繋いで」（八月の会、市立図書館主催）が2015年1月18日、田町の市立図書館で開かれた。千葉県で疎開生活を送り、戦後東京都で過酷な環境を生き延びた安藤博子さん（79）＝熊倉町＝が体験を語った。戦中、戦後の生々しい体験話に約50人の参加者は真剣に耳を傾けた。

体験談を話す安藤さん

疎開、過酷な環境…体験

安藤さんは9歳だった1944年、戦争の影響で東京都から、母の実家である千葉県匝瑳（そうさ）郡豊和村（現在の匝瑳市）に縁故疎開。疎開先では赤ガエルを捕まえて食べたり、生まれたばかりの妹を背負い、学校に通った。「戦死して白い布に包まれた遺体を迎えることもあった」と話す。生活は貧しかったが、空襲とは無縁で、それなりに楽しかったという。

しかし10歳になった46年、東京都内に戻ると生活は一変する。安藤さんは「食糧不足とシラミが本当に辛かった」という。わずかなさつまいもくらいしか食べられず、風呂は月2回も入れれば良かった。頭にはシラミが湧き、学校で頭から殺虫剤DDTをかけられる経験もした。

11歳になった47年9月5日、妹の文子さん（享年3歳）が亡くなった。この日の夜、急に文子さんの具合が悪くなり、母と病院を探し回ったという。「2軒の病院を訪ねたが断られた。3軒目を探している途中、気付いたら私の腕の中で息を引き取っていた」と話すと会場は静まり、参加者は息を飲んだ。

安藤さんは「今平和なのは苦労した人たちのおかげ。普通に食べたり、布団で眠ったりできることがいかに幸せか考えてほしい」と次世代へのメッセージを残し、講演を締めくくった。

下籠谷から姉と参加した上野静江さん（78）は「体験談を聞き、改めて当時のことを思い出した。私も若い人に経験を伝えたい」と話した。

不戦の誓い訴え

元小山市長船田さん

市民に戦争体験講演

【小山】太平洋戦争を軍医として経験した元小山市長の船田章さん（93）が23日、犬塚4丁目の喫茶店「カフェリ・フジ」で講演し、市内外から集まった約30人を前に「絶対に戦争だけはやらないことを肝に銘じてほしい」と訴えた。

戦争経験者の声に耳を傾け、衆院で可決された安全保障関連法案への考察を深めようと、同店を営む山本悦子さん（67）が企画。船田さんに講師を依頼した。

船田さんは台湾で体験した米軍の空襲を振り返り、「銃弾の薬きょうが夕立のように降ってきた。初めて戦争はおっかないと思った」。終戦までの約8カ月間に機銃掃射を16回受けたことや、沖縄行きを命じられたが乗るはずだった船が直前に撃沈されたことなども紹介し、「本当に運良く助かってきた」と述べた。

「憲法9条は世界に誇れる」との思いから、市長在任中に平和都市宣言を行い、市内中学生の広島平和記念式典派遣事業も始めた船田さん。「戦争で犠牲になるのは国民。平和な社会を守り続けることが一番」と結んだ。

山本さんは「肉声で実体験を聞くことが、二度と戦争をしないための第一歩だと思う。参加者の周囲に波及していけば」と話した。

戦争体験などを語る船田さん

語る、伝える
戦争体験

平和祈り初のおはなし会

壬生のボランティアグループ

【壬生】読み聞かせボランティア団体「アライグマの会」（神山博子代表）主催の「戦後70年平和を祈るおはなし会」が25日夕、本丸1丁目の常楽寺で開かれた。

戦後70年の節目に「戦争の悲惨さ、平和の尊さを後世に」と今回初めて企画した。子どもの部と大人の部に分かれて、内容も変えて開催した。

約50人が出席した子どもの部では「かわいそうなぞう」や「まちんと」などの読み聞かせのほか、会員で11歳の時に東京で空襲を体験した竹沢幸昭さん（81）＝北小林＝の体験談も。「焼夷（しょうい）弾はキラキラとゆっくり落ちてくるが、一気に建物に火が移りなかなか消えない。食料もなく雑草も食べたが、雑草を煮る鍋もなかった」と当時の状況を説明した。

昨年9月に誕生したばかりの同会。神山代表は「関心をもってくれただけでありがたい。戦後70年を考えるきっかけになってくれれば」と話していた。

体験談を話す竹沢さん

語る、伝える
戦争体験

平和の尊さ子や孫へ

講演会、安保法案懸念

【那須烏山】那須南九条の会（高野允義代表）は2015年8月9日、市烏山公民館で「戦後70年、おじいちゃんとおばあちゃんが戦争体験を語る集い　子や孫に語りつぐ平和のバトン」と題した講演会を開く。市内外在住でいずれも90代の戦争体験者３人が平和について訴える。高野代表は「安保法案が衆院を通過するなど日本の針路が大きく転換する今、国民が過去の歴史に何を学ぶのか問われている。平和の訴えを多くの県民に聞いてほしい」と話している。

90代体験者3人が訴え

那須南九条の会

講演会は、国家安全保障会議設置や特定秘密保護法施行など一連の政治状況を受け「日本が戦争に巻き込まれるのでは」との懸念から終戦記念日を前に企画した。

当日は志鳥、高雄市郎さん（94）と那珂川町谷川、箱石シツイさん（98）、下野市箕輪、若林英二さん（92）の3人が悲惨な戦争体験を語り平和の尊さを訴える。

高雄さんは元日本陸軍歩兵としてインパール作戦に参加。約9万人の兵隊が戦死する中、奇跡的に生き抜いた経験を持つ。箱石さんは現役の理容師で、夫が旧ソ連軍の攻撃を受け満州（中国東北部）で戦死した。若林さんは旧国分寺町長。元日本軍戦車兵として中国戦線に出征した経験があり、現在も精力的に平和について訴え続けている。

高雄さんは「安保法案を含め国は説明不足で今の状況はきな臭い。戦争経験を踏まえ平和の大切さを話したい」、箱石さんは「戦争中は空襲の中でおびえながら子育てをした。戦時下の一般庶民の生活を伝えられれば」、若林さんは「中国との戦争は悲惨なものだった。安倍政権は改憲や軍備でなく外交によって平和を目指すべきだ」と訴えている。

爆雷受け親兄弟思った

元海軍の遠藤さん講演　宇都宮

【宇都宮】太平洋戦争の記憶を後世に伝えようと、泉が丘地区連合自治会（岩倉健一会長）は9日、元海軍の潜水艦乗組員だった遠藤幸次さん（91）＝泉が丘1丁目＝を講師に招き、同地域コミュニティセンターで講演会を開いた。

遠藤さんは1943年に神奈川県横須賀市の第2海兵団に入った。終戦間際の45年8月には全長約120メートルの「伊号潜水艦」の乗組員として山口県柳井市の基地から出撃したという。

講演に先立って戦時中の潜水艦乗りの仕事を記録した映画「轟沈（ごうちん）」を上映した。その後、岩倉会長が遠藤さんに事前に聞き取りをしてまとめた内容を朗読し、当時の体験を伝えた。

体験を語る遠藤さん

遠藤さんは当時支給されたという「大日本帝国海軍」と記された鉢巻きとセーラー襟を身に着けて戦中戦後の様子を振り返った。

「潜水艦に乗って爆雷を食らい、艦がゆさゆさ揺れた時は親兄弟を思い出した」などの生々しい体験談に、100人余りの参加者は真剣な表情で聞き入っていた。

語る、伝える
戦争体験

硫黄島の壮絶体験語る

秋草さん（足利）招き例会
宇都宮西ロータリー

【宇都宮】宇都宮西ロータリークラブは2015年8月6日、宇都宮東武ホテルグランデで開いた例会に、太平洋戦争の激戦地、硫黄島での戦いを生き抜いた足利市島田町、秋草鶴次さん（88）を招き、壮絶な体験を聴いた。

7月に就任した同クラブの坂寄修一会長が、戦後70年の節目に戦中戦後を振り返ろうと発案。約60人が耳を傾けた。

17歳の海軍通信兵だった秋草さんは、一日でも長く抵抗し、本土攻略を遅らせるという軍の至上命令に従い、圧倒的な物量で攻める米軍の攻撃に耐えたが重傷を負った。

もぐらの穴のような地下壕（ごう）の中、武器も食料もなくゲリラ戦を戦い、命を落としていく仲間の思いを伝えようと声を振り絞る秋草さんの話を、参加者はじっと聴き入っていた。

駅前通り3丁目、橋本和典さん（52）は「秋草さんのような方がいることで今がある。戦争の記憶を風化させてはいけないと思った」と話した。

硫黄島での体験を話す秋草さん

被爆、出征…2人が講演

茂木でつどい　平和の大切さ訴える

出征体験を語る羽石さん

【茂木】戦争の悲惨さと平和の大切さを伝える「戦争を語り継ぐ平和のつどい」がこのほど、茂木の町民センター別館ホールで開かれた。

もてぎ九条の会（大兼俊太郎代表）が主催。戦争を題材にした曲の合唱や原爆詩の朗読の後、被爆した高根沢町宝積寺、主婦小松宏生さん（81）と、出征を体験した茂木町茂木、無職羽石義雄さん（90）の2人が講演した。

小松さんは、小学校6年生の時の広島での被爆・疎開体験を紹介。「孤児になった友人も多い。戦争に出た人だけが犠牲者ではない」と訴えた。羽石さんは1939年から加わった「満蒙（まんもう）開拓青少年義勇軍」での厳しい食糧事情などを明かし、「再び戦争を起こしてはならない」と強調した。

来場者110人は真剣な表情で話に聞き入った。北高岡、自営業山川久男さん（68）は「経験談が聞けて当時を知る貴重な機会になった」と話した。

語る、伝える
戦争体験

学童疎開の歴史伝える

栃木・如意輪寺で講話

小倉さん、風化を懸念

元都賀町教育長

学童疎開について説明する小倉さん

【栃木】70年前に学童疎開を受け入れた大宮町の如意輪寺は2015年9月5日、学童疎開に関する講話を行い、檀家（だんか）ら約250人が耳を傾けた。旧都賀町教育長で学童疎開を研究している小倉久吾さん（78）＝片柳町4丁目＝が講師を務め、「学童疎開は小中学校の教科書に載っているが読んで終わり。大変重要で、日本の教育史上、落としてはならない」と風化を懸念した。

戦後70年の節目に、当時の歴史的背景、地域における寺の役割を知ろうと、同寺が小倉さんに講話を依頼。小倉さんは25年にわたり学童疎開を受け入れた寺などを訪問調査しているほか、市内の小中学校で講演活動を続けている。

講話では、1944、45年に東京の4校から約900人の児童が市内に疎開したと説明。このうち麻布国民学校の380人が同寺を含む8寺に受け入れられた。同寺には小学4年生43人が滞在したという。

当時の1日当たりの摂取カロリーが現在の3分の1程度と、不十分な食事内容だったことも紹介。「食糧不足で栄養失調になったり、しらみ、のみが発生した。いじめで脱走した子もいる」と過酷な生活環境を明かした。

学童疎開、対馬丸、泉町空襲

戦争体験の講演会

栃木の箱森町東部自治会

【栃木】箱森町東部自治会（山本キミ子自治会長）は2015年10月18日、講演会「戦後17年 今 伝えたいこと 伝えて欲しいこと」を箱森町東部公民館で初めて開く。

ことしが戦後70年の節目であることから、戦争を体験した人に直接話を聞く機会をつくろうと企画した。山本自治会長は「戦争は知っているようで明確ではない。今まで話を聞いたことがない人もいる。子どもや孫に伝えられないことなどがあると思う」と話し、小中学生などの参加を募っている。

講師はいずれも市内在住者で、都賀町に学童疎開した経験を持つ阿部洋子さん、沖縄から長崎へ向かう途中に撃沈された学童疎開船「対馬（つしま）丸」の引率教員だった新崎美津子さんの長女上野和子さん、13歳の時に体験した「泉町空襲」について聞き取り調査を行った元中学校教諭の内山謙治さんの3人。講演後は質疑応答の時間を設ける。

語る、伝える
戦争体験

平和の大切さ児童に訴え

元少年飛行兵が特別授業

佐野・旗川小

【佐野】石塚町の四十八願（よいなら）好造さん（91）が2015年11月11日、旗川小で6年生32人を前に、陸軍の少年飛行兵だった戦時中の体験談を披露した。

　四十八願さんは17年ほど前から、石塚小児童と地域の高齢者との交流会の際、体験談を語ってきた。これを聞いた旗川小が、社会科の特別授業として講演を依頼した。

　四十八願さんは、第2次世界大戦で県内出身者だけで3万人以上の軍人が命を落とし、県内の空襲で7百人以上が亡くなったと説明。「戦争は本当に怖い。多くの方の犠牲の上に、今の平和で豊かな社会ができていることを忘れないで」と訴えた。

　16歳で水戸市の陸軍航空通信学校に志願、厳しい訓練を受けながら夜中に便所にこもり、臭いに耐えて勉強した逸話を紹介。四十八願さんは後輩の指導係として学校に残ったが、戦友の多くは特攻隊に配属され南方や中国で戦死したという。「彼らの笑顔や肌のぬくもりは忘れられない。みんなは同級生を大切にして、立派な人になってほしい」と語った。

　児童たちは真剣な表情で聴き入った。山根遼大君(11)は「命や平和の大切さがよく分かった。友達とも仲良くしたいと思う」と話していた。

四十八願さん（中央）の戦争体験談を聴く旗川小の６年生たち

戦後70年

読者反響

体験談続々、継承求める声

寄せられた手紙や手記

「記事を読み、戦死した父を思い出しました」「大切な家族を戦地に送ってはならぬ」「今ならあの体験を話すことができる」—。

終戦から70年となる2015年に合わせて始めた本紙のキャンペーン報道「とちぎ戦後70年」。取材班にはこれまでに100件を超える感想や体験談が寄せられた。通常の連載企画などに比べ、異例の多さだ。

隣で戦友が倒れ、自らも死線をさまよう体験をした元兵士、焼夷(しょうい)弾による猛火を必死で逃れた市民、軍国一色の教育に染められた少年少女たち…。体験者は若くて70歳代、記憶を語れる世代は80、90歳代になった。

反響の多くは手書きの手紙や電話で寄せられた。その筆致、声からは「今、伝えねば。残さねば」という強い思いが伝わる。

一方、戦後世代からは「今の平和は戦没者の方々、生き証人である体験者のおかげとつくづく思う」「未来の子どもたちが平和に暮らせるよう、体験談の継承を」との声も寄せられた。

2014年秋に始まった本紙のキャンペーン報道「とちぎ戦後70年」。同年12月の「プロローグ」から始まった連載は、ことし8月の第3部まで計61回を数え、敗戦を伝える70年前の本紙1面を再掲した8月15日付紙面などを通して、戦禍の記憶を伝えてきた。記事を手掛かりに、親族の最期の姿を初めて知った遺族もいた。あの戦争で何があったのか、今に生きる私たちはどんな教訓を胸に刻まねばならないのか—。寄せられた手紙や手記、感想などの一部を紹介し、読者と共に考えたい。

戦場 「体験を後世に残して」

絶え間なく飛び交う銃弾と砲爆撃、四六時中つきまとう飢餓と疫病、祖国を思い倒れていく仲間たち。「自分の体験も後世に残してほしい」。元兵士たちは少しでも戦場の現実を伝えようと、忌まわしい記憶を呼び起こし、ペンを執った。

■ ■

宇都宮を本拠とした陸軍第14師団宇都宮第59連隊の一員だった那須烏山市中山、大野利勝さん(92)は1944年4月、パラオのアンガウル島の守備に就いた。

雨のような米軍の銃爆撃に圧倒され、仲間は倒れていった。玉砕前に脱出できたが、本島でも飢餓と闘った。ヘビ1匹を9人の班員で切り分け、トカゲ、カエルはそのまま口に入れた。

「大野班長、大野班長…」。弱った部下が腕にすがってきた。そのまま冷たくなっていった。

「餓死も名誉の戦死なり、と言われたがとんでもない。戦争の現実を多くの人に知ってもらえれば、死んだ仲間への供養になる」と思いをつづった。

野戦病院の兵を戦車じゅうりん

44年3月から始まったインパール作戦に従軍した矢板市成田、栗城満さん(92)は、自身の軍歴を寄せた。

激戦を繰り広げたが、補給が持たず、同年7月に撤退が決まった。

「頼むから連れていってくれ」。野戦病院で軍刀をつえ代わりにした兵士が足にしがみついてきた。左脚の膝から下がない。階級章を見ると上官だ。自分も体力が衰え、マラリアに苦しむ身。何もできなかった。

3週間後。「敵戦車がその野戦病院に収容された兵隊の上を何回も走り回っていた。120~130人全員が死んだ」

長女の大古秀子さん(66)は、同封の便箋に「父が生還できたことにより、命のバトンリレーで私の存在がある。その父の体験を何らかの形で残しておきたい」と言葉を添えた。

関東軍の威容ソ連参戦で一変

宇都宮市一条3丁目、福田茂さん(87)は17歳で中国大陸に出兵した。満員列車の中でも関東軍が通る時は、乗客全員がスッと左右に体を寄せた。その威容に感心した。

ソ連軍が参戦すると状況は一変した。自身はわずかな差でシベリア抑留を免れた。「抑留者らに申し訳なく、静かにしてきました。しかし体験者も少なくなり、自身も次の戦後80年には自信がないので体験をまとめました」

今、伝える惨禍の記憶

「最期の様子を知りたい」

本紙紹介の高雄さん（那須烏山）訪問

インパールで先祖戦死の大学生

「家族が同じ場所で戦死したんです。会って話を聞いてみたいのですが」

戦争体験者の記事を掲載するたび、下野新聞社には連絡を希望する声が続々と寄せられる。

佐野市に実家がある東京都新宿区、大学生出居潤也さん(21)もその一人。1944年のインパール作戦で曽祖父の弟、出居正次さんが戦死した。「先祖の最期の様子を少しでも知りたい」。生還者の高雄市郎さん(94)＝那須烏山市志鳥＝の体験を紹介する本紙記事を読み、8月下旬に自宅を訪ねた。

インパール作戦に従軍した高雄市郎さん（右）を訪ね、当時の作戦の様子に耳を傾ける出居潤也さん＝8月28日午前、那須烏山市志鳥

高雄さんと正次さんは同じ第33師団第214連隊。高雄さん宅にある数千人分の戦没者名簿の中にその名前があった。

「歩砲　出居正次　死　19・5・28　インド　ライマトン」

食い入るように見つめる潤也さん。歩兵砲隊の所属だったことを初めて知った。数人ずつ各中隊に配属され、大砲を担う隊だ。

「あのころは敵の逆襲を恐れて大砲は撃てなかった。（正次さんも）一般の歩兵と同じように銃を持って戦ったはずだ」

高雄さんは正次さんを知らなかったが、当時の状況を説明してくれた。ライマトンは連隊本部があった丘陵地帯。正次さんが戦死した5月には補給が途絶え、食料を現地調達して戦っていた。もみを鉄の棒でつぶして食べ、飢えに耐えた。

「相手を撃つことを躊躇（ちゅうちょ）しなかったですか」「戦死した兵士の遺骨はどうしていましたか」

潤也さんはまっすぐなまなざしで疑問をぶつけていく。ぽつりとこぼした。「戦死なら戦病死より、苦しまずに死ねたかな…」

小さいころから佐野市内の祖母宅を訪れるたび、居間に飾られた軍服姿の遺影が気になっていた。数年前、インパール作戦で戦死したと聞き、本やインターネットで調べ始めたが、詳細は分からない。

戦後70年がたち、当時の状況を知り得る体験者は減り続けている。焦燥が潤也さんの背中を押した。

戦没者名簿に名前を見つけた時、「70年前の事実が急に身近なものに感じ、どこか心に引っかかっていたものが取れた」。同時に高雄さんの戦場体験に触れ『戦争を二度としてはいけない』という言葉の本当の重さが少し分かった気がします」と振り返った。

インパール作戦で戦死した出居正次さん

◇ズーム◇

インパール作戦

英国軍の拠点だったインド北東部の都市インパールの攻略を目指し、日本陸軍が1944年3～7月に実施した作戦。中国支援の補給路を遮断する狙いだったが、食料や弾薬の補給を軽視して大敗した。本県出身者が多い第33師団などが参加した。

戦後70年 読者反響

遺族

歳月経ても悲痛は癒えず

海を渡った戦場で大切な人を失った遺族の悲痛は、歳月を経ても癒えることはない。

栃木市 日向野愛子さん（84）の手紙

1944年5月14日、兄は遠い海の中で戦死しました。24歳でした。

海軍兵として出征して半年もたったころ。机から1枚の便箋が出てきました。農家の長男として生まれ、徴兵検査で見事「甲種合格」という体に育て上げてくれた親への感謝と喜びが書かれていました。

戦争が激しくなってきた44年、突然兄が帰宅。家族は元気な兄の姿にわきました。後で分かったことですが、戦地に出る前の家族へのあいさつだったのです。隣に住んでいたおばさんに漏らしていました。「生きて帰れることはないでしょう…」と。

激戦のフィリピン方面の海で帰らぬ人となりました。小さくなって白木の箱に収められた兄の姿を見た時は、悲しさがこみ上げて言葉も出ませんでした。

戦争の憎さ、悔しさ…。

心の傷は今も癒えることはありません。今はこんな悲惨な戦争が繰り返されないことを祈るばかりです。

真岡市 増渕増寿さん（73）の手紙

父は44年1月にフィリピンのレイテ島で戦死しました。私は父に抱かれることもなく、顔を見てもらったのは戦地へ送った写真だけだそうです。

戦後、母は逆縁で戦地から帰ってきた父の弟と結婚し、3人の子どもが生まれました。一緒に育てられましたが義理の父を父と呼べず、おやじと呼べるようになったのは成人後でした。

そのころから実の父はどんな人で、どんな所で亡くなったのか知りたい気持ちが大きくなりました。しかし育ててくれた義理の父の恩に背くような気がして母にも聞けませんでした。

その義理の父も他界し、貴紙の特集記事を見て、当時の気持ちが大きくなりました。レイテ島を訪れて慰霊し、一握りの土でもよいので持ち帰って自分の家の墓へ収めてやりたいと願っています。

ニューギニアで想像した父の姿

塩谷町玉生、柿沼英子さん（82）の父はニューギニアで戦没した。3度出征した父との思い出は数えるほどしかない。

45年夏、戦死の内報が届いた。葬式の朝、白木の箱を開くと、カンナもかけていない板に名前が書いてあるだけだった。

13年前、慰霊のため父が眠るニューギニアを訪れた。米と水、ござ下駄（げた）を供え、右手を出して父と手をつないで歩く姿を想像した。

「こんなジャングルの中に…。国のために紙一枚で召集され、このありさま。これでいいのかと考えさせられました」

市貝町市塙、小林ミサヲさん（87）は戦時中、鹿沼の工場に動員され、出征する兄と面会することもできなかった。

出征の日、国鉄（現JR）宇都宮駅へ見送りにいった6歳の甥（おい）は「父ちゃん、死なないでね」と言って、ゆで卵をむいて食べさせたという。だが兄はニューギニアから帰ってこなかった。

「母は犬がほえるたびに『（兄が）帰って来た』と言って飛び出していきました。下野新聞の『銃後の思い』を読みながら涙せずにはいられません」

大田原市 増渕五郎さん（94）の手紙

「とちぎ戦後70年」は、その時代を生き抜いた私たち県民の自分史であり、後の平和な世に生きる人々が思い知る尊い企画だと思っております。

戦時中、師範学校も含めた県下中等学校連合演習がありました。1泊2日で深夜の夜間演習もあり、最後には陸軍の騎兵隊まで参加して、宇都宮市の宝木練兵場で終わりました。私は大田原中学（現大田原高）5年の12月初めの時で、忘れ得ぬ演習でありました。

8月15日付の本紙に衝撃

戦禍を語り継ぎ、体験から教訓を学び、平和の祈りを伝えたい―。国の安全保障政策が転換点を迎える中で、記事への共感も寄せられた。

終戦記念日の後、戦争を体験した「半世紀以上の読者」からは、「今、この国は岐路に立っています」と、匿名の手紙が届いた。

「戦後70年をめぐる長期にわたる一連の報道。感動をもって拝読させていただきました。歴史の本流から市井の隅々まで広く深く取材され、感謝でいっぱいです。メディアの中にも、新しい国の動きに同調しようとする風潮が起こりつつある中で、あくまでもジャーナリズムの精神を貫こうとしている貴紙には、心から激励の拍手を送りたい」

8月15日付は、太平洋戦争終結を伝える70年前の紙面で本紙を包み、裏面には県民70人が手書きした平和へのメッセージを笑顔の写真と共に掲載する特別紙面を読者に届けた。

鹿沼市の女性は「今朝、下野新聞を見て衝撃を受けました。昭和20（1945）年8月16日付の下野新聞がど～んと目に入ったからです。その時間にタイムスリップしたような感覚を覚えました」と感想を寄せた。

「このところの政治の世界…人間不信になるほどです。『茶の間で文句を言っているだけではダメ、思いを行動に表さなければ』と思い、何度か国会議事堂の前に立ちました。下野新聞も今朝の新聞で行動を起こしてくれました。これからもメッセージを送り続けてください」

銃後　少年少女巻き込む戦争

防空壕（ごう）で震えた空襲、少年少女を巻き込んだ軍事教練や学徒動員。戦地ではない「銃後」で経験した戦争もまた過酷だった。

高根沢町　菊地千代さん（93）の手紙

1945年7月12日の宇都宮空襲は、枕元の非常袋を背負い、座布団を頭に乗せ、隣組単位で掘った防空壕へ駆け込んだ。

雨に打たれ、恐ろしさに体の震えが止まらぬ。壕の中では幼い子どもたちが泣きわめく。母親代わりに抱きしめ、静かになった途端、バリバリという音に壕から出て驚いた。わが家が焼け、辺り一面火の海だ。

平和こそこの世の宝。地球のあちこちで紛争の絶え間のなさに何とかならぬかと、ただ老いの身で何の足しにもならぬと分かっていても案じている。

勉学時間奪われ複葉機の製造に

45年7月12日、鹿沼市への空襲で実家が全焼した同市御成橋町、福田勇さん（89）は、その4カ月前の3月10日未明、東京都墨田区の菊川橋近くで東京大空襲に遭った。

「何という光景だろう。橋上一面に焼死体。足を踏み入れる空間がない」

「衣類は全部焼けて素っ裸、いや黒こげの肌、もしくは赤色の肌。下向きの死体、上向きの死体。目を背ける」

この世と思えない光景だったあの地はどうなったのか。せめて冥福を祈りたい―。40年余り後、その地を訪れると、橋のたもとに有志が建てた地蔵があった。帰宅した後、関係者に寄付金を送ったという。

戦中、少年少女は勉学の時間を奪われ、労働に駆り出された。

「先日、友達に私たちの造っていた『木製飛行機』の話をしたところ、『乗る方も命懸けだったでしょうね』と驚かれました」

女学生だった下野市祇園2丁目、井口直子さん（86）は「赤とんぼ」と呼ばれた複葉機の製造を担わされた。同じころ、陸軍にいた父親は45年8月5日夜、出張で広島を訪れた。翌6日、原爆投下。被爆の12日後に亡くなったという。

益子町塙、佐藤栄さん（73）は開戦直前の41年11月生まれ。母を亡くし遺品を整理した際、衣装箱から産着を見つけた。

「軍国主義一色に染まる世相を反映して、鉄兜（かぶと）をかぶり軍服を着た子どもが刀を持ち、戦闘機の図柄がある物で、私が赤ん坊のころに着た写真もあります」

「空爆や焼夷（しょうい）弾で焼け野原にするのは残酷非道ですが、軍国一色で戦争に加担させることは非人道的であり、戦禍に誘われた罪のない女性、子供も、ある意味で戦争被害者です」

戦後70年 読者反響

終戦後も終わらぬ苦役 ソ連抑留の手記

「今の人に知ってほしい」 さくらの秋元さん

戦友と肩を寄せ合って寒さに耐え、そして歌った流行歌「国境の町」―。

さくら市喜連川、秋元武夫さん（91）は手記「ソ連抑留記」を寄せた。

苦難の抑留生活を振り返る秋元武夫さん＝2015年8月25日午前、さくら市喜連川

終戦後の1945年秋、秋元さんは旧満州（中国東北部）から北へ向かう列車の貨車に詰め込まれていた。ソ連国境の黒竜江を越え、今度は西へ。11月末、着いたのは日本から6千キロも離れたタシケントだった。

朝から晩まで、赤れんがの製造を強いられた。素手の作業では指の皮がむけ、窯出し時の土ぼこりで肺を悪くする者も出た。

収容所は古いれんが窯。食事は硬くて酸っぱい黒パンひとかけら。病んで作業に行けなかった戦友が、収容所に戻るといなくなっていたこともあった。

「家に帰りたい…」

毎晩、収容所のベッドで抱いた望郷の思い。「ここは御国を何百里、離れて遠き…」。軍歌「戦友」を頭の中で繰り返し、気を紛らせた。

「スコーラ・ダモイ」

そんな心中を見抜いたかのように、ソ連兵は事あるごとに「もうすぐ家へ」を意味するロシア語を繰り返した。

だが、秋元さんが抑留生活から解放されたのは3年余り後、48年10月だった。

「振り返ってみると、どうやって生きてこられたのか、不思議なほど。今の人には想像できないだろう」

手記を残し、機会があれば戦争の体験談を話しているのは「あのころのことを、少しでも今の人に知ってほしい」との思いからだ。

20歳のころの秋元さん。この後、旧満州で終戦を迎え、ソ連で抑留生活を送ることになる

故郷に帰れなかった戦友、陰膳を欠かさず息子の無事を祈った母、内地で空襲におびえた市民…。自身の体験以外にも、数え切れない苦難があった「あのころ」に思いをはせてほしいと願う。

手記は知人に配ったり、食堂に置いてもらったりしている。後書きは、こう結んだ。

「この文が多くの方にお読み頂けることを念じて」

太平洋戦争と本県関係部隊、県内空襲をめぐる動き

県内空襲　本県関係部隊

1941年（昭和16年）
- 12月8日　日本軍、ハワイの真珠湾を攻撃。太平洋戦争始まる

1942年（昭和17年）
- 4月18日　米軍ドーリットル隊による本土初空襲
  1機が国鉄（現ＪＲ）西那須野駅付近に爆弾を投下。県内初空襲
- 6月　日本軍、ミッドウェー海戦で大敗

1943年（昭和18年）
- 3月2日 3日　宇都宮で編成された陸軍第51師団、東部ニューギニア戦線のビスマルク海海戦で輸送船団ごと壊滅（ダンピールの悲劇）
- 9月　第51師団、東部ニューギニア戦線のラエ・サラモアの戦いで敗れる。標高４１００メートル級のサラワケット山系を越えて撤退（サラワケット越え）

1944年（昭和19年）
- 4月　宇都宮で編成された陸軍第14師団、満州からパラオ諸島に出兵
- 7月　本県などを補充区とした陸軍第33師団が参加した第15軍、ビルマ戦線のインド北東部攻略を目指したインパール作戦で大敗。撤退命令が出る
  絶対国防圏のサイパン島陥落。日本本土が米軍爆撃機Ｂ29の圏内に
- 8月　本県などを補充区とした陸軍第41師団を主力とした第18軍、東部ニューギニアのアイタペの戦いで大敗
- 10月19日　第14師団配下の宇都宮第59連隊第1大隊、パラオ諸島アンガウル島で玉砕。第14師団主力はパラオ本島で終戦を迎える
- 11月　Ｂ29による本土空襲本格化

1945年（昭和20年）
- 2月10日　足利（百頭空襲）
- 25日　小山（城北地区）
- 3月10日　東京大空襲
- 6月　沖縄戦終結
- 7月7日　那須烏山
- 10日　宇都宮（市内各所）、高根沢（宝積寺駅）、那須塩原、足利（川崎町）、栃木（新井町）
- 12日　宇都宮（宇都宮大空襲）、鹿沼、真岡
- 17日　栃木（泉町）
- 18日　那須（芦野）
- 28日　宇都宮（宇都宮駅周辺）、下野（小金井空襲）、小山
- 30日　宇都宮（市内各所）、高根沢（宝積寺駅）
- 8月6日　広島に原爆投下
- 9日　長崎に原爆投下
- 13日　宇都宮（市内各所）、大田原、那須（黒田原地区）
- 14日　足利（本城1・2丁目など）
- 15日　昭和天皇、戦争終結の詔書をラジオ放送（玉音放送）

本県の戦没者と空襲犠牲者

１９６６年10月時点の県の調査によると、本県の戦没者数は４万５０８５人だった。戦域の内訳は、宇都宮で編成された陸軍第51師団などが苦闘したニューギニアが最多の９１１２人。フィリピン島が８２０６人で続き、インパール作戦が失敗に終わったインド・ビルマ（現ミャンマー）が５６８５人だった。

宇都宮に司令部が置かれた陸軍第14師団が終戦を迎えたパラオを含む南洋群島は３８４６人。日中戦争から多くの兵が投入された中国でも５５０７人が戦没し、終戦後も多くの兵が抑留されたシベリアでは１１５８人が力尽きた。

下野新聞社の集計によると、県内の空襲では少なくとも12市町で７８５人が犠牲となった。33人が亡くなった１９４５年２月10日の百頭（ももがしら）空襲（足利市百頭町）を皮切りに、７月12日の宇都宮空襲では６２０人以上が犠牲となり、県都は一夜で灰じんに帰した。宇都宮はほかに計４度の空襲で55人以上が命を奪われた。

７月28日の小金井空襲では、国鉄（現ＪＲ）小金井駅周辺の機銃掃射で31人以上が亡くなった。

このほかにも、把握できていない空襲による死者や、戦争による飢餓や自殺などの「関連死」も含めると犠牲者はさらに増えるとみられる。

■本県出身者の地域別戦没者数

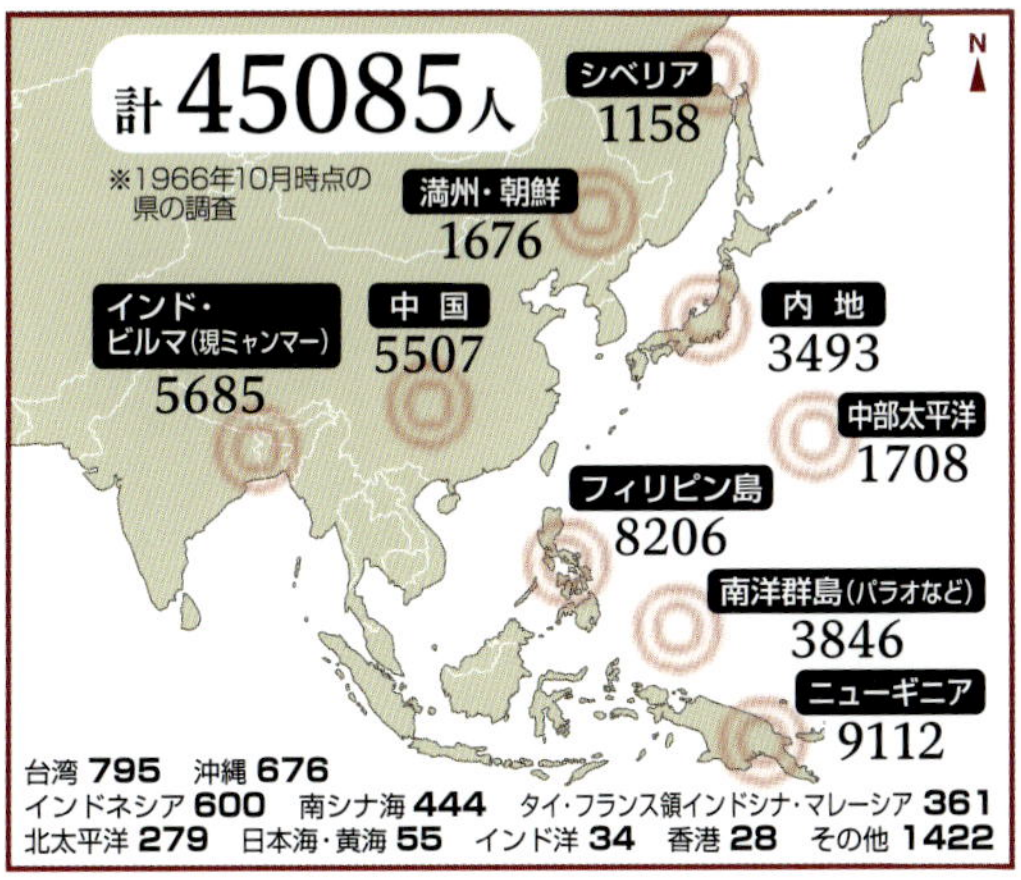

■市町別の空襲犠牲者数

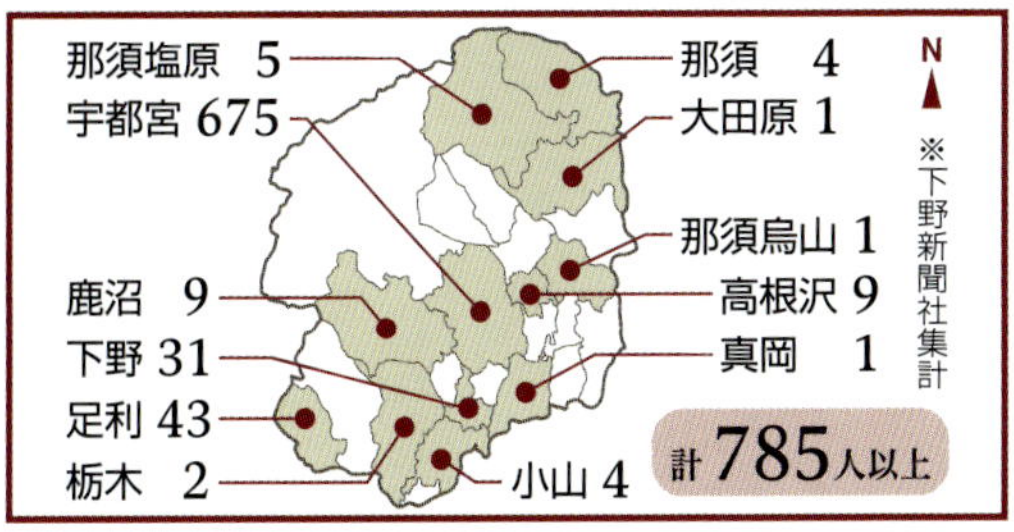

戦後70年
戦争秘話

真岡「友の会」も解散

死んでいった仲間…寂しさ残し

消えゆく傷痍軍人組織

太平洋戦争などで負傷したり病気になったりした元軍人とその妻でつくる「真岡市傷痍軍人友の会」が2014年12月15日、会員の高齢化などを理由に解散した。財団法人日本傷痍軍人会は会員減などによって2013年秋に解散し、本県や市町の傷痍軍人会も歴史に幕を閉じている。真岡市の友の会は「仲間の供養を続けたい」といった志から、今春発足して1年足らず。無念さを抱えつつも、戦後70年の時の流れにあらがい切れなかった。戦争体験を語れる世代は減り続けている。

惜しみながらも解散した真岡市傷痍軍人友の会の会員ら＝2014年12月15日午後、真岡市内

友の会のような活動自体は多くない。真岡市の友の会は、同市の傷痍軍人会解散と同時に立ち上げられた。入会の意志を示していた元軍人の男性2人は病気で参加できなくなった。会員は会長の村上武さん（85）と、元軍人の妻の計7人。

村上さんの持病悪化もあって、存続を諦めざるを得なかった。市内で行った解散式には、会員4人が出席した。

中国・雷州半島沖を航海中の輸送船「和洋丸」で、米軍機の機銃掃射を受け、右腕を失った村上さん。自分で希望して入隊したのだから、誰にも罪はないと思って生きてきた。「でも、戦争は二度とあっちゃいけない」と思いを吐露した。

夫（故人）が結婚後すぐに召集され、目を負傷して帰ってきたという同市中、菊地ノブさん（89）は「夫は片目が見えず、本当に不自由した。友の会はなくなってしまっても、戦争を忘れられては困る」と切なる望みを口にした。

傷痍軍人会は戦傷病者の生活支援、福祉増進のために戦後、組織された。１９５３年に設立された県傷痍軍人会は、多い時は各市町に約25支部があったが２０１１年3月に解散した。

県によると、県内で戦傷病者手帳を交付された人は約３千人。14年3月末現在の所持者は20分の１の１４１人まで減少し、ここ数年は毎年数十人減る状況が続いているという。

村上さんは「時の流れとともに、仲間は1人、2人と死んでいった。寂しいが、仕方がない」と声を落とした。

恩讐越え平和祈る

「家族亡くした悲しみ同じ」

足利で墜落死　群馬に米兵鎮魂碑　追悼式、日米２００人参加

戦後70年
戦争秘話

太平洋戦争末期、足利市田中町付近で墜落死した米爆撃機の乗組員３人を悼む「鎮魂碑」が、隣接する群馬県邑楽町の清岩寺に完成し、2015年3月21日、日米合同の追悼式と除幕式が行われた。「戦争で家族を亡くした人の悲しみはどの国も同じ」と、米兵の慰霊を続ける横浜市の元自動車販売業新井勲さん（80）の働き掛けで実現。式では、新井さんがこの墜落を知るきっかけとなった書物の著者で、ジョン・Ｆ・ケネディ元米大統領のおいの作家マクスウェル・ケネディさん（50）や、米軍横田基地（東京）の兵士45人ら約200人が、恩讐を越えて平和を祈った。

足利市史によると、同市百頭町を襲った「百頭空襲」から６日後の１９４５年２月16日、米軍機が、群馬県太田市の中島飛行機太田製作所を攻撃し、日本軍と空中戦を繰り広げた。この戦闘で、グラマン社製爆撃機１機が急降下。東武鉄道足利市駅の約４００メートル東に黒い「物体」を落とし、さらに約１５０メートル先の民家に墜落した。「物体」は米兵だったと記されている。

妻の実家が群馬県大泉町にある新井さんは、周辺で死亡した米兵らを調べる中で、この墜落を知ったが、人数や名前は特定できずにいた。それが数年前、マクスウェルさんの著書によって、死亡した兵士は３人と分かり、名前も突き止めた。昨年には１人の遺族に、虫眼鏡などの遺品を返した。

新井さんは、米爆撃機Ｂ29が邑楽町内に墜落し死亡した米兵23人の慰霊碑がある清岩寺に働き掛け、３人の鎮魂碑を建立してもらった。「グラマン搭乗員鎮魂碑」と名付けられ、「異国で命を落としたアメリカ海軍将兵の霊を慰め、人類永遠の平和を祈ります」と刻まれた。

追悼式でマクスウェルさんは「この地にあった空襲の歴史を忘れず、犠牲になった兵士を追悼することは、日米の友情を確かなものにする」と英語であいさつし、日本語で「新井さん、ありがとう」と感謝を述べた。横田基地のダグラス・デラマター司令官も「日本人の寛大で温かな心に感謝したい」と語った。

新井さんは「戦争では勝っても負けても、犠牲者が出る。その事実を忘れてはいけない」と訴えた。

墜落死した米兵を悼み、地元住民や米兵らが参列した日米合同追悼式
＝2015年3月21日午前、群馬県邑楽町秋妻

戦後70年 戦争秘話

「戦場想像し判断を」

憲法記念日に県内戦争体験者

不戦を誓った日本国憲法が揺れている。「自分や家族が戦場に立つことを想像し議論を」「憲法がどんな形でも戦争だけはだめ」。自民党が2017年通常国会で改正発議を目指す中、県内戦争体験者は自らの記憶と重ね議論を見守る。改憲には賛否がある。それでも「二度と戦争のない世を」との願いは共通だ。

揺るがぬ反戦の思い
改憲賛否超えて願う

「戦争放棄を掲げた憲法9条は国の宝。体験者として泣いてるよ」。戦中、中国大陸を転戦した旧国分寺町長若林英二さん(91)は憲法改正論議を嘆く。

二十歳（はたち）の時、中国へ渡ったが、軍隊の現実に失望した。幹部は政治を動かし、上官は鉄拳制裁をいとわない。市民への略奪も日常茶飯事。終戦時は「顔で泣いて、心で笑った」。

翌年憲法が公布されると、9条に歓喜した。「二度と軍隊に行かずに済む」。夢中で読み込み、68年前の施行日は心の中で万歳した。「70年平和だったのは9条があったからこそ」と安倍政権の姿勢を憂う。自民の憲法改正草案では自衛隊は「国防軍」。「戦争になると『肉親が殺されてもいいのか』と言われ軍に引き込まれていくんだ」

陸軍の少年飛行兵だった佐野市石塚町、四十八願好造（よいならよしぞう）さん(90)は、戦争の風化を懸念する1人だ。

16歳で志願した水戸の航空通信学校時代。深夜に便器の上で勉強し、同期生と切磋琢磨（せっさたくま）した。「次会う時は靖国神社だ」。友は南方や中国で命を散らした。

自衛隊や東アジアの現状から、「憲法は変えるべきだ」と考えている。「平和のために抑止力を持ち、米国との同盟強化が必要」。だが、あくまで「戦争は人の殺し合い。外交で解決を」と訴える。

地元石塚小で体験を語って、もう16年になる。「戦友が安らかに眠れるよう、子どもたちが平和な国をつくってほしい」

70年前の夏、空襲の恐怖を思い知らされた宇都宮市駒生町、簗昌子さん(80)は「戦争にだけは二度と巻き込まないで」と願う。

宇都宮大空襲の直後、疎開先へ向かう途中、小金井駅付近で米軍機の機銃掃射に襲われた。血まみれの遺体を踏み越え逃げた。

家も焼け、その日の食料にも困った。「本当にみじめ。空襲後も苦しみは続く」。今の改憲の動きに不安を募らせる。「戦争を知らない議員が話を進めているのが怖い。変えた後、歯止めが効くのかしら」

日本国憲法が施行された1947年5月3日付の下野新聞１面。「平和国家へ新発足」といった見出しが躍っている

戦後70年
戦争秘話

義父の遺品から日章旗
矢板の今井さん

歴史知る資料に

【矢板】扇町2丁目の呉服店経営、今井勝巳さん（66）は自宅を整理中に義父の故孝市さんの遺品の中から、孝市さんが出征時に贈られたとみられる日章旗を二つ見つけた。一つは身近な人とみられる多くの寄せ書きがあり、もう一つには当時の県知事や県議会議長などの名があった。今井さんは「平和の尊さ、歴史を知る資料として残したい」と話している。

今井さんによると、孝市さんは学徒出陣で少尉として出征し土浦航空隊に勤務後復員。12年前に82歳で亡くなった。生前は軍隊生活のことはほとんど語らず、日章旗などの存在も知らされていなかったという。

日章旗は自宅の押し入れから見つかった。一つは兄弟や親戚のほか、知人とみられる多くの人の寄せ書きがあった。もう一つには額装がされ、「栃木県知事　安積得也、栃木県会議長　渡辺志郎、栃木県農会長　矢部藤七」などの署名があった。安積知事の任期は1943年7月～44年10月でその間に贈られたとみられる。

今井さんは当初処分も考えたが、戦後70年に関する新聞記事を読んだり知人の助言を受けたりして思い返し、残すことを決めた。今井さん自身も、学生時代に太平洋戦争の激戦地だったサイパン島のバンザイクリフに仲間たちと慰霊碑「太平洋之塔」を建立した経験がある。

今井さんは「士官として出征したので知事などから贈られたのでは。公の資料館などで保管してもらえれば」と話している。

今井さんの義父・孝市さんに贈られた日章旗

太平洋戦争で宇都宮市に司令部があった陸軍第14師団の主力部隊が玉砕したパラオの戦跡を歩き研究している宇都宮市西川田町、篠原直人さん（32）は70回目となる15日の終戦記念日を前に、現地の戦跡を解説した資料集「パラオ戦跡を歩く」をまとめ出版した。観光地としては知られるが戦地として解説する資料は少なく「パラオで70年前にあったことを知って、戦争、平和を考えるきっかけにしてほしい」と話している。

戦後70年
戦争秘話

パラオ戦跡資料集　出版

宇都宮・篠原さん

5年かけ現地など調査

パラオは終戦まで約30年間、日本が統治。太平洋戦争では米軍と激しい戦闘があり、日本人約1万6千人が犠牲となった。ことし4月には天皇、皇后両陛下が戦没者慰霊に訪問した。

篠原さんは郷土部隊の玉砕を知り5年ほど前、パラオの戦跡、戦史を調べ始めた。生き残った元兵士や遺族の聞き取り、現地での戦跡捜索、住民への聞き取りなどを進めてきた。

資料集はゼロ戦、戦車、の残骸、トーチカ跡など軍が残した戦跡のほか、日本統治時代のパイナップル工場跡、鉱山跡などの史跡計約50カ所をカラー写真、地図とともに解説。また米国立公文書館から戦時の写真を入手し掲載した。一方、戦後に建立された慰霊碑も写真付きで紹介している。

篠原さんは「戦死者は若い独身の兵士が多いため子がおらず、遺族の中でも記憶が薄れつつある。自分が家族に代わって慰霊を続けたい」と話している。

B5判、108ページ。1500円（税込み）。インターネット通販で購入できる。

パラオの戦跡を解説した資料集をまとめた篠原さん＝2015年8月12日午前、宇都宮市西川田町

栃木県内の空襲

語り継ぐ宇都宮空襲

足利百頭空襲

小金井駅空襲

栃木市泉町空襲

県内空襲 犠牲785人以上

体験者減り全容把握困難

本社集計 12市町で死者

下野新聞社が県内の各市町村史、戦災史などの資料から、太平洋戦争中にあった県内空襲の犠牲者数を調査、集計したところ、785人以上に上ることが5日までに分かった。死者は現在の12市町に及び、各地で多くの県民が犠牲となっていた。空襲被害は戦中戦後の記録の焼失や混乱などもあり、全県的な検証がされたことはない。体験者が少なくなる中、全容の把握はますます難しくなっている。ことしは戦後70年の節目を迎える。県内で起きた惨禍を埋もれさせない取り組みが求められている。

求められる惨禍の伝承

米軍爆撃機B29による本土空襲は1944年11月に本格化。県内では45年2月10日に足利市百頭町（ももがしらちょう）であった百頭空襲で初めて犠牲者が出た。3月10日の東京大空襲から市街地への無差別爆撃も始まり、7月12日の宇都宮大空襲では620人以上が死亡、県都は灰じんに帰した。

45年7月以降は戦闘機による空襲も増加。機銃掃射で鉄道や学校などの市民を狙い撃ち、旧国鉄小金井駅であった小金井空襲の犠牲者は31人以上に上った。各市町村史や戦災史などに記載された犠牲者数を集計すると、12市町で少なくとも785人が死亡した。

一方、戦時下の情報統制や空襲による戸籍などの焼失、終戦前後の混乱などから、当時の被害調査には限界があり、現在も全容は明らかになっていない。

全県的な記録として残るのは、47年の「栃木県知事事務引継書」。本県の死者数は「602人」とされ、現在の「栃木県史」も引用している。だが宇都宮市教育委員会が検証し、2001年にまとめた「うつのみやの空襲」では、同市内だけで「675人以上」とされ、県史を上回った。

市町村史に犠牲者の記載がない市町でも、独自に調査を行った戦災史や女性史などで言及されていたケースもあり、実際の犠牲者数はさらに上回る可能性が高い。

体験者への聞き取りは難しくなっているが、県内でも戦争の脅威が身近に迫り、多くの県民が巻き込まれた史実を伝えていく方策が必要だ。

県内空襲犠牲者数

現市町名	犠牲者数
宇都宮	675
足利	43
下野	31
鹿沼	9
高根沢	9
那須塩原	5
小山	4
那須	4
栃木	2
真岡	1
大田原	1
那須烏山	1
計	785

※下野新聞社集計

太平洋戦争と本県関係部隊、県内空襲をめぐる動き

（凡例：県内空襲／本県関係部隊）

1941年（昭和16年）	12月8日	日本軍、ハワイの真珠湾を攻撃。太平洋戦争始まる
1942年（昭和17年）	4月18日	米軍ドーリットル隊による本土初空襲
		1機が国鉄（現JR）西那須野駅付近に爆弾を投下。県内初空襲
	6月	日本軍、ミッドウェー海戦で大敗
1943年（昭和18年）	3月2日	宇都宮で編成された陸軍第51師団、東部ニューギニア戦線のビスマルク海海戦で輸
	3日	送船団ごと壊滅（ダンピールの悲劇）
	9月	第51師団、東部ニューギニア戦線のラエ・サラモアの戦いで敗れる。標高4100メートル級のサラワケット山系を越えて撤退（サラワケット越え）
1944年（昭和19年）	4月	宇都宮で編成された陸軍第14師団、満州からパラオ諸島に出兵
	7月	本県などを補充区とした陸軍第33師団が参加した第15軍、ビルマ戦線のインド北東部攻略を目指したインパール作戦で大敗。撤退命令が出る
		絶対国防圏のサイパン島陥落。日本本土が米軍爆撃機B29の圏内に
	8月	本県などを補充区とした陸軍第41師団を主力とした第18軍、東部ニューギニアのアイタペの戦いで大敗
	10月19日	第14師団配下の宇都宮第59連隊第1大隊、パラオ諸島アンガウル島で玉砕。第14師団主力はパラオ本島で終戦を迎える
	11月	B29による本土空襲本格化
1945年（昭和20年）	2月10日	足利（百頭空襲）
	25日	小山（城北地区）
	3月10日	東京大空襲
	6月	沖縄戦終結
	7月7日	那須烏山
	10日	宇都宮（市内各所）、高根沢（宝積寺駅）、那須塩原、足利（川崎町）、栃木（新井町）
	12日	宇都宮（宇都宮大空襲）、鹿沼、真岡
	17日	栃木（泉町）
	18日	那須（芦野）
	28日	宇都宮（宇都宮駅周辺）、下野（小金井空襲）、小山
	30日	宇都宮（市内各所）、高根沢（宝積寺駅）
	8月6日	広島に原爆投下
	9日	長崎に原爆投下
	13日	宇都宮（市内各所）、大田原、那須（黒田原地区）
	14日	足利（本城1・2丁目など）
	15日	昭和天皇、戦争終結の詔書をラジオ放送（玉音放送）

刻まれた恐怖、悲嘆

街包む炎　苦しみ消えず

宇都宮大空襲

山田倫代さん（74）

揺れる背中と、飛び交う火の粉が脳裏に焼き付いている。

1945年7月12日午後11時19分。小雨の宇都宮市上空に飛来した米軍爆撃機B29は、県都を焼き尽くし市民の戦意をくじこうと、無差別爆撃を始めた。

「空襲警報だ」。県庁近くの大叔父の家に預けられていた当時5歳の山田倫代さん＝同市南大通り4丁目＝は、大叔父の声で目を覚ました。背中に背負われ、家を飛び出た。

外は一面、火の海。街も空も赤焦げていた。

何とか八幡山の防空壕（ごう）にたどり着いた。中は避難者でいっぱい。入り口近くで燃えていた家が「ゴォー」と音を上げて崩れ落ちた。壕の中が悲鳴に包まれた。

同じ頃、降り注ぐ焼夷弾は、自宅にいた3人の〝きょうだい〟を襲った。両親がおらず、母代わりだった祖母から後に伝えられた。

「簗瀬の田んぼに逃げなさい」。空襲が始まると、祖母と孫3人は玄関から一斉に駆けだした。だが祖母は「先祖の位牌（いはい）だけは」と一度、仏間に戻った。

再び外に出ると、近くに姉方子（まさこ）さんと、いとこの中（かなめ）さんが倒れていた。焼夷弾の直撃だった。2人の黒い遺体には手も足もなかった。

兄の力（ちから）さんは翌日、救護所で見つかった。全身やけどの姿で祖母に尋ねた。「おねえちゃんと中ちゃんは？」。答えられなかった。水を飲ませてあげることもできないまま、力尽きた。

「中、力、方子」。小さな孫の死を受け入れられなかった祖母。空襲後も夕方になると、いるはずのない3人の名前を呼びながら、焼け野原をさまよった。

「空襲でみんないなくなっちゃった」。祖母と「生き残った申し訳なさ」に苦しみ抜いた。

思い出すたび、胸が張り裂けそうになる。それでも伝えたい。「元気だった家族が一瞬で炎に焼かれ、真っ黒焦げ。そんなひどい時代だったんです」

宇都宮大空襲できょうだいを失った悲しみを振り返る山田さん＝宇都宮市南大通り4丁目

笑う銃口　駅赤く染める

小金井空襲

横井千春さん（84）

小金井空襲が描かれた絵で、当時の恐怖を語る横井さん＝茨城県筑西市新花町乙

低空で飛ぶ米軍機のパイロットの口元には笑みが浮かんでいた。

1945年7月28日正午ごろ。福島発上野行き上り列車が旧国鉄小金井駅に到着する少し前だった。

茨城県筑西市にある妙西寺東堂の横井千春さんは、学徒動員先の宇都宮市から実家に帰省中だった。列車をなめ回すかのように追い越していく敵機を窓外に見つけ、戦慄（せんりつ）した。

「バリバリバリバリ」

機銃掃射の轟音（ごうおん）とともに、米軍戦闘機3機の殺戮（さつりく）が始まった。急停車した満員の車内は阿鼻叫喚（あびきょうかん）。乗客が出入り口に殺到し、身動きがとれない。

「神様、仏様―」。列車から脱出すると、人が見えた駅の西口へ無意識のうちに駆け出した。ちょうど戦没者の遺骨を出迎えるため、遺族らが集まっていた。

空からの銃口は、その悲しみに沈む人々も狙った。戦闘機が旋回するたびに、血しぶきが上がり、肉片が飛んだ。横井さんは石炭小屋を見つけ、夢中で体を押し込んだ。

どれほどの時間だったか。銃撃音がやんだ後、呆然（ぼうぜん）としながら駅前を見渡した。「血の海どころじゃない。人間がとろけてしまったようだった」。飛び散った遺体の一部は電線にまで引っかかっていた。

しばらくすると憲兵がやって来て一帯を封鎖した。損傷が激しい一部の遺体は「関係者がまとめて袋に入れていた。犠牲者の本当の数はもっと多いはずだ」

憲兵から「この話はするな」と口止めされていた。15歳の少年の血塗られた記憶。50年以上、家族にも話せなかった。

戦没者の遺骨を出迎える遺族らが犠牲になった小金井駅前（1953年ごろ撮影）

予期せぬ爆撃　集落壊滅

百頭空襲

三田剛さん（86）

陽光を浴びた銀翼がキラキラと輝く。冬の青空の下、米軍爆撃機B29は編隊を組んで悠然と進んでいた。

1945年2月10日午後。足利市と群馬県境周辺の上空。日本軍は高射砲を撃つが、全く届かない。

「きれいなものだ」。中島飛行機小泉製作所（群馬県大泉町）の航空学院1年生だった三田剛さんは、遠くを巡航する敵機に感心すらしていた。

この時期、米軍の空襲は軍事関係の施設に限られていた。編隊が飛ぶ方向から、狙いは中島飛行機太田製作所（群馬県太田市）だと思った。自宅がある足利市百頭町（もがしらちょう）は70～80戸の集落。爆弾の雨が降るとは夢にも思わなかった。

「百頭が全滅だ」。少しして先生が急報を告げた。自宅にいる両親と妹たちの顔を思い浮かべた。すぐに校舎を飛び出した。

B29の一部は百頭町に、250キロ爆弾83発と無数の焼夷弾を落としていった。

急いで戻った三田さんは言葉を失った。点在する家は爆弾で倒壊し、焼夷弾によりあちこちから火の手が上がっていた。

診療所に続く砂利道は負傷者の血で赤く染まった。近くの地蔵院に犠牲者を集めた。腕や脚、首がない遺体もあった。家族の無事だけが救いだった。

なぜ県境近くの小さな集落が狙われたのか。三田さんは空襲の前年、周辺を測量する技師を目撃していた。「地下軍事工場を造ると聞いた。米軍は基地が完成していると思い込み、爆弾で破壊しようとしたんだ」

地域には爆弾の跡に雨が降ってできた無数の〝爆弾池〟と、深い心の傷が残された。

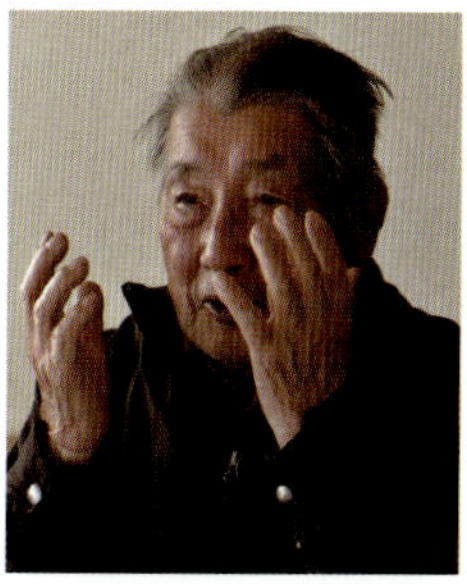

降り注ぐ爆弾で破壊された集落と衝撃を思い返す三田さん＝足利市百頭町

終戦2カ月後の1945年10月20日に、米軍が撮影した宇都宮の中心部。全体が分かるよう南東、南西方向2枚の写真を重ね合わせた（クリエイティヴアダック提供）

焼かれ、撃たれた県民

犠牲になったのは海を渡った将兵だけでない。県内各地の空に突然現れた爆撃機や戦闘機は、焼夷弾（しょういだん）で街を焼き払い、爆弾で集落を破壊、機銃掃射で逃げ惑う市民を狙い撃った。下野新聞社の集計によると、県内の空襲による犠牲者は少なくとも785人。戦時下の日常を生き抜いていた県民に刻まれた衝撃、恐怖、悲しみは今も消えることはない。戦後70年の節目を迎えた今、体験者の記憶や思いを未来へとつなぐため、あらためて県内の空襲を掘り起こした。

本社集計犠牲者 785人以上

県内の空襲地図

※「うつのみやの空襲」(2001年、宇都宮市教育委員会)、「那須の太平洋戦争」(1996年、北那須郷土史研究会)、各市町村史、取材結果を基に作成。犠牲者が出たことが記録されていた空襲のみ掲載

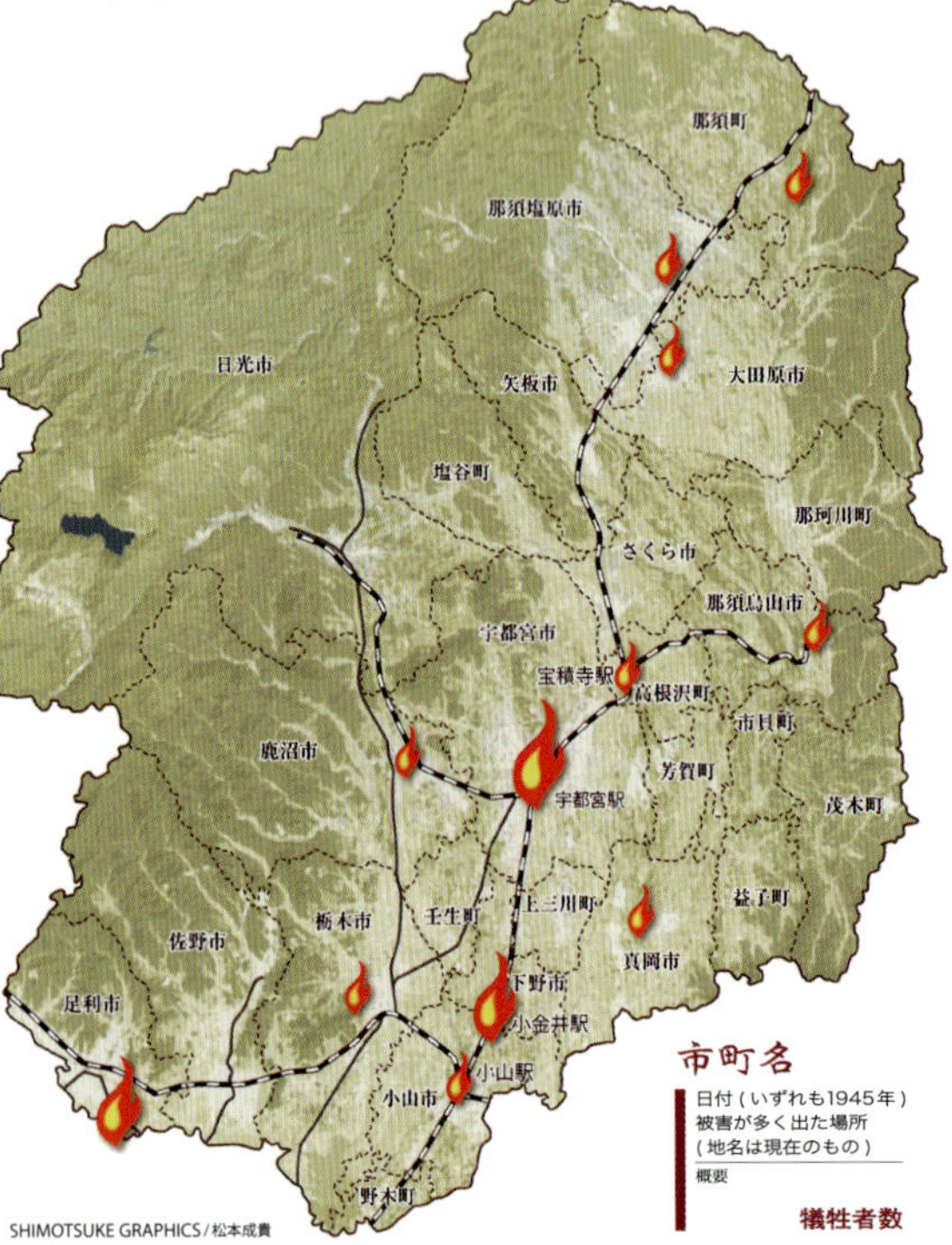

SHIMOTSUKE GRAPHICS / 松本成貴

市町名

日付（いずれも1945年）
被害が多く出た場所
（地名は現在のもの）
概要
犠牲者数

宇都宮

7月10日 早朝～午後
市内各所
艦載機数十機が清原地区の陸軍宇都宮飛行場や、上横田町周辺の宇都宮南飛行場、江曽島地区などに銃爆撃
5人以上

宇都宮大空襲
7月12日 深夜
中心部
115機のB29が宇都宮周辺に飛来。午後11時19分から約2時間20分にわたり、焼夷弾1万2704個（約800トン）を投下。中央国民学校（現中央小）を爆撃の中心点として、当時の市域の65％を焼失。1128人以上負傷
620人以上

7月28日 午前～午後
宇都宮駅周辺
P51戦闘機が国鉄（現JR）宇都宮駅周辺で機銃掃射。日清製粉宇都宮工場で金属回収作業をしていた下野中（現作新学院高）生徒5人も犠牲に

7月30日 早朝～午後
市内各所
艦載機が栃木師範学校（現宇都宮中央女子高）や城山村南国民学校（現明保小）などに銃爆撃
計42人以上

8月13日 午前～午後
市内各所
艦載機が宇都宮飛行場や宇都宮南飛行場、中心市街地に銃爆撃
8人以上

鹿沼

7月12日 深夜
泉町、戸張町、文化橋町
宇都宮大空襲に合わせて、B29の一部が焼夷弾を投下。民家256戸焼失、18人負傷
9人以上

栃木

7月10日 昼
新井町
米軍機3機が爆弾3発を投下。畑にいた女性が犠牲に。数人負傷
1人以上

7月17日 午後
泉町
米軍機が現在の万町交番付近などに爆弾数発を投下。警防団員が犠牲に
1人以上

小山

2月25日
城北地区
艦載機の流れ弾により、家の中にいた14歳の少女が犠牲に
1人以上

7月28日 午後
小山駅
小金井駅を襲ったとみられる戦闘機が国鉄（現JR）小山駅水戸線ホームを機銃掃射。十数人負傷
3人以上

下野

小金井空襲
7月28日 正午ごろ
小金井駅
戦闘機が国鉄（現JR）小金井駅に向かう上り列車に機銃掃射。到着した列車と、戦没者の遺骨を出迎えるために駅前に集まっていた人々にも銃撃した。70～80人ほど負傷
31人以上

足利

百頭（ももがしら）空襲
2月10日 午後
百頭町
中島飛行機太田製作所（群馬県太田市）の空襲に合わせて、B29の一部が爆弾・焼夷弾を投下。民家70～80戸のほとんどが破壊され、焼失。負傷者多数
33人以上

7月10日
川崎町
艦載機が銃爆撃。2人負傷
4人以上

8月14日 深夜
本城1・2丁目、西砂原後町
B29が焼夷弾を投下。十数戸が焼ける。数人負傷
6人以上

那須塩原

7月10日 午前～午後
埼玉
艦載機数十機が陸軍の那須野飛行場周辺に銃爆撃
5人以上

大田原

8月13日 午前～午後
北金丸
艦載機数十機が陸軍の金丸原飛行場や、中島飛行機宇都宮製作所大田原分工場周辺に銃爆撃
1人以上

那須

7月18日 午後
芦野
艦載機数機がロケット弾を発射し、機銃掃射。駐在所の防空壕で2人が犠牲に。2人負傷
3人以上

8月13日
黒田原地区
金丸原飛行場を襲ったとみられる艦載機がロケット弾を発射。破片で乳幼児が犠牲に
1人以上

那須烏山

7月7日 未明
旭1・2丁目、上境
米軍機が焼夷弾を投下。民家8戸全半焼
1人以上

高根沢

7月10日 午後
宝積寺駅
5機で飛行していた米軍機のうち1機が列車停車中の国鉄（現JR）宝積寺駅に機銃掃射。4人負傷
4人以上

7月30日 午前
宝積寺駅
艦載機3機が列車停車中の駅に機銃掃射。2人負傷
5人以上

真岡

7月12日 深夜
中心部
宇都宮大空襲に合わせて、B29の一部が、芳賀病院（現芳賀赤十字病院）周辺に焼夷弾を投下。9歳の少年が犠牲に。民家30～40戸焼失
1人以上

語り継ぐ 宇都宮空襲 7.12

雨の夜、県都 火の海に
620人以上が犠牲

「雨だから今晩はゆっくり眠れるね」。宇都宮市大曽4丁目、長鴻子さん（89）＝当時、江野町、19歳＝は、こう家族と話し、床に就いた。雨の日は空襲はないといううわさが広まっていた。

多くの市民が警戒を緩める中、米軍爆撃機B29 115機が次々に飛来。午後11時19分、空襲は始まった。「突然、辺りが明るくなった。照明弾ですよ。その後、雨がサーッと降っているような音と一緒に焼夷弾が落ちてきた」と同市花房2丁目、五味渕昭夫さん（84）＝当時、上河原町、14歳。

同市江曽島2丁目の東俊継さん（81）＝当時、千波町、11歳＝は「母の声で目を覚ますと、辺りは既に火の海でした」。3歳の妹を背負い、2人の弟の手をとった母と、近くの田川沿いの草っ原へ逃げ込んだ。

米軍の攻撃の中心点は中央国民学校（現・中央小）とされる。東京大空襲のほぼ半分の量の約800トン（1万2704個）の焼夷弾が投下された。栃木市皆川城内町、湯沢トヨさん（82）＝当時、西原町、12歳＝は「鹿沼街道は人でいっぱいでした。押すな、押すなで西へ逃げて行く。リヤカーを引く人もいました」。叫び声も飛び交った。

一方、宇都宮の北部の第36部隊にいた宇都宮市御幸本町、高橋三郎さん（89）＝当時、19歳＝は、軍の命令で消火活動に駆け付けた。「東京街道から東は火の海。火の勢いに押され、消火活動の家屋の引き倒しはなかなかうまくいかなかった」

空襲は約2時間20分にわたった。「翌朝、帰ると自分の家が燃えてしまっていました。庭の防空壕に入れたものも全部」。同市千波町、猪瀬イネ子さん（87）＝当時、中塙田町、17歳＝は焼け跡で肩を落とした。

国鉄（現JR）宇都宮駅の東側から東武宇都宮駅の間を中心に、市街地の約50％が焼失。620人以上が命を落とした。東さんの通う東国民学校（現・東小）は遺体置き場になった。終戦1カ月前の戦禍だった。

■　■

7月12日、太平洋戦争で県内最大の被害をもたらした宇都宮空襲から70年を迎える。体験者の減少、高齢化が進む中、資料写真とともに空襲の記憶を次世代へ語り継いでもらう。

二荒山神社高台から見た市街地の焼け跡（中島みどりさん撮影）

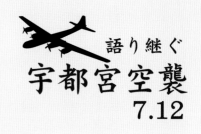

背負っていた妹は死んだ

東（あずま） 俊継（としつぐ）さん（81）
当時11歳　千波町

人生で大きな山が来たのは、小学5年の時。あの忌まわしい宇都宮空襲の夜です。

雨が降って、雨だから空襲は来ないだろうと寝ました。「起きて、起きて、早く」という母の声で目を覚ますと、辺りはもう火の海でした。あの頃は木造の家が多かったから、火の回りも早かったのでしょう。

3歳の妹の洋子を背負い、8歳と5歳の2人の弟の手を取った母と、家からすぐの田川の野っ原に逃げ込みました。川沿いが安全だと考えていたのです。弟や妹が小さく、遠くへ逃げられなかったし、火の手も上がっていて、できなかった。川に入っていく人もいました。

誰かの「伏せろ」という声がして、伏せていました。熱かった。すると、ドンという重い衝撃を腰の辺りに感じました。ひどい痛みで、私は立てなくなりました。この後、1カ月ほど、腰抜けのような状態だったほどです。

どのくらい時間がたったでしょうか。背中の妹が「おしっこ」と言ったんです。動けずにいる私の背中から、母が妹を下ろすと、妹の右足がちぎれて、ぶらぶらしていました。

火の海の中で、母が悲鳴ともつかぬ声を上げました。焼夷弾を束ねていた部品が当たったのかもしれません。その後は、どうしたのか。思い出せないんです。

翌日、母は妹を抱いて駆けずり回ったそうです。焼け野原で、医者もいない。薬もない。妹は手当て一つしてもらえず、ただ、兵隊さんからもらった乾燥バナナをしゃぶり、「おいしいね、おいしいね」と言って息を引き取ったと、母から聞きました。

「洋子、死んじゃったの」。そう言った母の声が、今でも耳に焼き付いています。

現在の大通り南側に当たる旧大工町付近の焼け跡（中島みどりさん撮影）

家も周囲もみな焼けた中で、近くに焼け残った家があり、住まわせてもらいました。通っていた東国民学校（現・東小）は遺体置き場になっていました。数日後に行ってみると、ものすごい数の遺体が並んでいて、たくさんの人が行方不明者を捜していました。

年がたち、私は妹に助けられたと思うようになりました。毎朝、仏壇で妹に感謝しています。今、求められれば戦争体験を話しています。私たちが戦争を話せる最後の世代だと思うからです。戦争だけは本当にしたくない。伝えなくてはならないと思っています。

（宇都宮市江曽島2丁目在住）

語り継ぐ宇都宮空襲　7.12 ②

建物の影映す真っ赤な空

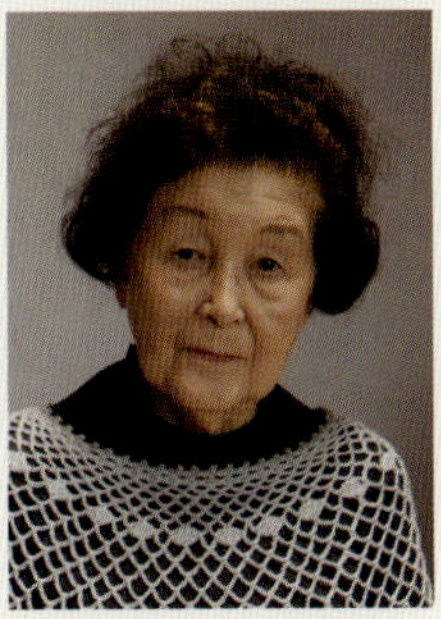

長（ちょう）鴻子（ひろこ）さん（89）
当時19歳　江野町

「今晩はゆっくり眠れるね」。あの日は雨が降っていたから、家族とそんな話をして安心して寝たのです。普段は着替えないのに、着替えて。空襲の警戒は毎日のことだったので、慣れっこになっていたのかもしれません。

どうやって起きたのかはっきりしませんが、空襲だというので、姉と2人で急いで配給になった大豆のたるを外に運び出しました。あの頃は食べ物が何よりも大事でしたから。

家は、江野町にありました。県庁前通りは当時、県庁から大通りまでしかなく、その先の所です。東を見ると、国鉄（現JR）宇都宮駅の方が明るくなっていたので、家からすぐの空き地にあった防空壕に入りました。近所の人も、将校さんもいて「刀を忘れた」と騒いでいました。

まだ辺りは暗かったので、防空壕を出たり入ったりしながら、家財道具を外に運んでいると、焼夷弾が落ちたのです。みんなで砂か何かをかけ、必死に消しました。直径2メートルほどのくぼみができていたと思います。

そのうちに、釜川の向こう側が燃え出しました。熱風がすごい。家の窓から炎も吹いていました。真っ赤な空に、建物が影絵のように浮かび上がって見える。ここにいては危ないという父の指示で、母と子どもたち6人で、今のオリオン通りを西へ逃げました。

逃げる先は真っ暗で、やや先の空には焼夷弾がちらちらと光って見える。今振り返るときれいだったと思います。後ろは真っ赤でした。私たちは逃げるのが遅かったのかもしれません。通りにはほとんど人はいませんでした。

軍道（現桜通り）の祖母の家でその夜を過ごし、大通りを戻りました。東京街道から東は焼け野原で見晴らしがよかった。家も全焼で何も残っていませんでした。場所が分からず、お風呂場の水道の蛇口がぽつんと立っているのを見て分かりました。

後から、家の焼け跡に三十数発の焼夷弾の六角形の筒が落ちていたと聞きました。近くの道には黒焦げになった遺体もありました。

逃げた時、2歳年下の弟とはぐれ、翌日に再会するまで、もう死んでしまったと心配しました。家の周りはそれほど火で真っ赤だったのです。

（宇都宮市大曽4丁目在住）

旭町の枝病院より保健所付近。現在の中央1丁目辺り（中島みどりさん撮影）

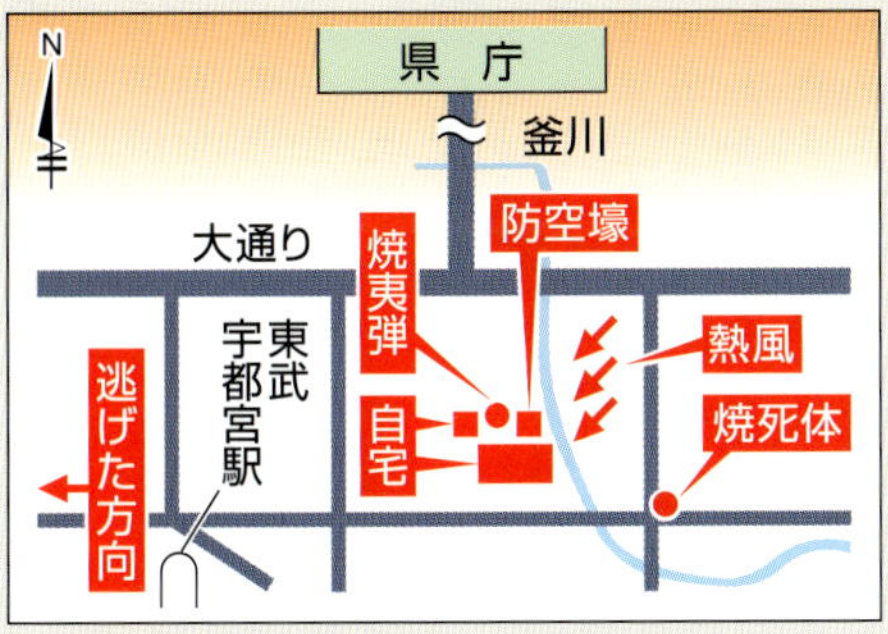

語り継ぐ宇都宮空襲 7.12 ③

体不自由な父置いて避難

五味渕（ごみぶち）昭夫（あきお）さん（84）
当時14歳 上河原町

当時は都内の学校に通っていましたが、勤労動員で軽井沢の陸軍気象部に行かされました。なんだか胸騒ぎがして気象部を脱走し、宇都宮に戻ってきたのが7月12日。その日の晩、空襲に遭ったんです。

夜の11時ごろ、突然辺りが昼間のように明るくなりました。照明弾ですよ。その後、雨がサーッと降っているような音と一緒に焼夷弾が落ちてきました。今も忘れません。すさまじい恐怖の音でした。

実家は病院を営んでいて、空襲の夜は両親と兄貴の嫁さん、5、6人の看護師さんがいました。当時14歳だった僕はその人たちを連れて、水でぬらした夏布団をかぶって逃げたんです。空襲が来たら風上に逃げるということが頭に刻まれていたので、国鉄（現JR）宇都宮駅を越えて現在の東宿郷2丁目辺りの田んぼに逃げ込みました。女の人のお尻を押し上げて駅のプラットホームをはい上がらせたということが、鮮明に記憶に残っています。僕たちが駅を後にした直後に駅がやられて、近くにあったガスタンクが爆発しました。ほんの一瞬のことで助かったんです。

おやじは今で言うところの軽い脳梗塞で、体が不自由でした。橋の辺りで、おやじは僕に「このままだとみんな駄目になっちまう。俺はなんとかなるから、お前は母親を助けろ」と言ったんです。アシが生い茂る川のへりにおやじを残して逃げました。僕はおやじを見捨てたんです。

旧上河原町の大津屋本店付近。現在の大通り3丁目辺り（中島みどりさん撮影）

翌日自宅に戻る時、押切橋が通れなくなっていたので宮の橋に回りました。橋のたもとには黒く焦げた骸（むくろ）が転がっていて、14歳の少年にはあまりに刺激の強い光景でした。今でも思い出すほどです。一面が焼け野原で、駅から池上町の辺りまで見通すことができました。

近所の一家は蔵に逃げ込んだのですが、周りを火に囲まれて蒸し焼きになってしまったそうです。そんな悲劇が、あちらこちらで起こっていました。

幸いにもおやじは生きていました。僕たちと別れた場所に、自分で穴を掘ってアシで身を隠したようです。営々と築き上げてきたものを一瞬で失ったおやじはどんなにつらい思いをしただろうか。この出来事はつい最近まで僕の精神的なしこりになっていました。

（宇都宮市花房2丁目在住）

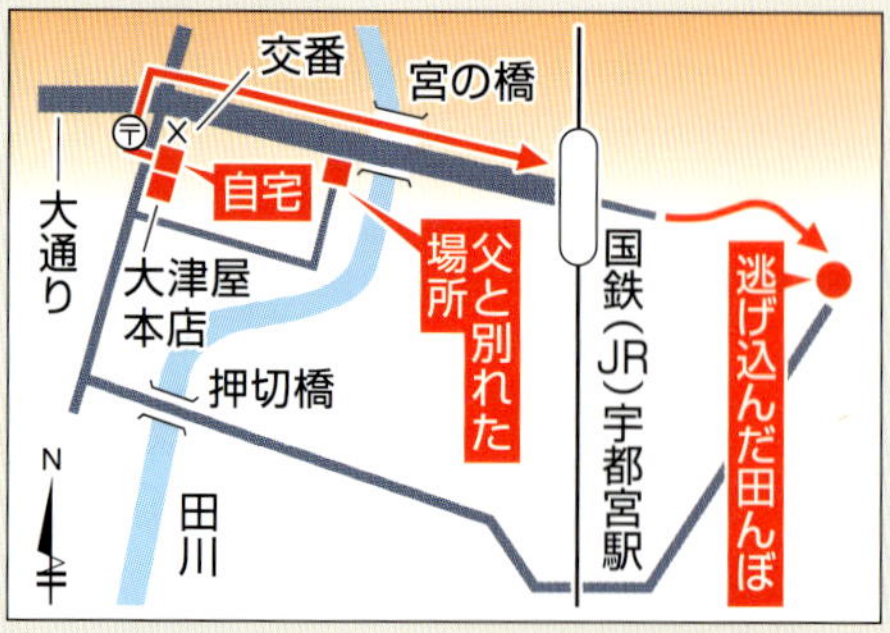

語り継ぐ宇都宮空襲　7.12 ④

逃げる先へ先へと焼夷弾

猪瀬（いのせ）　イネ子（いねこ）さん（87）
当時17歳　中塙田町

女子挺身隊として国鉄（現JR）宇都宮駅の東側にあった工場で、防毒マスクを作る作業をしていました。

空襲の日は泊まり勤務だったのですが、雨で危ないから帰れと言われ、会社を出ました。それで友達と、二荒山神社前にあった歌舞伎座で時代劇の映画を見て帰りました。

眠って1時間もしたでしょうか。母に起こされ、慌てて外に出てみると、南の方が赤く燃えていました。その時、既に親戚と2人の弟は八幡山の防空壕に逃げていました。

御本丸北側のバラック。1952年ごろまであった（故枝村常作さん所蔵）

私も布団をかぶって11歳下の妹の手を引き、1歳の弟を背負った母と、防空壕に向かおうとしました。が、そこへの道は人がいっぱいで進めないのです。そこで反対の現在の宇商通りに向かいました。

宇商通りへ出るのに、寺の境内の空き地を通った時のことです。雨で足元がぬかるんでいました。逃げるその先へ、先へと焼夷弾が落ちてきたのです。焼夷弾は油だから、水の上で炎がパーッと3メートルくらい広がる。5発ぐらいだったか、よく頭の上に落ちなかったと思います。怖いとか熱いとか思う余裕すらなくとにかく必死に進みました。

それでも宇商通りは何ともなく、人もそれほどいませんでした。私たちは現在の宇都宮商業高の手前まで歩き、道路脇の側溝に布団をかぶって隠れました。その辺りは今と違って原っぱでした。米軍爆撃機B29の飛ぶ音が聞こえていました。

翌朝、一緒に逃げなかった父と会えて安心しましたが、自分の家は燃えてしまっていました。庭の防空壕に入れたものも全部。本当にがっかりしましたよ。町の中心の方は見晴らしがよく、国鉄宇都宮駅が見えたほどです。

家の焼け跡では、積んであった配給の練炭がポッポと燃えていて、その横のおけに入れていたジャガイモが焼けていました。周りは黒焦げでも、中身は食べられる。近所の人にも配って食べたのを覚えています。

数日後、そこにバラックを建て、暮らし始めました。柱を立て、トタンを載せる。2年ほど住んだと思います。見上げると隙間から空が見える。冬は寒いなんてものではなかったです。もちろん食べ物にも苦労しました。戦争は本当にひどい。そんな思い、若い人にはさせたくないと思います。

（宇都宮市千波町在住）

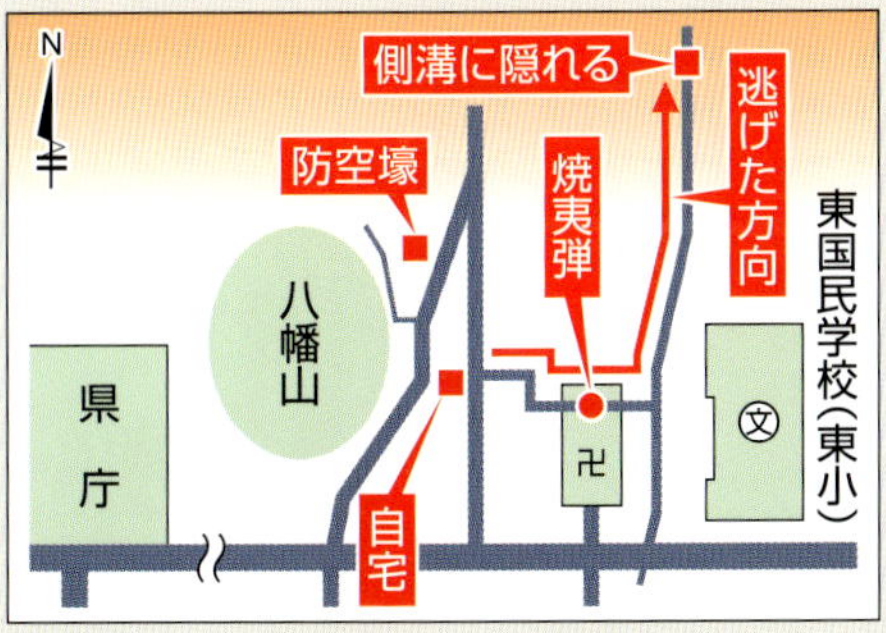

夕焼けより真っ赤な空

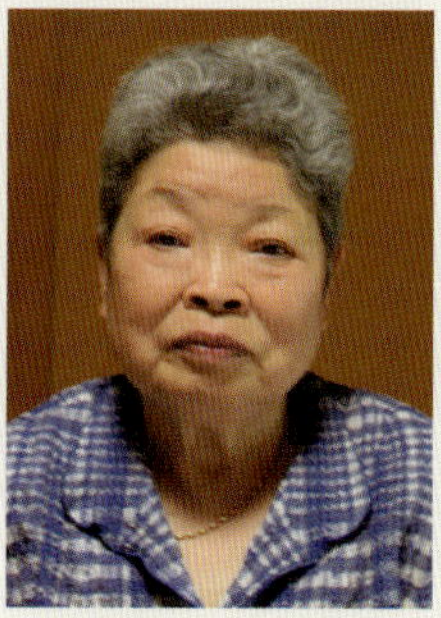

湯沢（ゆざわ）　トヨさん（82）
当時12歳　西原町

7月12日の晩は、食べ物がなく、いった大豆を口の中で転がしながら寝たのです。空襲警報で目が覚めました。雨だから敵は来ないと話していましたが、そうではありませんでした。

真っ暗なはずの部屋の中が明るく、外は空が夕焼けよりも真っ赤でした。裏手にいたおじさんの「防空壕に入っても駄目だ」の声で逃げました。

鹿沼街道は人でいっぱいで、押すな押すなで西へ向かっていく。リヤカーを引いている人もいましたが、荷物が落ちても拾うどころではない。母ちゃん、誰ちゃん、という叫び声が飛び交っていました。

私は妹の手を握り、弟を背負った母と離れないようにしながら、長坂へ向かいました。行く手は暗く、後ろを振り返る余裕はありませんでした。軍道（現桜通り）を越え田んぼを西へ進んだのです。

そして牧場の森に入りました。まるで人が暗い森に吸い込まれるように見えたのを覚えています。奥には馬を引いた兵隊のような人がたくさんいて、「兵隊さんが避難している」と変に思いましたが、それは違っていて、火で馬が暴れないようにしていたようです。

ホッと一息ついた時、南の方に、火の粉のようにちらちらと焼夷弾が落ちていくのが見えました。不謹慎かもしれないけれど、きれいだった。「うわー、きれい」という声が漏れていました。

長坂の親類宅で休み、翌朝、来た道を戻りました。すると、いろいろな物が道路に落ちている。私も気付かないうちに落としていた布を、偶然見つけました。家は無事でした。

被災した国鉄（現ＪＲ）宇都宮駅（ピースうつのみや提供）

今ならば考えられないと思いますが、空襲から翌々日、南国民学校（現・一条中）に登校し、焼け跡で鉄くぎ拾いをしたのです。学校から北へ少し歩いた所で作業中、空襲警報が鳴りました。機銃掃射でした。焼け跡で身を隠す場所がない。北の空に敵機が見え、低空飛行で迫ってくる。私は校門辺りの大きな木の根元に命からがら逃げ込みました。

戦争時代は灰色の世界でした。欲しがりません勝つまではと我慢し、勉強もできなかった。今は本当に何でもあり、何でもできる。当時を思うと、若い人たちに頑張ってほしいと思ってしまいます。

（栃木市皆川城内町在住）

語り継ぐ宇都宮空襲 7.12 ⑥

延焼防げ　徹夜で家倒す

高橋（たかはし）三郎（さぶろう）さん（89）
当時19歳　宝木町

宇都宮高等農林学校（現・宇都宮大農学部）3年の6月、召集令状が来ました。いわゆる赤紙です。学徒動員で埼玉県上尾市の農業試験場で研究をしていた時のことでした。

急いで那須町の実家に帰り、9日午前、国鉄（現JR）黒田原駅から数十人とともに出征し、宇都宮市の第36部隊に入隊しました。駅で大勢の見送りを前に、「東南アジアの植民地を解放し、世界平和を確立するために頑張る」などと、代表であいさつしたのです。気概に燃え、戦争に負けるとは思いませんでした。

7月12日夜、「空襲だから起きろ」と起こされ、街の方を見たら、もう空が真っ赤でした。「やられてから起こされるようでは、軍隊はどうかしている」と思いましたね。

米軍爆撃機B29が兵舎に向かって飛んで来て通り過ぎていく。「飛行機が飛んで来る間は危ないから防空壕に入れ」と言われ、防空壕にいましたが、兵舎に爆弾は1発も落ちてこなかったし、恐怖感もありませんでした。

空襲の損傷などで枯死した当時の市役所庭園内の天然記念物大ケヤキ（中島みどりさん撮影）

飛行機が来なくなると、街へ消火に行くという命令が出ました。ロープとのこぎりを持っていくというのです。家を倒して延焼を防ぐということでした。

大勢で隊列を組んで、走って街へ向かいました。緊張していました。大通りを行くと、東京街道から東が燃えている。早く家を倒さなくてはと必死で、東京街道の丁字路辺りの家から作業を始めました。

引き倒しをするのは初めてで、火の勢いに押され、なかなかうまくいかない。ロープを架けて引っ張っても、倒している途中でどんどん火が付いてしまう。本当に大変でした。明け方まで作業をして、倒せたのは4、5軒だったと思います。

兵舎に戻ると、すぐに炊事場で炊き出しのおにぎり作りを命じられました。ご飯が熱くて、手が真っ赤に腫れ上がってしまいました。

最近になって新聞記事で、師団司令部などのあった現在の桜通り付近の被害が少なかったのは、敗戦後、進駐した米軍部隊が施設を利用するためだったという見方があることを知り、がっかりしました。当時はそんなことは分からず、木で作った戦車に火炎瓶を抱えて飛び込むといった訓練を必死にしていたのです。真実が分からなかったのが、悔しく思います。

（宇都宮市御幸本町在住）

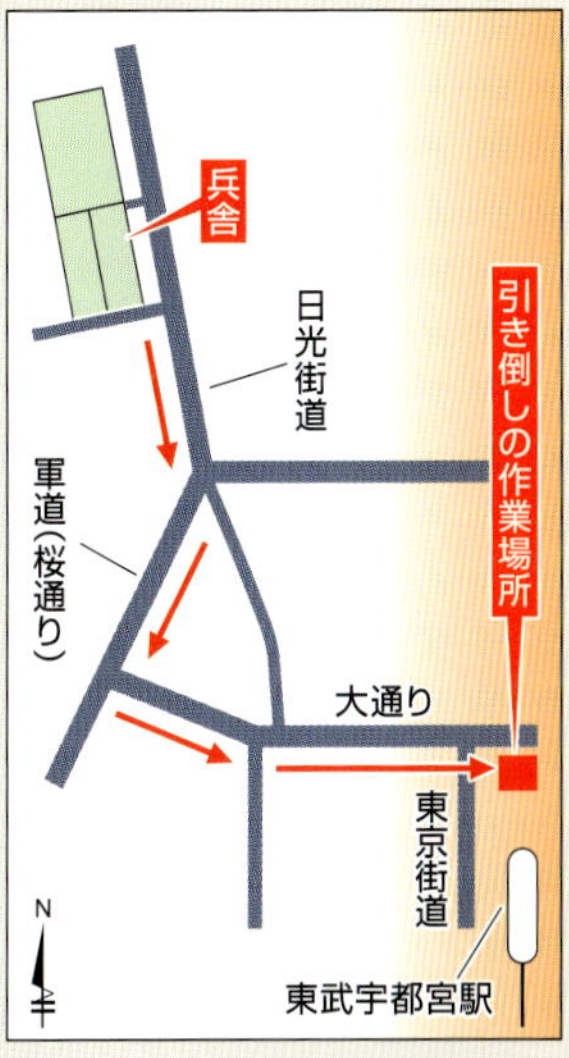

遺体の焦げた臭いが充満

鈴木（すずき）　宣次（のぶじ）さん（81）
当時11歳　石町

　部屋に蚊帳をつって寝ようとしていたところ、突然空襲警報が鳴り響きました。「空襲だ、逃げろ!」。母がそう叫んで、妹や弟と一緒に家を飛び出したんです。焼夷弾がボンボンと音を立て、周りの家はみんな木造だったので、たき火のようにあっという間に燃え広がっていきました。いわゆる「火の海」の状態だったのですが、真っ赤というか、真っ黒というか…。火の明るさはあったはずなんだけど、雨が降っていたので辺りは暗くて。あの光景は言葉では表現できません。

　空襲に備えてなのか、親が東峰町の辺りに疎開用の家を用意していたので、そこを目指して命からがら逃げました。石町（現・一番町）にあった自宅から、専売局（現・旭中）の脇を通って田川を渡り、国鉄（現・JR）の踏切を抜けました。専売局の辺りは道が狭く、逃げる人がいっぱい固まっているわけですよ。人をかき分け、かき分け必死に逃げました。みんな何も持たずに逃げ惑っていました。爆弾の直撃を受けて倒れている人や、途中で逃げられなくなったのか横たわっている人もいました。石井街道から宇都宮高等農林学校（現・宇都宮大）の近くを通り久部街道に抜けたと記憶しています。

当時の大工町付近から国鉄（JR）宇都宮駅方面（中島みどりさん撮影）

　翌日、自宅の様子が気になって焼け跡を見に行きました。石町の辺りは焼け野原で、何もなかった。残っているのは大谷石の蔵や二荒山神社の階段くらいです。田川沿いには遺体がごろごろ転がっていました。

　各家庭で防空壕を掘っていましたが、あの辺りは土地が低くて水が出てくるのでそんなに深くは掘れないんです。空襲の時、壕に逃げ込んだ人は顔も何も分からないほどに焼けてしまったと聞いています。お釜に入った米を防空壕に置いていたら空襲の火にあおられ炊けていた、という話もありました。とにかく辺りには遺体が焼け焦げた臭いが立ち込めていて、今も忘れられないですね。

　１９５６年、教師になりました。教育現場の代表としてユネスコの国際会議や国の日米国際理解教育の共同研究にも参加し、国際理解や平和教育について考え、実践してきました。戦争を体験したからこそ、もう二度と戦争をしてはいけないという強い思いがあるのです。

（宇都宮市峰町在住）

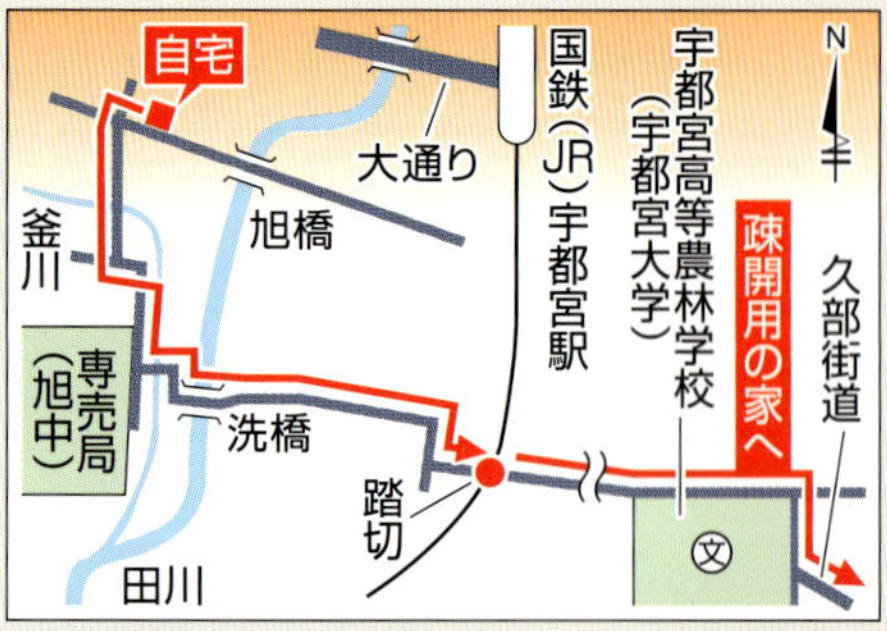

語り継ぐ宇都宮空襲 7.12 ⑧

火の海 中から悲鳴が…

池田（いけだ） 明（あきら）さん（81）
当時11歳 旭町

　宇都宮空襲の夜は忘れることはできません。翌日、軍に入隊するため2階に泊まっていた人が勢いよく下りてきた音で、目が覚めました。もう周りが明るく真っ赤でした。

　その頃は遠縁のおばあさんと2人暮らしでした。おばあさんを起こすと、避難を呼び掛ける近所の人の声が聞こえました。非常時に持ち出すはずのリュックを背負おうかと迷っているうちに、ものすごい音がしました。ぐずぐずしてはいられないと、何も持たず外へ出ると、隣家が燃え、火の粉が降っていました。

当時、中河原町にあった煙草専売公社工場（中島みどりさん撮影）

　おばあさんと2人、東京街道を北へ向かいましたが、炎が上がり、熱くて進めない。

　とっさに側溝に入って、その中をはい、大通りに出ました。

　西へと逃げる大勢の人の中に、リヤカーを引き、池上町の坂をなかなか上れずにいる年配の女性がいたのです。誰も手伝おうとはしない。荷台に乗っていた人は毛布をかぶり、うめき声を上げていました。産気づいていたようでした。大人は何て冷たいのだろう。こう思ったことを、今でも忘れません。

　私たちで押してあげると、坂を上がった辺りで、その女性は「ありがとうね。もうここでいい」と言い、泉町へと曲がりました。見送っていたその時です。焼夷弾が菊の花を散らすように落ちてきました。きれいだと思った瞬間、目の前が火の海になりました。リヤカーは、その中でした。

　助けることはできませんでした。悲鳴ともつかない、何とも言えない声が聞こえてきました。その路地には他にも人がいました。本当につらかったです。私は動けなくなり、おばあさんは耳をふさいでいました。

　そして私たちは人の波に押され、気が付くと今の徳次郎町の神社に着いていました。神社は避難してきた人であふれていました。

　翌日午後、家にたどり着くと、家はくすぶって燃えていました。でも消そうという気も起きませんでした。近くには焼け焦げたり、足や腕がちぎれたりした遺体がありました。

　戦争中は怖さも悲しさも感じませんでしたが、8月15日に終戦を聞いたとき、「あー」と思いました。亡くなった友達や家が、戦争がなかったらいたんだと。1週間くらいは何もする気になれませんでした。戦場でない所も大変だったと思います。

（宇都宮市花房3丁目在住）

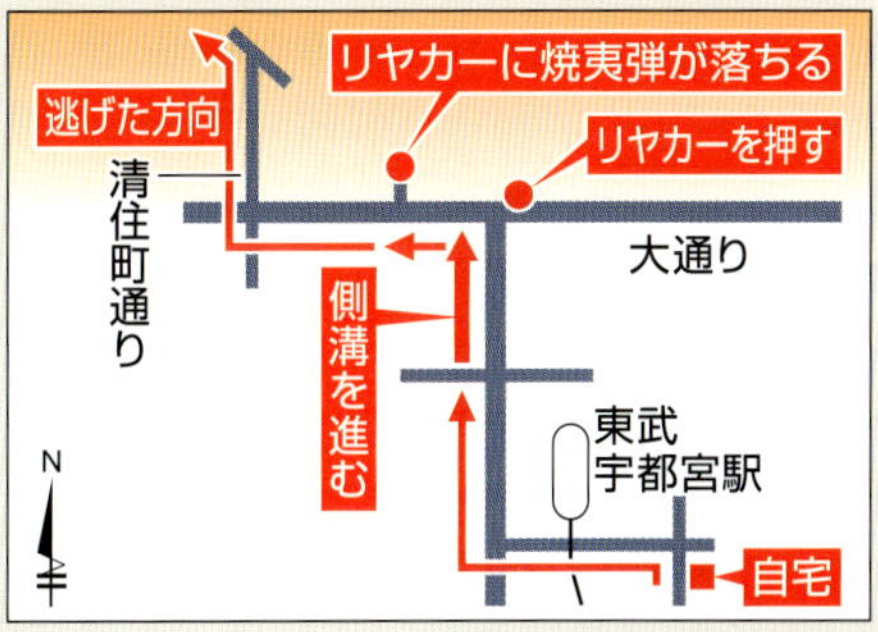

母と2人の姉、命落とす

大木（おおき） 光子（みつこ）さん（80）
当時10歳　塙田町

12日の夕食は、両親と4人の姉、私の家族7人が久しぶりにそろいました。2日前、市内に大規模な機銃掃射があったせいで親戚に避難していた四女の昌子＝当時(16)＝と私が帰ってきたのです。めったに食べない白いご飯で、うれしくて。そして疲れて早々に寝ました。これが最後だなんて思いもしませんでしたから。

「空襲だよ」という声に目を開けると、家の中が燃えていました。起き上がると、布団の上も火がバチャバチャと燃えています。動転して悲鳴のような声を上げてしまいました。

次女と2人で裏口から出て、高い木塀を夢中で乗り越え、県庁東側の道を、脇の溝にもぐったり、伏せたりしながら逃げました。路面で電線が燃えていたと思います。たどり着いた蒲生神社近くの防空壕は人でいっぱいでした。私は右足の裏のけがに気付きました。はだしだったのです。

少しして父が探しに来てくれました。別の防空壕に長女トキ＝当時(22)＝がいると言うので行くと、トキは毛布に包まれ、顔が真っ赤に腫れていました。体中にやけどを負っていたそうです。

県庁の救護所で、昌子をのぞく家族が再会しました。救護所はたくさんの人が横たわり、うめき声を上げていました。お母さんがいるよと言われ、見ると母の顔は土瓶の底のように膨れて真っ黒でした。「お母さん」。呼び掛けると声が聞こえましたが、何を言っているのか分かりません。握ろうとしたその手は、手首から先が、皮膚が裂かれたようになり、白いものが見え、握ることができませんでした。

空襲に備えて黒く塗られた県庁舎（宇都宮市提供）

辺りは明るくなっていて、私は迎えにきた親戚に連れられ、救護所を出ました。後で、午前11時にトキが、午後1時に母が命を落としたと聞きました。最後まで見付からなかった昌子は家の焼け跡にいました。直撃を受けたのか、バラバラだったそうです。

あの日、昌子が帰らなければ…。トキも嫁ぎ先から、夫の出征で戻ってきたところでした。結婚したばかりで、夫の帰りを信じていました。そして面倒見が良かった母。母が恋しく、母を空襲から助け出す夢ばかり見ました。戦争さえなければ、家族の思い出も違っていたと思います。

（宇都宮市在住）

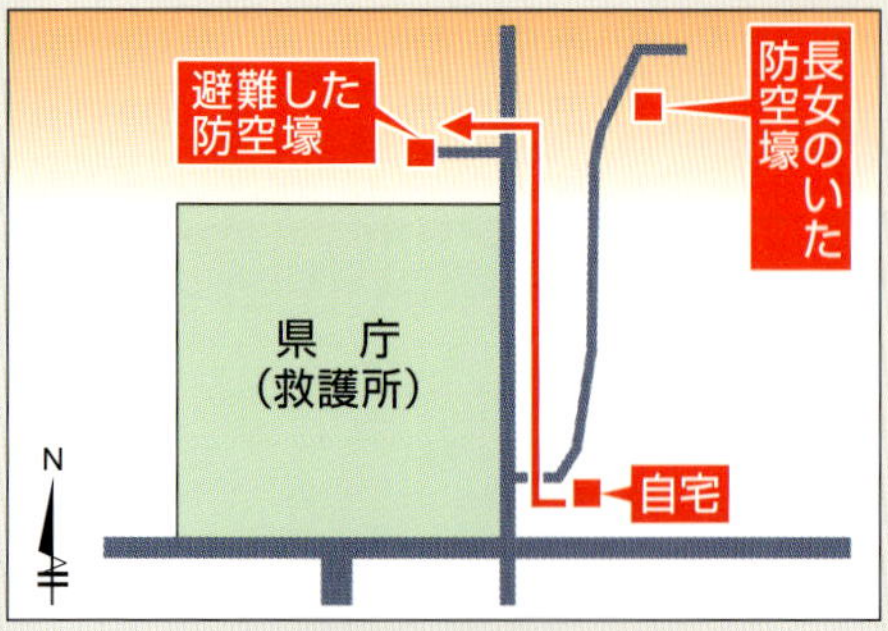

語り継ぐ宇都宮空襲 7・12 ⑩

勤務の学校に遺体の山

菊地(きくち)イネ子(いねこ)さん(90)
当時20歳　二条町

「宇都宮もやられるな」と思っていました。東京大空襲(3月10日)の後、大きい都市が次々と空襲に遭いましたから。父母や兄夫婦、姉妹と10人暮らし。いつもは普段着で寝るのですが、この日は雨。空襲はないだろうと寝間着で寝ていました。

「空襲だ!起きろ!」という父の怒鳴り声で目が覚めました。東側の窓から外を見たら、朝日が昇ったように真っ赤だった。「防空壕に入れ!」と父に言われ、裏の畑に掘ってあった防空壕に寝間着のまま飛び込みました。

その日も敵機は1機か2機で来たかと思ったんですが、そんな数ではなかった。ゴー、ダダーン、ダダーン。爆音がすごかったね。時折、防空壕から首だけ出して外の様子をうかがい、明るくなってからはい出しました。幸い、家は無事でした。

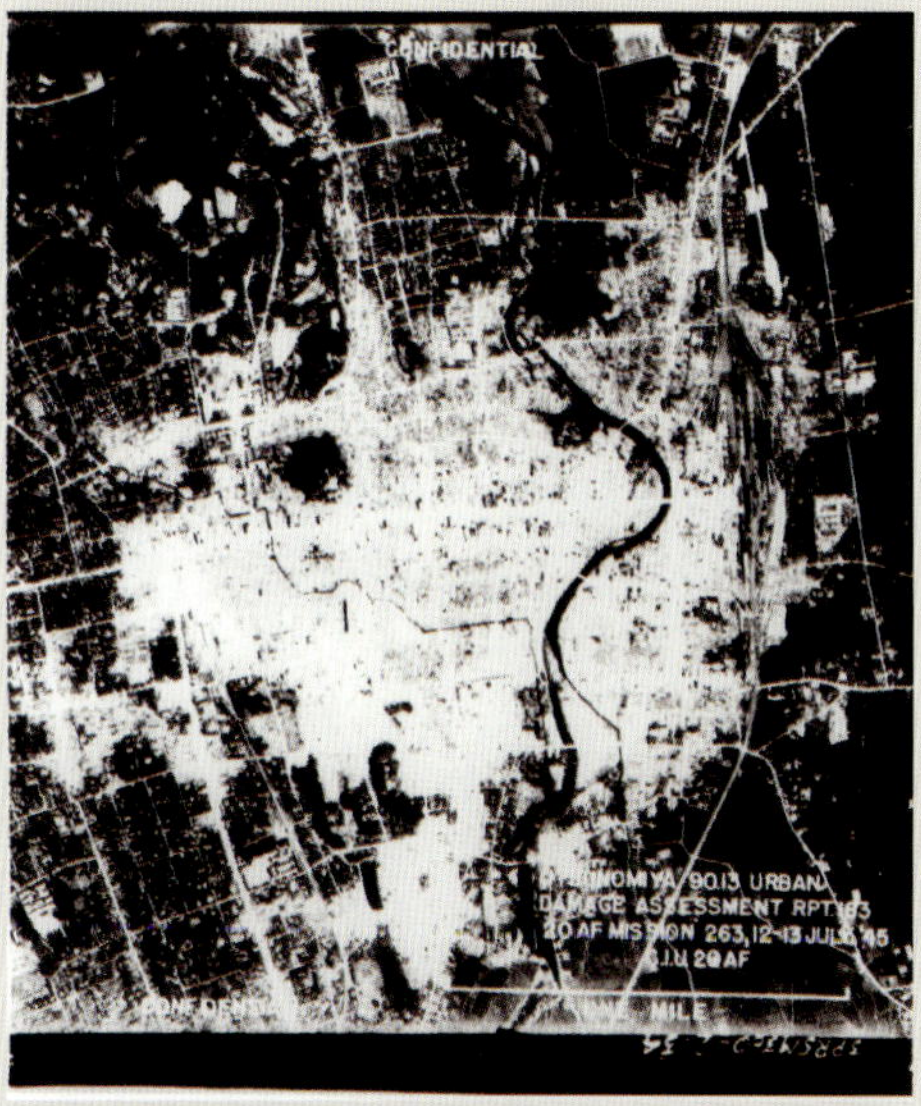

米軍の「損害評価報告書」。宇都宮空襲後に米軍が撮影した航空写真。

朝8時ごろ、教員をしていた中央国民学校(現・中央小)に普段通り向かいました。住んでいた二条町辺りは被害が少なかったのですが、歩いていくうちに燃えてしまった家があちこちにありました。大谷石でできた松が峰教会は倒れずに立っていたのが印象的でした。

学校に着き、惨状にびっくりしました。鉄筋校舎は無事でしたが、木造の体育館や教室が黒焦げでした。西門から入ると、近くに遺体の山がありました。下を向いて手がぶらんとした人、防空ずきんをかぶったままの人…。次から次に運ばれて来ました。同僚に聞いたら「区域内で亡くなった方」だと。黒こげではなかったので、逃げ遅れて窒息したのでしょうか。翌日には遺体はありませんでした。

空襲後、親戚や知人を頼って市外に移った人が大勢いました。私も「また来るかも」と思うと怖くて。父の仕事のつてで白沢(旧河内町)の宿舎を借りられ、父を除く家族で避難しました。でも父が数日後にやって来て、「お前は先生だ。生徒がかわいそうだから戻れ」と言うんです。帰りましたが、当時は命が大事でしたからね、不安でいっぱいでした。

周囲に請われ、2年前から小学校で戦争の体験を話しています。親御さんも一緒に聞く時もあります。親も戦争を知らない時代になったんですね。体験を話すことで、戦争は絶対にやってはだめ、という願いを引き継いでもらえればと思います。

(宇都宮市元今泉2丁目在住)

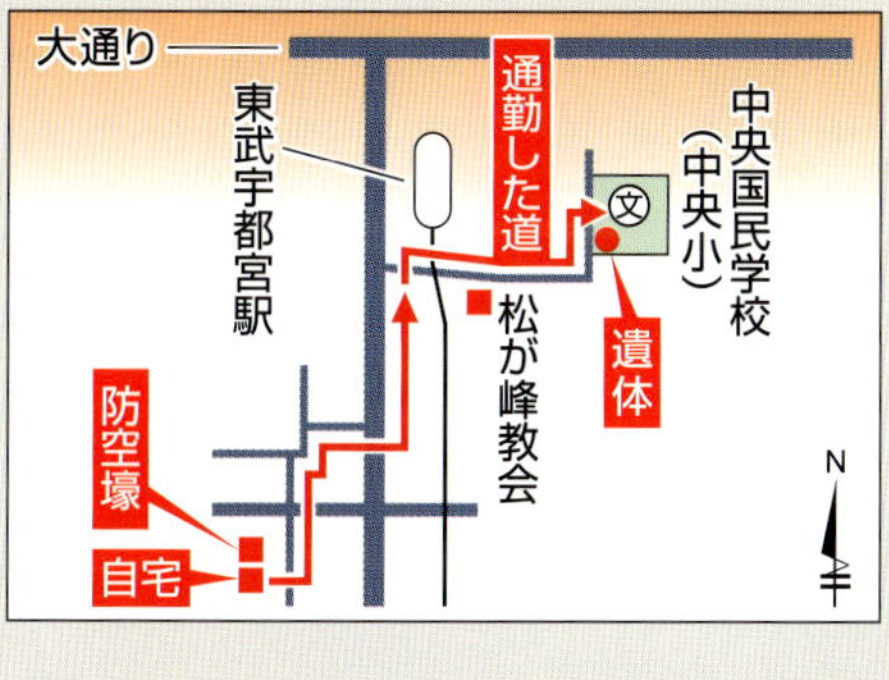

広がる反響　伝えたい、伝えてほしい…

戦禍の記憶　継承へ決意

本紙の県央・宇都宮版で7月1日から10回にわたり、宇都宮空襲の体験を紹介した連載企画「とちぎ戦後70年　語り継ぐ宇都宮空襲7・12」。掲載直後から感想や体験談が寄せられた。戦後70年。体験者の減少や高齢化が進む中、手紙に込められた「語りたい」「伝えたい」という強い思い。その一端を紹介する。

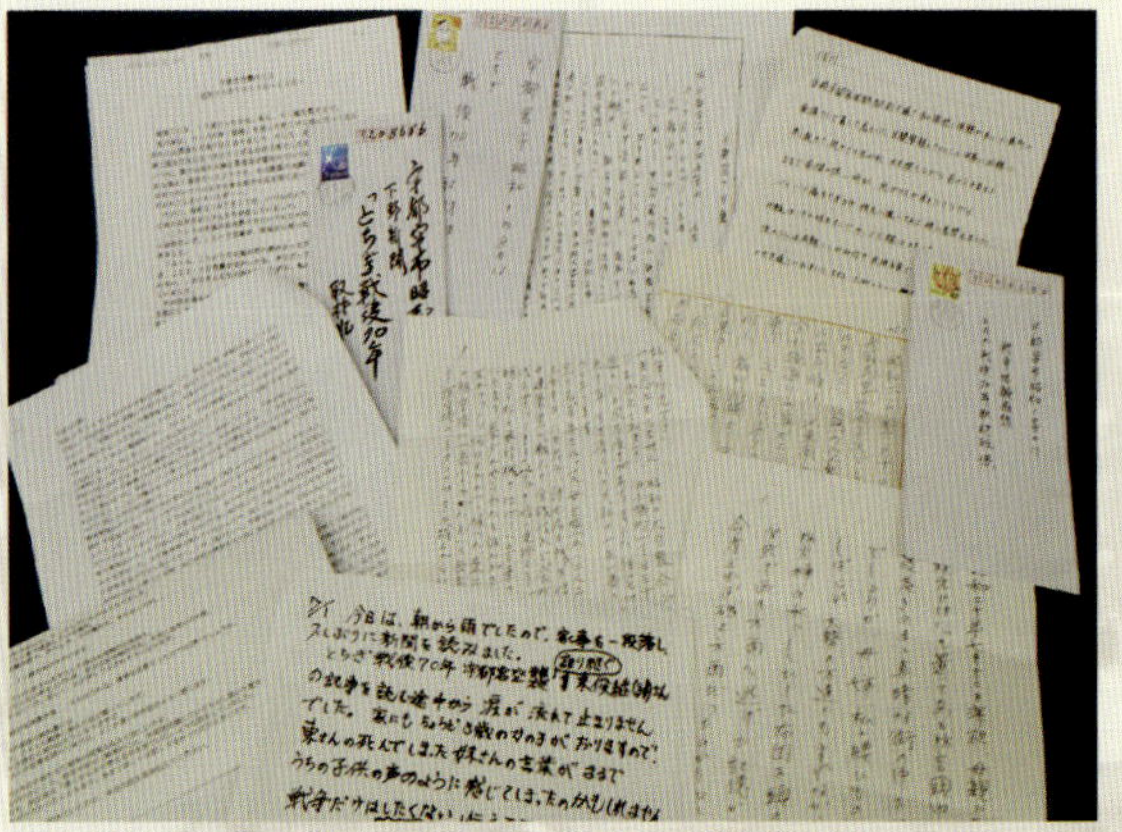
「とちぎ戦後 70 年　語り継ぐ宇都宮空襲7・12」の連載企画に寄せられた体験談や感想の手紙やファクスの一部

「戦争とはこんな悲惨なものであることを子どもも心に痛切に感じました。子どもや孫たちには絶対に味わわせてはいけないことを、世の大人たちは守らなければならないと思います」

便箋5枚にわたって宇都宮空襲の記憶をつづった宇都宮市緑3丁目、細島浩子さん（79）＝当時9歳、相生町＝は、手紙の最後をこう締めくくっていた。

手紙やファクスなどで読者から届いた14の体験談。当時の様子を伝えるだけでなく、平和の大切さを訴え、語り継ぐことへの決意を示した内容が目立った。

ほとんどが70～90代の体験者からだが、60代からの手紙も1通あった。小山市雨ケ谷、島田俊克さん（62）は、7年前に80歳で亡くなった母チヨノさん＝当時18歳、元石町＝が生前話していた体験談を寄せた。

「何とか田川にたどり着いたが、橋が爆撃されていた。川を渡ろうと入ってみると死体がゴロゴロと流れていて、あまりの多さに共に流されてしまいそうだった」と母の話を紹介。その上で「平和が続いてきたことは何より。戦争の悲惨な記憶をなくしてはならないと強く思う」と、戦禍の記憶をしっかり受け継いでいく覚悟をつづっていた。

一方、語り継ぐ難しさを感じてきた人もいた。

当時3歳だった同市陽東3丁目、平間恭子さん（73）は「戦中戦後の話をしてもその時代をくぐり抜けた母たちの時代の人たちからは『思い出したくもない』と嫌がられました。同年代や若い人たちには『またあんな話をしている』と疎ましがられた」と明かした。

ただ「戦後70年。これを書いたことを機に私はもう一歩、新しい時代に向かって踏み出せるような気がする」と思いを新たにしていた。

そして、40代の母親2人からの感想の手紙には、空襲体験を伝え続けることへの願いが込められていた。

2人は、空襲で逃げる途中に背負っていた3歳の妹が致命傷を負い翌日亡くなった同市江曽島2丁目、東俊継さん（81）＝当時11歳、千波町＝の記事に心を痛め、こう訴えた。

「今の子どもたちに戦争の現実を伝えてほしい」「苦しいでしょうが、伝えてください。罪もない子どもが殺されてはいけない」

宇都宮空襲の犠牲者追悼で行われた灯籠流し＝2015 年 7 月 12 日午後7時 40 分、宇都宮市の田川、野上裕之撮影

思い出す「戦争の狂気」

平間　恭子さん（73）当時3歳

当時は父の実家のある四条町と、母の実家のある平松を行き来して暮らしていましたが、空襲が来るなら田舎のほうが安全だと7月12日の夜は私と母、叔母、祖父母で平松にいました。父は1944年の7月15日に出征先のパプアニューギニアで亡くなったと聞いています。

あの晩、国鉄（現・JR）宇都宮駅方面は昼間以上に明るく、空は鉛色になっていました。激しく燃え上がる炎や火の粉に照らされ、いぶし銀のように光るB29から投下される焼夷（しょうい）弾は、まさに「金色の雨」。その光景を目にした母は「ほら見てごらん、きれいでしょう！」と言ったのでした。

夜が明けて母屋の方へ行ってみると、玄関から座敷の奥の方まで見知らぬ人であふれ、額から血を流している人、太ももに巻いた手ぬぐいが真っ赤に染まっている人など、たくさんの人が家の中にいました。

母はどうしてあの晩、あんな言葉を口にしたのか。7年ほど前、母が90歳のころに一度だけ尋ねたことがありましたが、「そんなことは知らない」とぶっきらぼうに言われました。あれは（戦争の）「狂気」だったのでしょうか。今でも世界中どこかで起こっている戦争の報道を見聞きするたびに、空襲の晩の母の言葉を思い出します。

私の心の中にあるもやもや、ふと思い出す戦中戦後のこと。話をしてもその時代をくぐり抜けてきた母たちの世代の人たちからは嫌がられ、思い出したくもないと顔をしかめられます。若い人たちには「またあんな話をしている」と疎まれ嫌がられました。

戦後70年、これを書いたことを機に、私はもう一歩新しい時代に向かって踏み出せるような気がする。

（宇都宮市陽東3丁目在住）

景色一変に思わず叫び

斎藤　カヨさん（90）当時20歳

7月12日の夜は、警戒警報のサイレンの音で目が覚めました。跳び起きて電気をつけ、ラジオのスイッチを入れました。B29が北関東に進入しつつあるとのアナウンサーの声に急いで身支度をしようとした時、ザアーッと夕立の来たような音がした途端、ババアーンという音とともにガラス戸が真っ赤になりました。「大変だ、逃げよう」。母の声に、防空頭巾をかぶり、貴重品の入ったかばんを肩からかけて外へ飛び出しました。

門の外は、私が生まれて初めて見る光景でした。まだ焼夷弾は落ちていませんでしたが、遠くで落ちた明かりの中を大勢の人が悲鳴を上げながら逃げていきました。ぎゃあぎゃあと叫び声を上げながらぞろぞろと走っていきました。

私は母の手を取って御本丸の防空壕（ごう）に入りました。中には20人ほど。暗くて顔は分かりません。ザザーと夕立のような音がするたびに、母の手をギュウと握って体を寄せ合いました。

そのうち静かになり入り口近くの人が外に出ると明るい光がサッと壕の中に。「朝になったようだよ」と母の手を取り外に出ると、今まで見たことのない景色が飛び込んできて、思わず叫んでしまいました。辺りはただ平らだったのです。

自宅もすっかり焼け落ちていて、庭の木が電柱のように突っ立っていました。

母の親戚の家に身を寄せると、その家の奥さんがすぐ布団を敷いてくれました。体を包むような柔らかさに誘われて眠っていると、人の声で目が覚めました。「静かにしてくださいよ、焼け出された方が寝ているんですから」という奥さんの声を聞いて「ああ、私は焼け出されたんだなあ」と初めて思い、なんとなく涙が出てきました。

（宇都宮市砥上町在住）

語りつぐ戦争　とちぎ戦後70年

下野新聞連載企画
広がる反響

防空壕で震えていた

津野田　キヨさん（89）
当時19歳　小幡町1丁目

兄3人が召集され、両親と兄嫁、めいとおい、妹の8人暮らしでした。家の暗い電灯よりも、ぱっと急に明るくなり、飛行機の激しい音、東の空が真っ赤に染まり、「県庁がやられた」と誰かが叫びました。父が掘った庭の防空壕（ごう）に避難し、ガタガタと震えていました。「印鑑を忘れた」と言われ、私が家に戻りました。東の方が燃える明かりで印鑑を探しました。

低空で頭上を過ぎる飛行機。大谷方面がキラキラ光って、ズシーンと鈍い音が聞こえました。私たちは、家も焼かれず、裁判所一帯は焼けませんでした。

（宇都宮市茂原町在住）

母の記憶を引き継ぐ

島田　俊克さん（62）の母
チヨノさん享年（80）
当時18歳　元石町

母は7年前80歳で亡くなりました。毎年7月12日が近づくと、幼い私に空襲の話を聞かせてくれました。

早くに両親を亡くした母は、幼い妹と暮らしていました。部屋の中が明るいことに気づき目を覚ますと家中の畳が燃えていました。妹を起こし外に逃げましたが、両親の位牌（いはい）を取りに燃え盛る家の中に入り、外に出た瞬間、家が押しつぶされました。「死んでいたな」と思ったそうです。

母の体験から70年。平和が続いてきたことは何よりです。戦争の悲惨な記憶はなくしてはならないと強く思います。

（小山市雨ケ谷在住）

火の海の中のように

斎藤　俊司さん（86）
当時16歳、中河原町

7月12日の夜、サイレンの音で目が覚めました。市中心部が燃え、南に延焼。布団袋を持って現在の簗瀬方面に向かいましたが、目的地に着かぬうちに周りに火が迫ってきました。仕方なく水田の中に布団袋を置いて避難者を見ていると、西側の家に火が付きました。「助けて」と声があったが、どうすることもできませんでした。

頭上をB29が飛んでいき、火が迫ってきたので東に移動すると、今までいた場所に焼夷弾が落ち、大人も「キャー」と悲鳴を上げました。火の付いた海の中にいるようでした。

（宇都宮市陽南3丁目在住）

幼心にも痛感した悲惨さ

細島　浩子さん（79）
当時9歳、相生町

空襲の夜、大勢の人にもまれながら、真っ暗な街を必死で逃げました。

途中で、赤ちゃんをおんぶしたお母さんが「一緒に連れていってください！」と私の母に泣いて頼んでいましたが、母には聞こえなかったのでしょう。2人の娘を守ることで精いっぱいだったんだと思います。

明け方、家に戻ると一面焼け野原。宇都宮一の繁華街があったとは信じられませんでした。戦争の悲惨さを幼心にも痛切に感じました。子や孫たちには絶対味わわせてはいけない。世の大人たちが守らなければいけないことだと思います。

（宇都宮市緑3丁目在住）

機銃掃射 恐ろしい記憶

渡辺 和子さん（81）
当時11歳、二荒町

突然の空襲のサイレンで母と通りに出た時には北、東、南と三方が火の海。布団をかぶり、今小路通り近くの自宅から現在のオリオン通り、ユニオン通りを経て戸祭方面へ。農家の庭に逃げ込むと、住民は蚊帳越しに火の海を見ていて、その姿に一安心しました。

空襲後、横川村の親族宅から自宅の焼け跡に通って整地しました。艦載機からの機銃掃射に数回遭い、バラック小屋に駆け込んで身を潜めました。焦土に動くものがあれば射撃し、一掃する。「これこそ戦争だ」と、私には空襲よりも恐ろしい記憶となっています。

（宇都宮市二荒町在住）

一面の焼け野原に悲しく

阿久津 加居さん（81）
当時11歳、中河原町

「空襲だ、起きろ」。父の声で目が覚めました。姉と防空壕に飛び込みましたが、「そんなところにいたら焼け死ぬぞ」と父に言われ、夢中ではい出しました。辺りは火の海。私たちは家の北側にある釜川に飛び込みました。上流の家が焼け、大きな材木が流れてくるのを必死で避けました。

家族がばらばらに逃げてしまったけれど、夜が明けて全員の無事が分かりほっとしました。でも、一面の焼け野原に驚き、家がなくなってしまったことや大事な品物がすべて焼けてしまったことに気が付き、悲しくなってしまいました。

（高根沢町宝積寺在住）

跡形もなかった 私の家

平山 照子さん（84）
当時14歳

母がまかないをしていた宇都宮駅そばの国鉄機関区合宿所で妹と3人暮らし。7月12日の夜は、空襲のサイレンと同時に外が光り、焼夷弾があちらこちらに落ちる音がしました。「防空壕は駄目だ」という周囲の指示で、防空ずきんの上に布団をかぶり、平出の方に逃げました。

周囲が明るくなるまで田んぼの中でうずくまっていました。空襲も落ち着いたようなので、布団を捨て、靴は田んぼに埋まってしまったので、はだしで戻ったら、家は跡形もなく、煙だけが出ていました。

（日光市鬼怒川温泉大原在住）

記事を読んでの感想

涙が止まらなかった

栃木市大宮町、主婦
永井 成美さん（41）

朝から雨でしたので、家事を一段落し、新聞を読みました。

「語り継ぐ宇都宮空襲」の東俊継さんの記事を読む途中から、涙が流れて止まりませんでした。うちにも、ちょうど3歳の女の子がいますので、東さんの死んでしまった妹さんの言葉が、まるでうちの子どもの声のように感じてしまったのかもしれません。

戦争だけはしたくない。きっと苦しいでしょうが、伝えてください。本当にそう思います。罪もない子どもが殺されてはいけないと思います。

心が押しつぶされそう

宇都宮市江野町、主婦
有川 佳子さん（44）

全身がざわざわして、じっとしていられなくなりました。毎日のように車で通過している場所。空襲のひどさ、恐ろしさ、その場所でそんなことが…。

私には9歳の女の子がいます。東俊継さんが背負っていた妹さんを降ろした時のお母様の気持ち、悲鳴にならない声を上げた時、翌日のお母様のそれこそ死に物狂いの行動、想像するにつけ苦しく、心が押しつぶされそうになります。

ぜひ今の子どもたちに戦争の現実を伝えてほしいです。ここで何が起きていたのか、本当の話をぜひ伝えてください。

宇都宮

「戦争してはいけない」

篠井小児童、空襲体験聞く

【宇都宮】宇都宮空襲の体験を子どもたちに伝える「宇都宮の空襲体験の語り継ぎ講演会」が12日、篠井小で行われた。同校の5、6年生計54人が2人の体験者から話を聞いた。

講演会は市平和のつどい実行委員会（委員長・佐藤栄一市長）が実施。市内全小学校を対象に2003年度から始まり、希望した小学校に、同委員会の構成団体の一つ市女性団体連絡協議会が体験者を派遣している。本年度は篠井小をはじめ全12校で行われる。

この日は、現在の一番町や中河原町付近で空襲に遭った鈴木宣次さん（80）と、増渕民子さん（83）が講師になり、空襲当日や前後の生活の様子などを語り、「平和がどれほど大切か考えてほしい」などと訴えた。

空襲体験者から話を聞いたのは初めてという6年生の柏淵優輝君（12）と高橋束紗さん（12）は「争いがあるのは仕方がないけれど戦争はしてはいけないと思った」「戦争はすごく大変なことだと思った」などと話していた。

写真資料を示して宇都宮空襲を児童に語る鈴木さん（右）と増渕さん（中央）＝2014年11月12日

宇都宮

戦争体験者の話聴く

簗瀬小児童、平和の尊さ学ぶ

【宇都宮】15歳で宇都宮空襲に遭った花房2丁目、五味渕昭夫さん（84）の戦争体験講話が19日、簗瀬小で行われ、6年生の児童84人が戦争の悲惨さや平和の大切さを学んだ。

この日、五味渕さんは社会科の授業で約35分間、宇都宮空襲後の焼け跡の写真や被災した範囲などを示しながら、児童に説明。「戦争が終わって69年がたつ。それでもまだその時の惨状の夢を見る。それくらい強烈だった」と話した。

また、「日本は69年間、戦争をしていないが、それは大変なこと。皆さんにそういうことを守ってほしい」と訴えた。

鈴木蘭丸君（11）は「一晩で宇都宮の街が焼け野原になったと聞いたことが印象に残った。戦争はしてはいけないし、悲しいことだと思った」と話している。同校での五味渕さんの講話は毎年行われている。

宇都宮空襲の話をする五味渕さん＝2014年12月19日

陸軍宇都宮飛行場狙うロケット弾

米軍機が発射したロケット弾で攻撃される陸軍宇都宮飛行場の格納庫。ロケット弾が白煙を吹きながら格納庫に向かっている。宇佐市塾によると、この日は米軍機 51 機が攻撃したという。右下には航空機も見える＝1945年7月30日（豊の国宇佐市塾提供）

米軍撮影

空襲 生々しく記録

大分の市民団体、映像入手

太平洋戦争の映像や史料を集めている大分県宇佐市の市民団体「豊の国宇佐市塾」は、1945年に米軍機が本県や茨城、鹿児島など14県を空襲した映像を米国立公文書館から新たに入手し、21日までに報道機関へ公開した。宇都宮市の陸軍宇都宮飛行場、高根沢町の国鉄東北本線宝積寺駅、烏山線仁井田駅が受けた県内3空襲が含まれ、本県の戦禍を記録した貴重な史料といえそうだ。

宇佐市塾が県内の空襲映像を公開するのは初めて。塾によると、映像はモノクロとカラー合わせ44本、計約33分。いずれも上空から撮影されている。

県内3カ所を捉えた映像の日付は全て45年7月30日。カラーで数秒から約40秒の長さだ。

現在の宇都宮市東部、作新学院大や清原中付近一帯にあった陸軍宇都宮飛行場に向けて、米軍機からロケット弾が放たれ、被弾した格納庫が炎を上げている状況や、宝積寺、仁井田両駅近くの蒸気機関車や貨物列車が機銃掃射を受けている姿だ。他県では茨城県内の駅の機銃掃射、名古屋市の「三菱重工業名古屋発動機製作所」の爆撃、鹿児島県の「陸軍知覧飛行場」の空襲もあった。

宇佐市塾はこれまでもフィルム映像の電子データを入手し、公開。空襲を受けた場所は、米軍の戦闘報告書などと照らし合わせ、独自に特定している。

平田崇英塾頭（66）は「戦争の悲惨さを実感できる映像だ。各地の人に見てほしい。地元の人が見れば、より詳しい情報が分かるのではないか」と話している。

機銃掃射を受ける仁井田駅＝写真上。停車中の列車周辺から煙が上がり、中央には現存する石蔵が見える。下の写真では、宝積寺駅北で機銃掃射を受けた列車が白煙を上げている（中央上）。宇佐市塾によると、手前は当時の阿久津国民学校＝いずれも1945年7月30日（豊の国宇佐市塾提供）

米軍撮影

「木陰に逃げた」「防空壕で震えた」

宇都宮、高根沢空襲　県内の体験者

機銃の音　今も脳裏に

大分県宇佐市の市民団体「豊の国宇佐市塾」が入手した陸軍宇都宮飛行場など、１９４５年７月30日にあった県内３空襲の映像。「機銃の音が聞こえ、木陰に逃げ込んだ」「防空壕（ごう）で震えていた」。映像に残されたその場で暮らし、働いていた人たちは「あの日」を生々しく思い返し、「もう二度と体験したくない」と口をそろえた。

国鉄烏山線仁井田駅を襲った米戦闘機の姿が脳裏に焼き付いている。それを記録した映像が公開された。

「よく残っていたもんだ」

国民学校高等科の生徒だった高根沢町文挾、渋井集一さん（83）は驚き、振り返った。大きな弧を描くように旋回し近づいてきた米軍機。「低空でバリバリバリッと来たんだ」。宇都宮方面から来る米軍機を目の当たりにすると、駅近くで田んぼの草取りなどをしていた大人たちとともに、木陰に逃げ込んだ。

「駅前で人が動いたから、狙われた」とうわさになったが、人的被害はなかったとされる。「自分が飛行機に乗れたら、撃ち落としてやるのに」と悔しがったことを覚えている。

宝積寺駅に近い同町宝積寺、金枝敬治さん（85）は米軍機の機銃掃射に肝を冷やした。空襲警報が鳴り響き、自宅裏手の壕に祖父母らと身を潜めた。外で続く機銃掃射の爆音。じっと身を固くした。

壕を出ると、薬きょうが落ちていた。標的は少し離れた駅前の倉庫。「うちの上で撃ったんだろう」。町史によると、宝積寺駅の空襲で７人が死傷した。

陸軍宇都宮飛行場も空襲に遭った。

飛行場に勤めていた宇都宮市西川田３丁目、大塚房子さん（89）は、近くに造られた半地下壕で仕事をしており、空襲の記憶はない。

それでも頭上を飛ぶ米軍機には何度か遭遇した。

周囲は人家もなく「こんな所で殺されても、誰にも気づいてもらえない」と身震いした。「戦闘機を操縦した米兵も元は普通の人のはず。人間性を失われるのが、戦争なのか…」。大塚さんはそう思っている。

炎の記憶サイト開設

県内14市町の空襲　語り継ぐ

宇都宮の体験者　大野さん

県内１４市町の空襲についてまとめられたサイト「とちぎ炎の記憶」

情報交換通じ次世代へ

宇都宮空襲を語り継ぐ活動を続けている宇都宮市鶴田町、大野幹夫さん（83）が25日、ウェブサイト「とちぎ炎の記憶」を開設した。「体験者の責任」として正確な事実を残すため、各市町村史や新聞、米軍資料などを詳細に調べ、県内14市町の空襲をまとめた。目指す形は「次世代への語り継ぎの場」。サイト上で広く情報を募り、交換していく中で、いずれは若者に運営を託したい考えだ。

宇都宮市中心部に住んでた大野さんは1945年7月12日の宇都宮大空襲を体験した。13歳だった当時は軍国少年。火の中で死ぬことも怖くなく、殉職したと聞いた警防分団長の父が生きて戻っても、うれしさを感じなかったという。

「人間らしい感情まで奪うのが戦争」。命の尊厳と恒久平和を訴えながら、15年ほど前から紙芝居を使って、小学校で体験を伝えている。

県内各地の空襲を調べ始めたのは5、6年前。空襲被害を網羅した記録がなく、「栃木では身近な空襲被害にあまり目が向けられていない」と歯がゆさを感じていた。

史料を慎重に突き合わせ、空襲の概要と被害をまとめてきた。がんで入退院を繰り返し、自らの命とも向き合う中で「若い世代に引き継げる形を」とサイト制作を発注した。

サイト上では足利や宇都宮、大田原、小山、鹿沼、さくら、塩谷など14市町の空襲を解説。空襲までの背景に加え、関連用語集や宇都宮に置かれた陸軍部隊の変遷なども掲載し、全体像をつかめるようにした。

大野さんにとって、このサイトは「活動の終着点」。だが、多くの人に情報を寄せてもらい、戦災について語り継ぐ次の世代の「出発点」とも位置付ける。

サイトを運営するインターネット上の組織として「とちぎの空襲・戦災を語り継ぐ会」を立ち上げた。「会員は情報を寄せてくれた全員」と考え、サイトを通じて「運営を担う若い世代を見つけたい」と願っている。

サイトのアドレスは
http://tsensai.jimdo.com/

大野幹夫さん

宇都宮空襲忘れない

体験描いた紙芝居

遺族が宇都宮市に寄贈

昭江さんが作った紙芝居を手にする勝さん（左）と弘章さん

【宇都宮・下野】手作りの紙芝居で宇都宮空襲などの体験を子どもたちに伝える活動に取り組み、昨年5月に80歳で亡くなった下野市石橋、鈴木昭江さんの紙芝居が27日、宇都宮市に寄贈された。鈴木さんは戦争の様子を後世に伝え残し、平和の大切さを知ってほしいと紙芝居を作ったという。市は7月12日の宇都宮空襲の日に開催する「宇都宮市平和のつどい」の会場で展示する。

鈴木さんは宇都宮空襲当時、市中央国民学校（現在の中央小）の6年生で、自宅は空襲で全焼した。終戦後に現在の日光市に移り住んだが、食糧不足でひもじい思いをしたという。

寄贈された紙芝居は、こうした自身の体験と、当時の資料を基にまとめた「宇都宮空襲とその生活」「敗戦から平和食糧不足時代」の2点。絵を描くのが趣味で、戦後50年を機に1995年と96年に作った。ともに13枚一組で、1枚の大きさは縦約27センチ、横約38センチ。

鈴木さんは、地域の子どもたちや宇都宮市内の小学校でこの紙芝居の読み聞かせを行っていた。また紙芝居の一部の絵は、市教委が2001年に発行した「戦災記録保存事業報告書『うつのみやの空襲』」などにも掲載されている。

夫の勝さん（85）と次男の弘章さん（53）は「（昭江さんは）平和の尊さを訴えたかったと思う。その思いに応えようと、自宅に置いておくのではなく寄贈を決めた。有効に使い、こうしたことがあったことを伝えてほしい」などと話している。

市男女共同参画課は「鈴木さんの紙芝居の読み聞かせで、戦争の悲惨さや平和の大切さが子どもたちの心に残ったと思う。鈴木さんの思いを受け継ぎ、語り継ぐため、平和啓発事業などで市民に周知していきたい」などとしている。

鈴木昭江さん

戦争の悲惨さ伝えたい

体験を基に紙芝居作成

宇都宮・斎藤うめばやし保育園長

園児らに読み聞かせ

【宇都宮】南一の沢町のうめばやし保育園の斎藤セツ園長(78)=同所=が、宇都宮空襲の体験を基に、紙芝居「忘れられない(昭和20年)7月12日 うつのみやの大空襲」を作成した。戦争の悲惨さを伝えたいと、2年がかりで文章を書き、絵を描いた。宇都宮空襲から丸70年を前に10日、同保育園の園児らに読み聞かせ、平和の大切さを教えた。

斎藤園長は8歳の時、同所で宇都宮空襲に遭った。自宅には父が宮司を務める塩釜稲荷(しおがまいなり)神社があり、焼夷弾(しょういだん)が境内の梅林に落ち、火災が発生した。「恐ろしい体験で、思い出したくないことだった」と振り返る。

しかし70歳を過ぎて、2歳下の知り合いが戦争を覚えていないと話すのを聞き、「自分たちが体験を伝えられる最後の世代」と思い直し、77歳の節目を目指して紙芝居の制作を決意した。

2年がかりで取り掛かり、ことし3月までに50部の印刷を終えた。紙芝居は縦27センチ、横38センチで9枚。12日の空襲だけでなく、軍道(現桜通り)で千人針を求める女性たちがいたことや、国民学校の帰り道に機銃掃射に遭ったこと、終戦後の食糧難なども盛り込んだ。

10日は境内に焼夷弾が落ちた塩釜稲荷神社の横で、同保育園の4、5歳児約60人や、隣接する特別養護老人ホーム梅の里の入所者らを前に、紙芝居の読み聞かせを行った。

斎藤園長は紙芝居を自治体や知り合い、希望者に無料で配布している。現在、ミニ絵本にも作り替えていて、「宇都宮空襲を忘れてはいけないと思う。手作りだが、多くの人に読んでほしい。小学生への読み聞かせなどにも使ってもらえれば」と話している。

宇都宮空襲を描いた紙芝居を園児に読み聞かせる斎藤園長

米軍が上空から詳細な調査実施

宇都宮の井上さん写真入手

7月12日　宇都宮空襲を忘れない

【宇都宮】東宝木町、公務員井上俊邦さん（46）が、１９４５年７月12日の宇都宮空襲の前後で、米軍が空撮したとみられる写真の印刷物２枚を入手し、所蔵している。市教委文化課は「米軍の航空写真は多くある。今回の資料からも、既に指摘されている通り、米軍が詳細な調査をして空襲を行ったことがあらためて確認できる」としている。

写真の印刷物２枚は、表紙に英語で「第58爆撃航空団　日本に対する任務」などと書かれてとじられた81枚に含まれていた。81枚はいずれも国内外の空襲に関する航空写真で、空襲前、空襲中、空襲後などの記載が見られるものもあった。

印刷物は約25センチ四方で白黒。宇都宮空襲に関する一枚は、撮影時期が不明だが、空襲前に撮影した可能性も考えられる写真に、米軍が線や文字で破壊状況などを書き入れている。

もう一枚には「ＡＦＴＥＲ」という記載があり、空襲後の撮影とみられる。12日の宇都宮空襲の後、艦載機が飛来しており、こうした機体から撮影したと考えられるという。

井上さんは宇都宮に関する資料をインターネットや古書店などで探す中で、数年前に手に入れた。米軍が１９４５年５月７日に空撮した清原地区にある陸軍宇都宮飛行場の航空写真も収集している。

空襲をめぐっては、これまでに、米軍は綿密な調査をした上で、宇都宮を含む各地を攻撃してきたことが分かっている。

空襲の破壊状況が書かれた写真

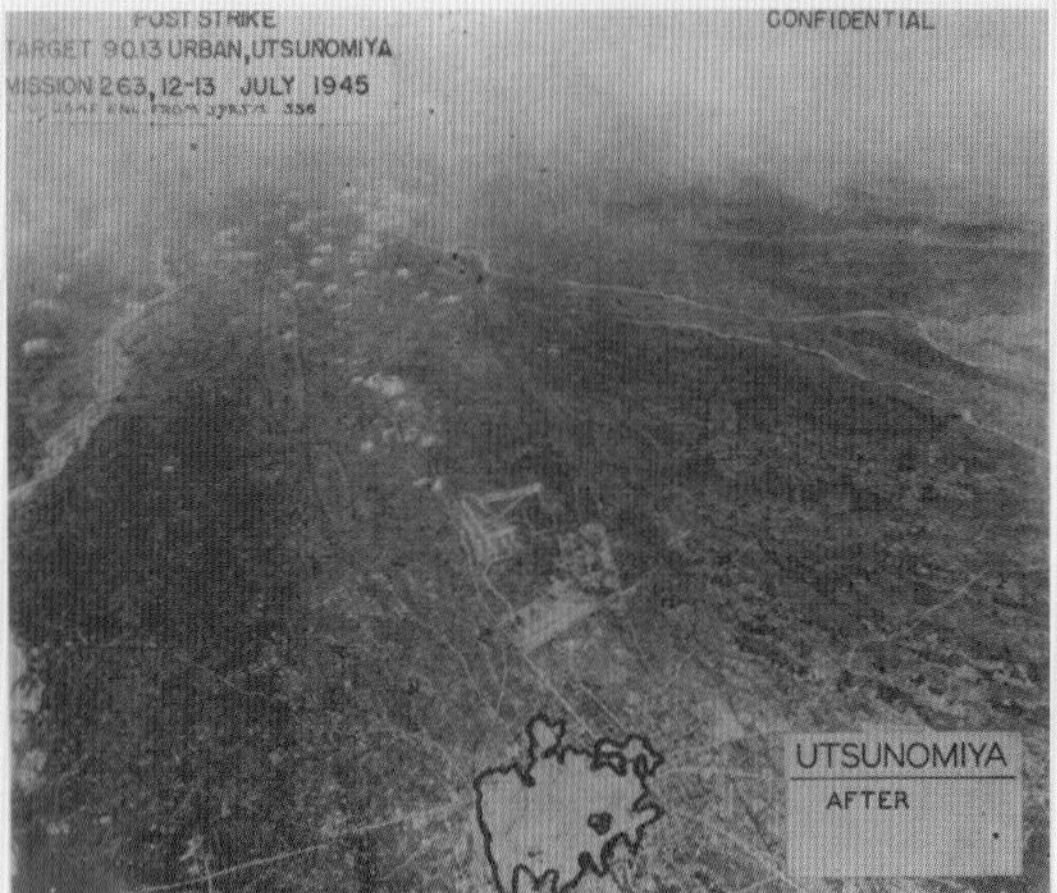

米軍が宇都宮空襲の後に撮影したとみられる航空写真

英知集め戦禍伝承を

語り部確保、教育に課題

体験者減少、児童向け教材なく

　宇都宮市の市街地の約半分が焼かれ、620人以上の犠牲者を出した宇都宮空襲から12日で70年を迎えた。体験者は減少、高齢化し、戦禍の記憶は県都から失われかけている。市内の小学校への体験者派遣活動では語り部確保が厳しくなりつつあり、「継承の場」として期待される小学校では宇都宮空襲を教える適切な教材がなく、授業で取り上げるかどうかも現場教諭の裁量だ。空襲の惨状と平和の尊さを次世代にどう継承できるのか。今こそ、英知が求められている。

　宇都宮市や市女性団体連絡協議会などが参加する「市平和のつどい実行委員会」は、市内の小学校を対象に2003年度から「宇都宮空襲体験等の語り継ぎ講演会」を実施してきた。

　「子どもたちがじっと話を聞いている姿を見ると、重要なことと思う。続けられるだけ続けたい」。体験者の語り部をコーディネートしてきた同協議会の金枝右子会長（73）はこう話す。

　実行委は毎年17校ずつに呼び掛け、希望した小学校で行う。14年度は前年度より3校多い12校で行った。

　30代の女性教諭は「体験者の話は、児童にとって貴重な機会。自分にとっても参考になる」と歓迎する。

　しかし体験者の高齢化で語り部の確保に不安を抱える。14年度の語り部は80～90歳の5人。市女性青少年課は「できるだけ続けたいが、語り部を確保できるかが今後の課題」と明かす。2009年度の体験者3人のDVD制作に続き、体験談の記録を検討している。

　一方、市教委によると、宇都宮空襲については、小学校6年生の社会科の授業で取り上げることができる機会はあるが、教科書に「宇都宮空襲」そのものは登場せず、取り上げたとしても触れる程度が現状という。

　40代の男性教諭は「宇都宮に空襲があったことは触れるが、詳しく教えたことはない」と話す。宇都宮空襲の子ども向けの適切な教材がなく、当時の資料があっても数が限られ、教えるのが難しいためだ。

　学校によっては、総合的な学習の時間や、朝の読書活動など本の読み聞かせで取り上げている例もある。

　市教委は「地元であった宇都宮空襲を伝えるのは重要なことだ。『宇都宮空襲体験等の語り継ぎ講演会』の事業や、当時の資料などを持つ文化課ともさらに連携し、充実させていきたい」としている。

2014年11月に宇都宮市篠井小で行われた「宇都宮空襲体験等の語り継ぎ講演会」。語り部の確保など活動継続には課題がある

戦禍を知り、平和を祈る

宇都宮空襲　集い、法要、灯籠流しも

市街地の半分をも焼け野原にし、620人以上が犠牲となった宇都宮空襲から70年を迎えた12日。体験者は市内の集いで県内最大の戦禍を振り返り、若い世代が戦争の記憶を引き継ぐことを誓った。追悼法要には、今なお、身内を亡くした痛みと向き合う遺族の姿も。人々は灯籠流しの揺らめく炎を見つめ、鎮魂と平和を祈った。

第19回宇都宮市平和のつどいが、市役所で開かれた。70年の節目。例年より多い約320人の市民らが集まった。

「玄関先に焼夷弾（しょういだん）が落ち、必死で消した」

「空襲警報が鳴って逃げようとしたら、外はもう真っ赤だった」

「子どもでも一人でも多く殺すのが戦争。二度と繰り返してはいけない」

80歳を過ぎた宇都宮空襲体験者の男女2人は口々に訴えた。

つどいでは空襲に遭った市街地の模型などが展示された。「宇都宮空襲のことは知らなかった」という陽北中2年、大橋亮君（14）は、8月の広島平和記念式典に派遣されることが決まっている。「広島でもしっかり学んできたい」

宇都宮仏教会の戦災殉難者追悼法要は、南大通り1丁目の応願寺で営まれ、参列者約40人には高齢女性が目立った。

法要は空襲翌年から、宗派を超え執り行われている。義理の妹を亡くした松が峰2丁目、粕谷宏子さん（81）は「何年たっても家族の悲しみは消えない。空襲を忘れてはいけない」と訴えた。

宇都宮空襲の犠牲者を追悼しようと行われた灯籠流し＝2015年7月12日午後7時40分、宇都宮市の田川、野上裕之撮影

ピースうつのみやは、市中心部の田川で、14回目となる「ふくべ・きぶな灯籠流し」を催した。

ふくべなどをあしらった灯籠約60個が千波公園脇から進み始めると、道行く人も川面を染めた追悼のともしびに見入っていた。

郊外から空襲を目にしたという三番町、高橋良子さん（83）は「空襲は本当に恐ろしく悲惨」としみじみ思う。「戦争の悲しみや苦しい生活が、これからの若い人に少しでも伝わっていけば」

あの日の記憶　後世に

26日まで宇都宮空襲展

ピースうつのみや

【宇都宮】第31回宇都宮空襲展（ピースうつのみや主催）が19日、江野町のオリオンACぷらざで始まった。26日まで。

戦後70年の節目となる今回のテーマは「やっぱり、戦争ダメだよね！」。空襲の被災状況を再現したジオラマやB29爆撃機の模型など、１００点余りの資料を展示している。

佐藤信明事務局長（70）は「これからの世代こそ戦争をリアルに考えていかなければならない。当時の子どもたちの生活や思いに自分たちの行く末を重ねて考えてほしい」と力を込める。

若者や子どもたちにも興味を持ってもらおうと、１９３７～64年に発行された子ども向け雑誌も展示。来場者は戦艦や戦車を大きく取り上げたページに見入っていた。

２人の孫を連れて訪れた西川田本町３丁目、会社員小幡和子さん（53）は「私の両親は戦争を経験した世代。子どもや孫たちにも（戦争について）話す必要があると感じた」と話していた。

空襲による被災状況を再現したジオラマに見入る来場者たち＝2015年7月19日

真岡空襲　生々しく

八月の会　集いに180人

体験者ら声詰まらせ

戦争体験を話した瀬畑さん（右）と大塚さん＝2015年8月8日

【真岡】命の大切さや平和の尊さを語り継ぐ集い「今、次世代に伝えたいこと―シリーズ11　真岡町の空襲」（八月の会主催）が8日、荒町の市民会館小ホールで開かれた。約180人が来場し、戦争体験者の話に真剣に耳を傾けた。

集いは、自分たちの住む町の歴史を見直し、戦争について学ぶのが狙い。現在の台町周辺で空襲に遭った瀬畑律子さん（87）＝台町＝と、宇都宮市で空襲を体験した大塚房子さん（89）の2人が登壇した。

瀬畑さんは1945年7月12日の「真岡町空襲」の様子や、当時の女学生の生活などを紹介。空襲当日は朝から雨が降っており、「さすがに来ないだろう」と思っていたところをB29の焼夷弾に見舞われ、町は火の海に包まれたという。学校でもほとんど勉強できず、群馬県に学徒動員された時は「家に帰りたい」と何度も涙を流した体験を、声を詰まらせながら語った。

大塚さんも体験談を披露しながら「絶対に戦争をしてはいけない。他の国と仲良くする方法を考えるのが一番」と次世代へのメッセージを残した。

同会の柳田真由美代表（63）は「真岡町の空襲を知らない人も多かったので、歴史の真実を伝えることができたと思う」と総括。祖母らと訪れた久下田小5年戸頃りんさん（10）は「昔の人は戦争を生き抜いてすごいと思った。戦争がなくなってほしい」と話した。

宇都宮空襲語り継ぐ

小6向けに社会科資料

市教委作成／平和教育の一助に

【宇都宮】620人以上の死者を出した1945年7月12日の宇都宮空襲を小学校で学んでもらおうと、市教委は社会科の補助資料「うつのみやの空襲」を作成し、市立校の全6年生に配布する。一人一人に配布する宇都宮空襲に関する補助資料の作成は初めて。戦後70年で空襲体験者が減少する中、関係者からは戦争体験の継承、平和教育への効果が期待されている。

補助資料は戦後70年の節目に合わせて作成した。これまで教員用の指導資料はあったが、児童に配布するものはなかった。A4判、カラー4ページで、6千部を印刷。6年生約5千人に配布し、社会科の授業で、戦争と当時の人々の暮らしを学習するための資料として活用される。

補助資料では、7月12日について「小学生から大人まで私たち宇都宮市民にとって、決して忘れてはいけない日」と記載。地図や写真を使いながら、宇都宮空襲の概要や米軍による空襲計画を説明している。

当時12歳で空襲に遭い、姉を亡くした市内の女性の体験談や、空襲で黒焦げになり枯れたと思われたが、翌年に新芽を吹き、宇都宮の戦後復興のシンボルになった「旭町の大いちょう」も紹介している。

また7月12日以外にも宇都宮が受けた機銃掃射などの空襲の被害や、戦時下の学校や市民の暮らしの様子も記した。

市教委文化課によると、小学生が分かりやすいよう説明を工夫し、文字も大きくしルビを振ったという。市のマスコットキャラクターのミヤリーも登場し、「悲惨な戦争をくりかえすことなく、平和な世の中が続くように、戦争や平和について考えてみてください」と訴えている。

市教委は「補助資料を見れば、宇都宮空襲が分かるように努めた。児童に正しく理解してもらうとともに、平和教育の一助としていきたいと考えている」としている。

小学6年生に配布される宇都宮空襲を伝える補助資料

惨禍体験　継承へ期待

市教委、小6向けに作成
初の宇都宮空襲補助教材

授業で活用進む

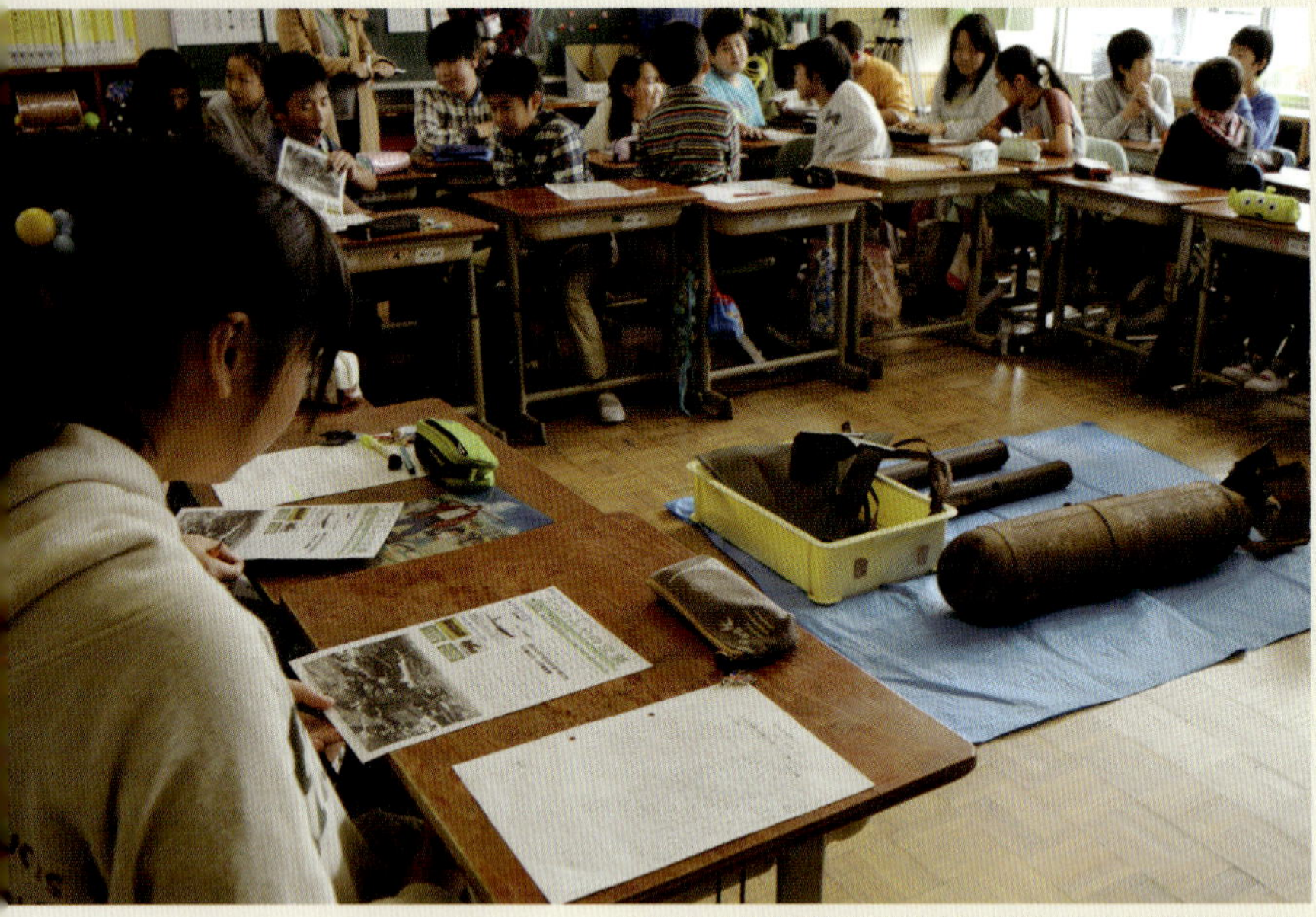
市教委の補助教材を手に、社会科の授業で宇都宮空襲を学ぶ児童

【宇都宮】宇都宮空襲を伝え、平和について考えてもらおうと、市教委が初めて小学6年生用に作成した補助教材を使った社会科の授業が、市内の各校で始まっている。身近な所で起きた惨禍を知り、真剣な表情を見せる児童たち。戦後70年で空襲体験者が減少する中で、「継承」への新たな取り組みとして期待されている。

泉が丘小6年5組の教室。児童たちは、市教委文化課が貸し出した焼夷弾の不発弾の現物を囲むように着席し、社会科の授業が始まった。

「長く続いた戦争と人々のくらし」の学習で、教科書記載の「東京大空襲」と併せて「宇都宮空襲」も学ぶ。児童には、620人以上の市民が犠牲になった1945年7月12日の宇都宮空襲を紹介した市教委の補助教材（A4判、4ページ）が配られた。

補助教材の焼夷弾の写真と実物を見比べ、質問する児童たち。最後のページに掲載された、宇都宮空襲で姉を亡くした体験者の話を読み、姉の遺品の実物を目にしたときには、児童の真剣さも増していた。

小沢百香さん（12）は「宇都宮でも空襲があって驚いた。戦争を起こさないよう未来をつくっていきたい」。松原慧君（12）も「宇都宮で何百人も亡くなり戦争は恐ろしいと感じた。遺品もあって体験者の話が心に残った」と話した。

中学校で社会を教えていた大島康明副校長（58）と2人で授業をした担任の小川智尚教諭（49）は「より身近な所で起きた空襲を取り上げることで、戦争や平和への考えが深まったと思う。補助教材があり教えやすかった」と手応えを口にする。

市教委学校教育課によると、これまで宇都宮空襲の児童用の教材はなく、社会科の授業で詳しく教えることは少なかったという。同課は補助教材を、活用例も示して配布した。

現場からは、より充実した授業や継続を目指し、授業例の蓄積や共有化、若い教員への啓発が必要だとの指摘が出ている。同課は「教員には宇都宮空襲を伝えたいという思いがあり、浸透していく取り組みだと感じている。効果的な指導法や資料の提供などで支援していきたい」と話している。

子どもたちに空襲語り継ぐ

戦後世代主に初授業

宇都宮・豊郷地区

資料継承、紙芝居アレンジ

【宇都宮】豊郷地区で戦後生まれの住民が主体となり、戦争体験者から資料などを引き継ぎながら戦時下の現実を子どもたちに「継承」する取り組みを進めている。3日には豊郷中央小で、1945年7月12日の宇都宮空襲の体験などを伝える6年生の社会科の授業を初めて行った。

授業に取り組んだのは豊郷地区地域協議会学校教育支援部会と読み聞かせボランティアのメンバー。昨年、一昨年と同校で宇都宮空襲の体験などを語っていた大野幹夫さん（83）から資料などを引き継いだ。

メンバーには宇都宮空襲や戦争の体験者はいない。大野さんが語る際に授業の流れなどを共に考えてきた経験を生かして準備。大野さんの体験を描いた紙芝居もアレンジし、読み聞かせボランティアが録音して備えた。

授業は6年生3クラスでそれぞれ実施。紙芝居をプロジェクターに映したり、大野さんや市教委文化課の実物の資料などを示したりしながら、宇都宮空襲や戦争、平和に向けた市内外の取り組みなどを紹介した。

部会メンバーの大金美知子さん（67）は児童を前に、「知ること、考えることをしてほしい。今も戦争はある。みんながしっかりした考えを持って、これからの日本に目を向けてほしい」などと訴えた。

臼井涼子さん（12）は「戦争はとても怖く、してはいけないと思った。世界が平和になってほしい」などと話していた。

読み聞かせボランティアが音声を録音した宇都宮空襲の紙芝居が使われた豊郷中央小の授業

百頭空襲「あの日」後世に

30年ぶり戦災者慰霊祭

足利
百頭空襲

太平洋戦争中、足利市百頭町（ももがしらちょう）を襲った「百頭空襲」の犠牲者33人を追悼する百頭町戦災者慰霊祭が8日、30年ぶりに地元の地蔵院で営まれた。戦後70年の節目を迎え、空襲を知る世代と戦後生まれの世代が共に集落に刻まれた惨禍に向き合おうと、地域ぐるみで開催。参列者は「あの日」の犠牲者に思いをはせ、世代を超えて伝えていく決意を新たにした。

慰霊祭の開催は、戦後40年に合わせて地蔵院に慰霊碑が建立された1985年以来。自治会や地蔵院檀家（だんか）、遺族らが実行委員会を組織して企画した。

この日は遺族や地域関係者、来賓ら約50人が参列。遺族による献灯や献花の後、自治会長で実行委員長を務めた斎藤稔さん(67)が祭詞を奉読した。和泉聡足利市長は「犠牲者33人の一人一人の人生と向き合うことが戦争を繰り返さない決意へつながる」と慰霊の言葉を読み上げた。

空襲で祖母を亡くした吉田康平さん(67)は遺族代表として「70年の歳月が過ぎても当時の惨状を知る家族、知人は同胞（はらから）と別れ、心に傷を残している。三十余名のように無念の犠牲となることのない、争いのない世界を祈りたい」と謝辞を述べた。

式後、斎藤さんは「この百頭の悲劇をもっと多くの人に知ってほしい。当時を知る世代から思いを受け継ぎ、後世に伝えていく一つのきっかけになれば」と願いを込めた。

30年ぶりの戦災者慰霊祭で献花する参列者＝2015年2月8日午前、足利市百頭町の地蔵院、野上裕之撮影

足利百頭空襲 ②

「爆撃の衝撃 忘れない」 足利・百頭空襲慰霊祭

「一つの区切り」 歴史と向き合う 体験者、遺族

30年ぶりに地域を挙げて行われた慰霊祭の参列者。空襲を知る世代は次世代に思いを託した＝2015年2月8日午前、足利市百頭町、野上裕之撮影

「爆撃の衝撃は忘れることはない」「語り継いでいく一つの形」。足利市百頭町の地蔵院で8日、30年ぶりに行われた百頭空襲の戦災者慰霊祭で、参列者は地域に刻まれた歴史と向き合った。爆撃を体験した地域の長老や遺族らは、70年前に犠牲者の遺体が安置された地蔵院に立ち、消えることのない恐怖と悲しみの記憶をたどり、次の世代への継承を願った。

遺族代表として献灯した斎藤晃一さん(79)は式後、肩の荷を下ろしたように白い息を吐いた。「地域のみんなで慰霊祭ができて、一つの区切りになったね」

70年前に頭上から降り注いだ250キロ爆弾の恐怖は脳裏に焼き付いている。

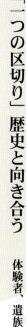

1945年2月10日午後。県境にほど近い農村は突然、轟音（ごうおん）を上げて揺れ始めた。9歳だった斎藤さんは訳も分からぬまま、自宅庭先の防空壕（ごう）に押し込まれた。土煙立ちこめる暗い壕の中、衝撃が過ぎ去るのをひたすら祈った。

地上に出ると、祖父の半七さんが庭で倒れていた。破片が頭を直撃していた。顔を見ることはできなかった。「経験した人にしか分からないよ。今も思い出したくはない」

献花した金子宗次さん(83)は、70年前に初七日として同じ地蔵院で開かれた合同慰霊祭の光景を思い返していた。「あの時はみんな礼服なんて着られなくてね。家がなくなって何もなかった」。爆撃で共に暮らしていた親戚を失った。

その慰霊祭は空襲警報で解散となったという。午後から艦載機が襲来し、機銃掃射に冷や汗をかいた。2カ月後には2度目の爆撃もあった。

空襲の前、地下軍事工場建設のため、関係者が測量していた様子を多くの住民が目撃していた。実際には建設されなかったが「米軍は完成していると思っていたんだろう。だからこんな小さな集落が何度も狙われたんだ」。

この日の式典後には、地元で語り継ぎを続けてきた三田剛さん(86)が参列者に自身の体験を語った。30年前には空襲の犠牲者を調べ、慰霊碑の建立に尽力。戦後70年に慰霊祭を実現でき、万感の思いを抱える。

「空襲はこの小さな町内で起きた大きな歴史。慰霊祭として一つの形を示せた。『昔のこと』にせず、これからも向き合っていってほしい」と後世に思いを託している。

空襲があった足利市百頭町

栃木市泉町空襲①

空襲の惨禍に光を

栃木市泉町自治会が証言収集

調査報告会、30人出席

内山謙治さん（中央）が空襲体験の聞き取り調査結果を伝えた報告会＝2015年5月17日午後、栃木市泉町

太平洋戦争中、米軍機の空襲を受けて犠牲者が出た栃木市泉町で17日、地元の泉町自治会による空襲体験の聞き取り調査報告会が開かれた。「泉町空襲」は市史にも言及がなく、詳細はあまり知られていない。当時の被害を知る体験者が少なくなる中、空襲の記憶を少しでも正しく後世に語り継いでいこうと、戦後70年を機に地域の人々が証言の掘り起こしを図った。

同市中心部の泉町には、太平洋戦争末期の1945年7月17日午後、米軍機が飛来し、現在の万町交番付近などに爆弾数発を投下した。少なくとも警防団員1人が犠牲となり、負傷者も出たとされる。しかし市内にも関連の記録は少なく、詳細は分かっていない。

聞き取り調査は、13歳の時に空襲を体験した元中学校教諭の内山謙治さん（83）が発案。戦後70年を前に「地元で起きた空襲なのに、これまで自分も多くを知らなかった」と、地元の歴史と向き合い始めた。

昨年末に自治会内の回覧で体験を寄せてくれるように呼び掛けた。当時を知る体験者の手掛かりを見つけては、自ら足を運び証言を集めて回った。

この日、泉町公民館で開かれた報告会には約30人が出席した。内山さんは戦時下の市内小学校の様子に触れ、泉町に投下された爆弾の破片が入舟町にあった旧栃木第1小の校庭に突き刺さっていた、という記録を伝えた。

続いて聞き取り調査の結果を報告。「万町十文字の周囲の家や路上に、爆弾の破片や建物のがれきが散乱していた。地上ではなく、空中で破裂したようだ」「警防団員は子どもを防空壕（ごう）の中に押し込んで助けたが、自分は破片を体に受けてしまった」と読み上げ、70年前の惨状を浮かび上がらせた。

爆弾は泉町内の常通寺の東の水田にも落とされた。近くで木工所を経営していた男性の子どもからは「従業員が負傷したと父から聞いた」と負傷者の情報も寄せられた。

早乙女恒夫自治会長（74）は「今日の話を折に触れて家族の中で話し、子や孫にも伝えていってほしい」と、地域で空襲の記憶が継承されていくことを願った。

栃木市泉町空襲②

「当時を思い出す」

地元の空襲、初の企画展

栃木の泉町自治会

栃木市 泉町空襲

【栃木】1945年7月17日に起きた「泉町空襲」の実態や当時の新聞記事などをまとめた企画展が、ちょうど70年後の17日、市庁舎1階の市民スペースで初めて開かれた。

同空襲は、現在の万町交番付近などに米軍機が爆弾数発を投下した。企画展は泉町自治会が主催。地元が被害を受けた事実を多くの人に知ってもらおうと、元中学校教諭の内山謙治さん（83）を中心に準備を進めてきた。

会場には体験者の証言など内山さんの調査結果や当時の戦況を伝える新聞記事、県内の空襲を知る人たちの声を取り上げた下野新聞の記事など約30点を展示。

自身も空襲を体験した万町、無職中村竹子さん（81）は「当時を思い出す。地元の出来事として多くの人に知ってほしい」と話していた。

「泉町空襲」や戦況を伝える当時の新聞記事などを集めた企画展＝2015年7月17日

空襲の惨劇、語り継ぐ

小金井駅で慰霊祭

体験者ら決意新たに

慰霊碑「平和の礎」の前で読経する横井千春さん＝2015年7月26日午前、下野市小金井のＪＲ小金井駅西口

小金井空襲

太平洋戦争末期の１９４５年、旧国鉄（現ＪＲ）小金井駅周辺で米軍機の銃撃により31人以上が犠牲になった「小金井空襲」の慰霊祭が26日、同駅西口で営まれた。戦後70年が過ぎ、関係者の高齢化から「区切り」とすることも検討されるようになった供養。参列者は国の安全保障政策の転換に不安も見せつつ、鮮血が駅前を真っ赤に染めた惨劇を語り継ぎ、平和を守る決意を新たにした。

慰霊祭は、旧国分寺町（現下野市）が１９９８年に建立した慰霊碑「平和の礎（いしじ）」の前で行われており、12回目。空襲の体験者や遺族、広瀬寿雄市長ら約80人が参列した。

旧国分寺町長の若林英二実行委員長（91）は「軍事施設が一つもなかった国分寺ですら地獄の様相を呈した」と戦争の現実を訴え「日本の平和がおかしくなってきた。平和憲法の精神は維持しなければならない」と言葉に力を込めた。

慰霊祭を支えてきたが卒寿を越え、体力的に活動が厳しくなってきた。今回を一つの区切りとすることも考えたが、「ここで皆さんと会い、力が湧いた。もう少し頑張りたい」と意欲を見せた。

機銃を受けた列車に乗り合わせ、慰霊祭で毎年読経を唱えている茨城県筑西市乙の妙西寺僧侶横井千春さん（85）は周囲の電線を見上げ「70年前は血の海。ここに人間のはらわたがぶら下がっていた」と証言した。

安全保障関連法案などをめぐって現政権の姿勢に憤り「戦争の無益を知らない若い人にも、諦めず戦争の恐ろしさを伝えていってほしい」と呼び掛けた。

同じ列車に乗っていた宇都宮市駒生町、簗昌子さん（80）は「戦死した子の遺骨を抱えた母親が血だらけで倒れていた。何があっても戦争には巻き込まれたくない」と切々と語った。

◇ズーム◇

小金井空襲

１９４５年7月28日正午ごろ、米軍機3機が旧国鉄（現ＪＲ）小金井駅に向かう東北本線の上り列車に機銃掃射。列車が駅に到着した後も、逃げ出した乗客や、戦没者の遺骨を出迎えるために集まっていた人々を狙って銃撃した。31人以上が犠牲となり、70～80人ほどが負傷したとされる。

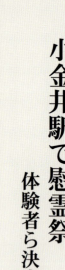

島守　荒井退造

―沖縄の人々を救った県人―

荒井退造の足跡と沖縄戦の経過

1900年	
9月22日	清原村（現宇都宮市上籠谷町）の農家の次男として生まれる
1913年	鐺山尋常小（現清原南小）を卒業
1915年	清原尋常高等小（現清原中央小）を卒業
1920年	宇都宮中（現宇都宮高）を卒業
1923年	警視庁巡査拝命。明治大専門部（夜間）入学
1927年	高等文官試験（現在の国家公務員Ⅰ種試験）に合格
1943年	福井県官房長から沖縄県警察部長（現在の県警本部長）となる
1944年	
7月7日	沖縄県民の県外疎開が閣議決定。退造、先頭に立って疎開を推進する
10月10日	沖縄大空襲（十・十空襲）
1945年	
1月31日	島田叡知事着任
3月25日	沖縄県庁が周辺の壕に分散移動
3月26日	米軍が慶良間諸島上陸。沖縄戦開始
6月23日	沖縄戦の組織的戦闘が終結
6月26日	退造が島田知事と糸満市摩文仁の軍医部壕を出て、消息を絶つ

①原点

信念を貫き疎開推進
母校の教え　極限で体現

荒井退造「終焉之地」碑に生家の水を手向ける荒井俊典さん（左から3人目）ら＝2015年6月26日午後2時30分、沖縄県糸満市摩文仁の平和祈念公園

紺碧（こんぺき）の海を見下ろすその場所には、数多くの慰霊塔が並び立つ。沖縄本島南端の摩文仁（まぶに）の丘。沖縄戦最後の激戦地だ。

6月26日、南国の強い日差しを反射する黒い碑の前で、本県から訪れた慰霊団が足を止めた。

「沖縄県警察部長荒井退造終焉之地」

県民の4人に1人が犠牲となった沖縄戦。米軍の上陸直前まで疎開に尽力し、合わせて約20万人もの命を救った「島守」の名が大きく刻まれている。

「立派な碑だな」。宇都宮市上籠谷町、荒井俊典さん（77）が汗をぬぐいながら碑を見上げた。同郷の偉人に光を当てようと活動している。

退造は70年前、この地で消息を絶った。「命日」のこの日、退造の実家からくんできた水を手向けた。「あの田舎から出て、沖縄でこれほど慕われているとは…」

退造は1900年9月、鬼怒川のほとりの清原村（現宇都宮市上籠谷町）で、農家の次男として生を受けた。

地元の鐺山尋常小（現清原南小）、清原尋常高等小（現清原中央小）を卒業。名門の宇都宮中（現宇都宮高）に進んだ。

性質「無邪気」、素行「善良」。宇都宮高には小学校時代の記録が残る。

上京後、警視庁の警察官となったが、職務の傍ら明治大の夜間部に通い続けた。国家公務員I種試験に当たる高等文官試験に合格したのは27歳の時だった。

警察の一巡査から、キャリア官僚となった異色の経歴だ。

県内で退造と面識がある人は、もうほとんど存命していない。

数少ない中の一人、めいの横嶋セツさん（87）＝宇都宮市鶴田町＝が印象を語る。「まじめで口数が少なかった。結婚式でも表情を崩さなかったですね」

宇都宮高の校内には、生徒のあるべき姿を説いた碑が立つ。「剛健なる真男子」「浮華軽佻なる時代精神に反抗」。草創期に提唱された「瀧の原主義」だ。

「退造の原点はここにあったのか」。6月中旬、沖縄県から招かれた元副知事の嘉数昇明さん（73）が碑文に目を見張った。

県民を守るという信念を貫き、疎開を進めた退造。共に島守として慰霊碑に名を刻む島田叡知事の着任前は、「疎開は不要」とする人々の批判にもさらされた。

病気や出張と称して沖縄を離れる県幹部が増えていく中、強い責任感でとどまった。沖縄戦下でも県民保護に奔走し、職に殉じた。

その生き方に、同校の斎藤宏夫校長（58）は瀧の原主義を重ねる。「まさに剛毅木訥。極限の沖縄で校風を体現したのです」

退造は43年7月、沖縄の土を踏んだ。それからの歩みは、苦難の連続だった。

■　■

太平洋戦争末期、米軍が迫る沖縄の警察部長として疎開に尽力した宇都宮市出身の荒井退造は、沖縄の人々に「島守」として慕われる。郷土では知られていない偉人の足跡をたどり、顕彰活動を通じてつながり始めた本県とウチナー（沖縄）の人々の思いを伝える。

②疎開

県民保護へ　非難動じず

島に留まり孤軍奮闘

「県庁・警察部壕」に残る退造の部屋を視察する本県関係者ら＝6月24日午後、那覇市真地

那覇市の首里城から南に約1キロ。霊園が広がる識名台地の地下に「県庁・警察部壕」がある。

足元はぬかるみ、天井から無数の鍾乳石が伸びる。

太平洋戦争末期、米軍の砲撃が迫る中、警察官や県職員など約100人の拠点になった前代未聞の「地下県庁」。洞窟内に残る3畳ほどの部長室跡が、荒井退造の苦労を今に伝える。

退造は、現在の県警本部長に当たる警察部長として、42歳で沖縄に赴任した。

44年7月、絶対国防圏のサイパンが陥落すると、政府は緊急閣議で沖縄県民の県外疎開を決めた。警察部は、その推進役を担った。

疎開の対象は高齢者や女性、子どもたち。だが、生まれ育った故郷は離れ難く、県民の動きは鈍かった。

そこで退造は、警察署長を招集し、号令を掛けた。

「思い切って妻子を疎開させてもらいたい」

まず警察官や県職員の家族を本土に送り出し、「率先垂範」で疎開の機運を高めようとしたのだ。

しかし、当時の知事ら県幹部は「敵は来ない」と疎開に否定的だった。県議会も「独断だ」と、先頭に立つ退造に非難を浴びせた。

同年8月、長崎に向かった学童疎開船「対馬丸」が撃沈され、1485人が犠牲になった。この悲劇によって、さらに後ろ向きな空気が県民の間に広がった。

それでも退造は信念を曲げず、陣頭指揮を続けた。

「まつげに火がついてから慌てても知らんぞ」

時には声を荒らげ、部下を鼓舞した。

「部長は沖縄の人を大事に考え、一人でも多く助けようとしていたんです」

当時、官舎に住み込みで働いていた上地よし子さん(89)＝ハワイ在住＝は、退造の思いを代弁する。

44年10月10日の「十・十空襲」で那覇市は焼け野原となった。皮肉にもこの日を境に疎開は進んだが、その後もしばらくの間、退造は孤軍奮闘を強いられた。

知事や県幹部が空襲を恐れ、口実をつけて沖縄や県庁を離れがちになった。県の事実上の最高責任者となった退造は、「会議より疎開の仕事が大事だ」と、東京での警察部長会議も欠席して沖縄に留まり続けた。

上地さんは、退造と談笑する部下たちの姿をよく目にしていた。『部長となら一緒に死ねる』と口にしていた。それだけ信頼され、好かれた人でした」

45年1月、新知事に島田叡が就くと、退造との二人三脚で疎開は加速する。だが、「鉄の暴風」といわれた過酷な沖縄戦が迫っていた。

平良港からの集団疎開の様子。1945年3月までに約7万3千人が県外に、約15万人が本島北部に疎開できた＝44年、沖縄県宮古島市（那覇市歴史博物館提供）

③最期

「命どぅ宝」説き続け
重荷背負い消息絶つ

退造と島田が消息を絶った摩文仁の丘から見下ろした太平洋。海岸や断崖などでの目撃証言もあったが、2人の遺骨は今も見つかっていない＝6月27日午前、沖縄県糸満市摩文仁

那覇市に残る県庁・警察部壕。出入り口の看板に記された一文は、追い詰められた沖縄の人々の苦しみを物語る。

「六十万県民只暗黒ナル壕内ニ生ク―」

沖縄戦末期、敗戦を覚悟していた荒井退造がそこから内務省へ打った悲痛な電報だ。米軍の猛攻を避けるため、人々は光の届かぬ壕の中で息を潜めていた。

「生き残ったら本土に渡って全て報告しなさい」

壕で行動を共にした元警察官の新垣徳助さん(101)＝那覇市＝は当時の命令をはっきり覚えている。

看板を設置した同市の知念堅亀さん(81)が語る。

「荒井部長は最後まで県民の気持ちに寄り添ってくれたんです」

1945年1月31日。島田叡の沖縄県知事着任は、大きな転機となった。島田は持ち前のリーダーシップですぐに県民の心をつかんだ。退造の1歳年下で同じ警察畑。「一緒に」「共に」が口癖だった。

県民保護のために県庁内で孤軍奮闘していた退造は、ようやく信頼できる上司を得た。二人三脚で疎開を促進し、食糧確保に奔走した。共に疎開対象地域へ足を運び、住民を直接、説得することもあった。

同年4月1日、米軍はついに沖縄本島へ上陸する。県庁での指揮を諦めた退造と島田は、壕を転々としながら執務を続けた。

県民は無数の砲弾、銃弾が飛び交う激しい戦闘に巻き込まれていった。

退造の世話係だった上地よし子さん(89)＝ハワイ在住＝は何度も念を押された。

「米兵に囲まれたら手を挙げて降参しなさい。絶対に自決するな」

投降し、捕虜になることが屈辱とされた時代。二人は沖縄の方言を何度も口にして、最後まで生き抜くことの大切さを説いた。

「命（ぬち）どぅ宝（たから）」（命こそ宝）

最後の激戦地となった沖縄本島南端の摩文仁。赤痢にかかって衰弱した退造は、島田と共に近くの軍医部壕を出たのを最後に消息を絶った。

沖縄戦の組織的戦闘が終結してから3日後だった。

沖縄戦の犠牲者は20万人以上、半数は民間人とされる。島田と退造の尽力がなければ犠牲者はさらに拡大したといわれる。だが、二人は県民の犠牲に大きな負い目を感じていたという。

上地さんは退造との最後の会話を明かす。

「『自分だけが生き残るわけにはいかない』とおっしゃっていました」

二人の遺体はいまだ見つかっていない。

戦後、清原村（現宇都宮市）にある退造の実家に白木の骨箱が届いた。中には石が一つ入っていただけだった。

清原村（現宇都宮市上籠谷町）の実家で営まれた荒井退造の葬儀。当時の内閣総理大臣・吉田茂や県知事からも花が贈られた＝1946年ごろ（荒井拓男さん提供）

④顕彰

足跡たどり思いつなぐ

「生き方　今こそ伝えたい」

荒井退造が沖縄戦の激戦地で消息を絶ってから68年後の2013年6月。母校宇都宮高の同窓会報に、ある寄稿が掲載された。

荒井退造の母校・清原南小で室井光さんが行った道徳講話。地元での顕彰活動のきっかけとなった＝2015年1月19日、宇都宮市上籠谷町

「荒井退造氏に瀧の原精神の真髄を見た」

足跡を紹介したのは、郷土史を研究する宇都宮市砥上町、塚田保美さん（83）。20年ほど前に退造の長男の著書を偶然手にした。

戦時下の沖縄で、警察部長として県民の疎開に尽力した「滝の原」（同校の所在地）の大先輩がいたことに衝撃を受けた。

「なぜこれほどの偉人が郷土で話題にも上がらないのか」。思いを込めた寄稿は反響を呼ぶことになる。

「多くの沖縄県民を命懸けで救った大先輩でした」

ことし1月、退造の母校宇都宮市清原南小。卒業生で元黒羽高校長の室井光さん（78）が子どもたちに語り掛けた。

塚田さんの寄稿を読み、小学校の先輩と知った室井さん。退造の実家と遠い親戚に当たる荒井俊典さん（77）と相談し、母校での道徳講話が実現した。

俊典さんは苦笑する。清原地区の荒井家の縁戚者は6軒。「恥ずかしながら、退造を知っていたのは3軒だけでした」

没後70年。地元に生前の姿を知る人はほとんどいない。「今、何かしなければ」。危機感から顕彰事業実行委員会を立ち上げた。

動きだすと、人と人がつながっていった。

室井さんの講演を聞いて感銘を受けた宇都宮高の斎藤宏夫校長（58）もその一人だ。4月下旬、沖縄への慰霊の旅を思い立った。

退造が執務した那覇市内の県庁・警察部壕の見学のため問い合わせをすると、見知らぬ番号から折り返し電話がかかってきた。退造らの慰霊碑を管理する「島守の会」の事務局からだった。

「栃木から連絡をもらったのは初めて。ぜひ案内させてください」

思いが沖縄と結び付いた。

「共に疎開を進めた島田叡知事の方が顕彰されているが、荒井部長も本当に苦労されたんですよ」

少年警察官として仕えた上原徹さん（86）＝沖縄県浦添市＝は、「雲の上の存在」だった上司の名が故郷で埋もれてきた空白を惜しむ。

6月下旬、沖縄に招かれた荒井俊典さんは、退造を慕う声を何度も耳にした。実感したのは、70年たった今も人を引き付ける退造の存在の大きさだった。

「責任感が強い退造の生き方は、今の時代だからこそ学ぶべきものがある」

地元で語り継いでいく覚悟を新たにした。

退造ら殉職した沖縄県職員を慰霊する「島守の塔」の除幕式。米国統治下の1951年6月に建立され、参拝する人が絶えない＝沖縄県糸満市摩文仁

⑤ 交流

3県そろい新たな一歩
平和考えるきっかけに

没後70年目の「仲間入り」だった。

「兵庫、栃木、沖縄の交流の第一歩を踏み出せた」

6月26日、那覇市奥武山公園で行われた元沖縄県知事、島田叡の顕彰碑除幕式。主催者代表あいさつで、元沖縄県副知事の嘉数昇明さん(73)は栃木県関係者の参加をことのほか喜んだ。

戦時下の沖縄で県民保護に尽力した島田。出身地の兵庫県と沖縄県との交流は半世紀に及ぶ。島田と二人三脚で奔走し、共に「島守」と慕われる宇都宮市出身の荒井退造。式典会場には、ことし退造の顕彰活動を始めた室井光さん(78)ら本県訪問団8人がいた。

室井さんは、歓迎の言葉に身が引き締まる思いだった。だが、周囲を見渡し一抹の寂しさも覚えた。

戦後70年の今も沖縄で「島守」と慕われる荒井退造

兵庫県の参加者は100人以上。知事や神戸市長など要職がずらりと並ぶ。退造の地元栃木県では、その存在すら知られていない。

「これがずっと交流を続けてきた兵庫との差か…」

兵庫と沖縄をつなぐキーワードは野球だ。

島田は神戸二中(現兵庫高)時代、俊足巧打の外野手だった。1964年に兵庫県から沖縄県高校野球連盟に贈られた「島田杯」は、今も球児たちの目標になっている。

両県は、平和学習やスポーツでも広く往来がある。兵庫高OBは2年前から島田の遺骨捜索まで始めた。

「交流のたびに島田を意識し、また次のつながりが生まれていくのだろう」

本県訪問団の一人、宇都宮市の佐藤昭夫さん(65)は、兵庫と沖縄の関係に目指すべき交流の形を見た。

6月中旬、嘉数さんらが同市の退造の実家や母校を訪ねると、地元でも退造への関心が高まった。「一つ一つの積み重ねが大切。行政も巻き込み、うねりを大きくできれば」と佐藤さんは話す。

「末永いお付き合いの始まりにしましょう」。退造と島田の命日に当たる同月26日、終焉の地・糸満市で、本県訪問団と同市職員がテーブルを囲んだ。訪問団側は、同市とのバレーボール交流試合を提案。退造の母校・宇都宮市清原南小が8月に訪れることが決まった。

退造の母校宇都宮高を訪れ、在校生に語り掛ける元沖縄県副知事の嘉数さん(右から3人目)ら同県関係者(下)＝2015年6月12日午後、宇都宮高

「偉大な先輩を誇りに思うようになってほしい」と、児童を引率する岡田幸治監督(62)。退造らを弔う糸満市摩文仁の「島守の塔」にも足を運ぶつもりだ。

「今ある平和の尊さを考えるきっかけになるはず」

島守の塔と背中合わせの場所には、兵庫県の慰霊塔「のじぎくの塔」がある。島守の塔の隣には、本県出身南方戦没者を弔う「栃木の塔」が立つ。二つの塔の間には直接行き来できる階段もある。

「ほら、栃木と沖縄には『県境』がないんです」

島守の塔を管理する「島守の会」事務局長の島袋愛子さん(67)が笑った。

「こうして境のない交流を続けていきたいですね」

島守　荒井退造
―沖縄の人々を救った県人―

識者インタビュー

太平洋戦争末期の沖縄で、県知事の島田叡と二人三脚で県民の疎開に尽力し、人々の命を救った宇都宮市出身の荒井退造。強い責任感で職務を全うし、命の尊さを説き続けた。その生き方は、没後70年の今なお人々を引きつける。沖縄戦に詳しい元同県知事の大田昌秀さん（90）とノンフィクション作家田村洋三さん（83）に、退造の功績や評価、今後への期待などを語ってもらった。

大恩人…広く顕彰を

元沖縄県知事
大田昌秀さん

おおた・まさひで　ＮＰＯ法人沖縄国際平和研究所理事長。沖縄戦の研究に長く取り組む。元琉球大教授。沖縄県知事（２期）、参院議員（１期）。沖縄県宜野湾市在住。

荒井さんは沖縄の大恩人だ。周囲の反対にもひるまずに疎開を強行してくれたおかげで、多くの県民の命が救われた。荒井さんがいなければ、犠牲者数はさらに増えたはず。広く顕彰されてしかるべき人だ。

それなのに、島田知事と比べると知名度は低い。沖縄にも知らない人が少なくない。残念に思う。

太平洋戦争当時、警察の統制はとにかく厳しかった。反戦思想やスパイ容疑の取り締まりで住民から恐れられていた。警察部長だった荒井さんの評価が戦後、高まらなかった要因の一つではないかと考えている。

沖縄では今、集落の歴史や民俗をつづる「字誌」の編さんが進んでいる。市町村史に載らない細かい事実が記され、中には荒井さんに関する記述もある。

こうした記録を集めていけば、功績があらためて注目されるかもしれない。

栃木でも顕彰が始まったのは、沖縄県民として非常にありがたい話だ。今後、荒井さんを知る人がもっと増えていってほしい。

島田知事の出身地の兵庫と沖縄は、良い関係を結んでいる。戦後70年を機に、沖縄と栃木の交流も活発になることを期待している。

確固とした公僕精神

ノンフィクション作家
田村洋三さん

たむら・ようぞう　ノンフィクション作家。新聞記者時代、沖縄戦に関する長期連載を担当。島田と退造の半生に迫る「沖縄の島守」（中公文庫）など著書多数。大阪府吹田市在住。

島田知事の功績は広く知られているが、先に沖縄に来て活躍の下地をつくっていたのが荒井さんだ。荒井さんの働きがなければ、島田知事も現在ほどの評価を得ていなかったと思う。

疎開を進める上で荒井さんが果たした役割は特に大きい。なので著書では「疎開の恩人」と紹介した。

口数が少なく、周りにはぶっきらぼうに見えたようだ。それでも、やるべきことはしっかりとやる。一本芯（しん）が通り、己（おのれ）を貫き、真心を尽くす人だった。

戦後70年。島田知事と荒井さんが再評価されているのは、今の政治家や官僚に足りないものを持っていたからではないか。確固とした公僕精神で、県民のために最期まで働き続けた。

彼らの素晴らしい精神は、現在においても、あらゆる問題に向き合う際に最大の指針となるはずだ。米軍普天間飛行場の辺野古移設問題も例外ではない。

島田知事の故郷の兵庫は、これまで沖縄と活発に交流してきた。栃木が置き去りになっているという思いがあったので、交流の動きが出始めたのはうれしい。

戦中の偉人を皆で語り継いでいかなければいけない。戦争を知らない世代にこそ伝えていく必要がある。

沖縄戦　島民救済に奔走、消息絶つ

宇都宮でＮＰＯ講演会
清原の偉人　荒井氏紹介

【宇都宮】NPO法人「菜の花街道」主催の第7回菜の花文化フォーラムが2015年2月22日午前10時から、清原工業団地の市清原地区市民センターで行われる。上籠谷町出身で元黒羽高校長の室井光さんが「清原の志士、沖縄に殉ずる－荒井退造」をテーマに講演する。

室井さんは先月、清原南小で「本校が生んだ偉人」として荒井氏について児童たちに講演しており、今回は一般向けに実施する。

荒井氏（1900～45年）は上籠谷町生まれ。鐺山尋常小（現清原南小）の卒業生で、旧制宇都宮中（現宇都宮高）を卒業し、警視庁の巡査になった。仕事を続けながら明治大夜間部を卒業し、当時最難関といわれた高等文官試験に合格、内務省に入省した。

第2次世界大戦中の43年7月、沖縄県警察部長（現在の県警本部長）に就任。新任知事と一緒に県民の救援と救済に奔走し、沖縄本島の島民10万人以上を島外に避難させたという。沖縄戦の終結近い45年6月末、知事とともに消息を絶ち、遺体は発見されていない。本島に終焉(しゅうえん)の地として顕彰碑が建っている。

講演会では「沖縄では知らない人がいないが、内地ではほとんど知られていない人」とのサブテーマで、荒井氏の実績を紹介する。

同法人の荒井俊典（あらいとしのり）代表は「上籠谷町生まれで、墓も先祖と同じ町内になる。これだけ偉大な先人を、地元の人にも知ってもらいたい。戦後70年を機に顕彰をしていきたい」と話している。

上籠谷町にある荒井退造の名が刻まれた荒井家の墓を訪ねる
菜の花街道代表の荒井さん

平和への思い　墓前に

10万人疎開に尽力　荒井退造（宇都宮出身）
元沖縄副知事ら来県し交流

宇都宮市出身で太平洋戦争末期に沖縄県警察部長を務め、沖縄本島から10万人もの島民を疎開させて命を救った荒井退造。元沖縄県副知事の嘉数昇明さん（73）、栃の葉会（沖縄栃木県人会）元会長の小林文男さん（66）ら５人が13日、同市上籠谷（かみこもりや）町で退造の眠る荒井家の墓に初めて手を合わせるとともに、地元で顕彰活動に取り組む人らとも交流した。戦後70年。栃木、沖縄双方から退造の遺業をしのび、平和への思いを新たにした。

嘉数さんは、退造とともに県民救済に奔走した当時の知事島田叡の顕彰期成会会長を務めている。

一行は、退造の出身校である宇都宮高（旧制宇都宮中）とのつながりをきっかけとして、13日に宇都宮市内で行われた「戦後70年記念　沖縄県警察部長荒井退造追悼講演コンサート」に合わせ訪れた。

旧制宇都宮中時代の荒井退造

嘉数さんらは、退造も使った沖縄のわき水や命をつないだ非常食の黒砂糖を墓前に供え、線香を手向けた。墓に近い生家にも足を運び、退造の親類で当主の荒井拓男さん（66）と対面した。

母校の清原南小（旧鐺山尋常小）では、地元の「荒井退造顕彰事業実行委員会」の荒井俊典代表らと懇談した。関連図書などを集めた「退造コーナー」がある同校図書室で、青木孝夫校長が5、6年生向けの道徳講話などの取り組みを説明した。

嘉数さんは「荒井さんの古里に来ることができてよかった。今までは沖縄と栃木の交流は少なかったが、これをきっかけに盛んになることを期待したい」と語った。

一方、嘉数さんらは12日、宇都宮高で生徒会役員ら8人と交流した。

荒井家の墓前に線香を供える嘉数さん＝2015年6月13日午前、宇都宮市上籠谷町

生徒たちは「沖縄県民にとって荒井さんはどんな存在か」「戦中、戦後の困難な時期を生き抜く力とは何か」などと質問した。

嘉数さんは、校風である「滝の原主義」の碑を目にし「荒井退造の原点はここにあったのかと感銘を受けた」。生徒会長の2年市川陽介君は「人としてすべきことを考え、勇気と知恵を持って行動した先輩の姿に滝の原主義を見た思いがした」とあいさつした。

沖縄包む平和の祈り

本紙記者ルポ

太平洋戦争末期の沖縄戦終結から70年を迎えた「慰霊の日」の23日、「沖縄全戦没者追悼式」が行われた沖縄県糸満市摩文仁（まぶに）の平和祈念公園は、祈りに包まれていた。平和を願い、手を合わせる多くの遺族の姿から、国内最大の地上戦が残した傷跡の深さが伝わる。一方、当時の沖縄県警察部長で、多くの島民を疎開させ命を救った宇都宮市出身の荒井退造（1900～45年）らを祭る園内の「島守（しまもり）の塔」には、荒井の遺徳をしのぶ本県関係者や沖縄県民らの姿があった。

本県出身・荒井退造ら追悼
「島守の塔」に参拝の列

じりじりと太陽が照り付ける。動かなくても汗が噴き出す暑さの中、式典会場には、腰が曲がったり、車いすに乗ったりした高齢者、幼い子を連れた若い夫婦の姿も目立つ。公園内に並ぶ各県の慰霊碑は、どこも真新しい花束が置かれ、線香の煙が上がっていた。

戦争で父を亡くした那覇市の知念千代子さん(79)は、孫を連れて毎年この日に訪れている。慰霊碑に「平和は守りますから。安らかに眠って」と祈った。

ロープで囲まれた式典会場には黒いスーツ姿の警察官が多数配置され、入り口には金属探知機。物々しい厳戒態勢が敷かれていた。

安倍晋三首相の来賓あいさつが始まると、参列者席の一部から罵声が飛んだ。

「帰れ」「うそを言うな」

対照的に「平和宣言」の中で、米軍普天間飛行場の辺野古移設反対を訴えた翁長雄志同県知事には大きな拍手。基地問題に揺れる沖縄の「いま」が垣間見えた。

「沖縄のイメージが落ちるからヤジは良くない。でも気持ちは分からなくない」。参列した糸満市の60代男性は、そう漏らした。

式典後、戦没した県職員458人を合祀（ごうし）した「島守の塔」へ。慰霊祭では遺族や現役職員ら約80人が黙とうをささげ、鎮魂を祈った。

塔の後方には、共に疎開に尽力した当時の島田叡沖縄県知事と荒井退造の慰霊塔、「終焉（しゅうえん）之地」の碑も立つ。途切れることのない参拝者。沖縄県民にとっての2人の存在の大きさをあらためて知った。

沖縄市の平良盛一さん(85)は当時、荒井が進めた本島北部への疎開によって、命が救われたと思っている。荒井が宇都宮市出身と伝えると、「命の恩人は栃木の人だったのか」と話し、隣の塔に向かって一礼した。そこには、本県出身南方戦没者を慰霊する「栃木の塔」が立つ。

沖縄栃木県人会「栃の葉会」の元会長で、出張先から駆け付けた小林文男さん(66)＝旧南河内町出身＝は「栃木県出身者として荒井さんを誇りに思う。今もこれだけ慕われていることを栃木県民にも広く知ってほしい」と話し、島守の塔に手を合わせた。戦後70年の節目に、沖縄の思いを栃木県民に伝えたい。

荒井退造と島田叡の「終焉之地」碑前で手を合わせる大学生ら＝2015年6月23日午後1時30分、沖縄県糸満市摩文仁の平和祈念公園

荒井退造の遺徳刻む

本県から有志ら出席　交流促進願う

沖縄県民救った元知事の顕彰碑除幕

太平洋戦争末期、沖縄県知事に就任し多くの県民の命を救った兵庫県出身の島田叡（1901〜45年）の顕彰碑が戦後70年を機に、那覇市の奥武山（おうのやま）公園に建立され、命日に当たる26日、除幕式が行われた。碑文には、島田と二人三脚で尽力した当時の同県警察部長、宇都宮市出身の荒井退造（1900〜45年）をたたえる一文も刻まれた。退造を顕彰する本県有志８人も式典に出席、「島守（しまもり）」と敬われる２人の遺徳をしのんだ。出席者は、島田を縁に友好関係にある沖縄・兵庫県と栃木県の交流促進を願った。

島田叡元沖縄県知事

荒井退造（荒井紀雄著「戦さ世の県庁」より）

顕彰碑は高さ2・8メートル、幅1・7メートル。「祈りをささげる両手」をモチーフにした石灰岩の支柱の頂に、「生命、平和」をイメージしたステンレス製の球体をあしらった。建立のために、沖縄県民有志が「期成会」を設立して県内外から約９００万円の募金を集めた。

碑文には、同県糸満市摩文仁（まぶに）の平和祈念公園にある慰霊塔「島守の塔」に関する記述があり、「（島田は）荒井退造警察部長をはじめとする旧県庁殉職職員とともに祀（まつ）られ（中略）県民からいまも『沖縄の島守』として慕われている」と刻まれている。

式典には、翁長雄志（沖縄県知事、兵庫県の井戸敏三知事と久元喜造神戸市長ら関係者が多数出席。宇都宮市民らでつくる「荒井退造顕彰事業実行委員会」のメンバーも参加した。

元沖縄県副知事で、期成会会長の嘉数昇明さん（73）はあいさつで「島田さんと荒井さんは固い信頼関係で結ばれていた」と述べ「沖縄と兵庫、栃木の3県が一堂に会したことをうれしく思う。新たな交流の誕生を確信している」などと期待を寄せた。

式典後、本県の顕彰実行委員会の荒井俊典代表（77）は「沖縄での退造の存在の大きさをあらためて実感した。同時に顕彰を続ける責任も感じた」と感慨深げ。下野新聞社の取材に、翁長知事は「戦後70年を機に、退造や栃木県とのつながりが深まれば」と話した。

島田は米軍の上陸が迫る１９４５年1月、沖縄県に官選知事として派遣され、退造と力を合わせて県民約10万人の本土などへの疎開や食糧確保に奔走。県民に生き抜く大切さを説き、自身は同年６月26日、退造と共に同県摩文仁で消息を絶った。

「島田叡氏顕彰碑」（奥）を除幕する関係者ら＝2015年6月26日午前11時15分、沖縄県那覇市の奥武山公園

沖縄戦の「島守」記憶遺産に

神戸の母校同窓会　島田知事の顕彰計画

本県関係者に協力要請へ

島田叡（島守の会提供）

荒井退造

太平洋戦争末期の沖縄で、県知事として県民保護に尽力した兵庫県出身の島田叡に関する記録物について、母校の同窓会が国連教育科学文化機関（ユネスコ）記憶遺産の登録を目指す活動を計画していることが5日、分かった。島田と二人三脚で県民の疎開などに奔走し、共に「島守（しまもり）」と慕われる当時の同県警察部長、荒井退造（宇都宮市出身）の関係者にも協力を仰ぐ予定だ。

同窓会は島田が学んだ旧制神戸二中とその後身である兵庫高の卒業生で構成する「武陽（ぶよう）会」。島田に関する記録物は国際的な視点で保存する価値があり、後世への顕彰にもつながるとして、関連する組織に連携を呼び掛けながら活動に取り組む方針を固めた。

既に兵庫県、神戸市の関係者や島田を顕彰する沖縄県の団体関係者にも方針を非公式に伝えた。記録物の候補としては、当時の熊本県知事に宛てた書簡などがあるという。

島田は米軍の沖縄上陸前の1945年1月に知事として派遣され、県民の本土などへの疎開や食糧確保を陣頭指揮した。住民に生き抜く大切さを説き、退造と共に沖縄本島南部で消息を絶った。戦後70年のことし6月下旬、那覇市に顕彰碑が建立され、碑文には退造の名前も刻まれている。

武陽会の小林正美副理事長(56)は「準備委員会を設けて各地にどのような記録物が残っているかを調べ、内容を精査することからやりたい」と話している。

記憶遺産の登録審査は2年に1度行われる。推薦は1度の審査につき1国2件までとされているため、日本ユネスコ国内委員会が候補を募って事前選考する。

荒井退造「欠かせぬ」　同窓会副理事長

「素晴らしいこと。打診があれば積極的に協力する」。荒井退造の顕彰に取り組む宇都宮市砥上町、郷土史研究家塚田保美さん(83)は、退造のパートナー島田叡に関する記憶遺産登録の動きを歓迎した。

ことしに入り、退造を縁に沖縄県関係者との結び付きを強めている。「兵庫の方々とも連携し、退造を語り継ぐ活動をさらに広げたい」と期待を寄せた。

6月に沖縄県で行われた島田の顕彰碑除幕式に出席した荒井俊典さん(77)＝宇都宮市上籠谷町＝も「大賛成。ユネスコの冠がつくことで、世間の見方も変わるのでは。県民全体で計画を応援する機運が盛り上がれば」と願う。

武陽会の小林副理事長は「島田さんを顕彰する上で、共に行動した荒井さんは絶対に外せない人。栃木でも顕彰の動きが盛り上がっているようなので、今後連携を模索していきたい」と話した。

修学旅行前　荒井退造学ぶ

沖縄訪れる真岡工高生

郷土の偉人、現地で慰霊

【真岡】10月20〜23日に沖縄への修学旅行を予定している真岡工業高が、沖縄戦当時の警察部長だった宇都宮市出身の荒井退造（1900〜45年）について学ぶ特別授業を行っている。戦後70年の節目に県内で顕彰が進む地元の偉人を通じて、生徒に栃木と沖縄のつながりや平和について考えてもらう狙いだ。

真岡市に隣接する宇都宮市清原地区出身の退造は、米軍が迫る沖縄県の警察部長として県民の疎開に尽力。約20万人の命を救ったとされている。

同校は毎年、2年生が修学旅行で沖縄県糸満市摩文仁（まぶに）の平和祈念公園や、本県出身の南方方面戦没者を慰霊する「栃木の塔」を訪れている。

県内での顕彰活動を通じて退造を知った地歴・公民科の小柳真弓教諭（37）が「沖縄を訪れる前に地元の偉人を知り、平和を考えるきっかけになれば」と事前学習を提案。教材としてオリジナルの漫画も作成した。

25日には生産機械科38人に対し、小柳教諭が沖縄戦の過酷な実態や、県民の疎開と保護に尽力した退造の足跡を紹介。「荒井退造さんは沖縄県民に寄り添い、命を助けようと奮闘したのです」と伝えた。

同科の羽石翔さん（17）は「栃木出身でこれほど立派な人がいるとは知らなかった。沖縄で心を込めて慰霊してきます」と語った。

ことしは退造ら沖縄県職員を慰霊する「島守の塔」にも献花する予定。

修学旅行の事前学習として沖縄戦や荒井退造について説明する小柳教諭＝2015年9月25日

荒井退造から命の大切さを

顕彰事業委の荒井俊典代表／作新大で特別授業

「生きよ」の言葉残し死の道選択

【宇都宮】太平洋戦争末期の沖縄県警察部長で、多くの島民を疎開させ命を救った市出身の荒井退造について学ぶ「荒井退造特別授業」が20日、作新学院大で行われ、約150人の学生が受講した。講師は荒井退造顕彰事業実行委員会の荒井俊典代表。特別授業の後、学生たちは6グループに分かれ、宇都宮大名誉教授や県立高校の元校長ら10人をアドバイザーに、「命の大切さ」などについて論議を深めた。

特別授業は、県内の歴史や文化、地理、産業、県民のライフスタイルなどについて学んで栃木への理解を深めるとともに、県内での就職を希望する学生に社会人としてコミュニケーション能力の基盤をつくる「とちぎ学」の一環として実施した。

荒井代表は、退造が1900年に地元の旧清原村上籠谷で生まれ、現在の清原南小、宇都宮高を卒業。警視庁の巡査になってから現在の国家公務員総合職試験に合格し、沖縄県警察部長になったことを紹介。「警察部長として、知事や議会と衝突しながらも多くの（沖縄）県民を疎開させて命を救ったことが、県民から今でも大きな評価を得ている」と説明した。

最後に、県民には「生きよ」との言葉を残して軍人でない退造が死の道を選択したことに触れ、「県民には命の大切さを説きながら、死の道を選んだことは矛盾する。これらのことを今後、検証していくことが必要だ」と結んだ。

授業の途中、荒井代表は学生に対して「『特別攻撃隊で出撃しろ』と言われたらどうするか」と質問。学生たちは「隠れる」「逃げる」などと答えた。

6グループでの討議では退造の業績を顕彰。学生たちは「戦争の悲惨さをあらためて学んだ」「勇気ある人だ」「命の大切さを痛感した」などと話した。

作新学院大で荒井退造の特別授業をする荒井さん＝2015年10月20日

「退造の功績　語り継いで」

宇都宮・顕彰記念誌出版を祝う
作家　田村洋三さん講演

宇都宮市出身で太平洋戦争末期、沖縄県警察部長として県民の疎開に尽力した荒井退造の顕彰記念誌の出版記念講演会が2015年9月26日、同市清原工業団地管理センターで開かれ、沖縄戦に詳しいノンフィクション作家の田村洋三さん（83）が退造の足跡や功績を語った。沖縄から元副知事の嘉数昇明さん（73）ら関係者も来場。栃木や沖縄など各地で連携を深め、語り継いでいく誓いを新たにした。

講演会は記念誌をまとめた宇都宮市のNPO法人「菜の花街道」が主催した。

田村さんは、退造が1900年9月に清原村（現宇都宮市上籠谷町）で生まれてからの歩みを紹介。沖縄では米軍が迫る逆境の中で疎開に孤軍奮闘していた様子を伝え、「20万人の沖縄県民が助かったと言っても過言でない」と評価した。

45年6月に消息を絶つまで島田叡知事と二人三脚で県民に寄り添い続けた姿勢を、「本当の公僕精神を体に充満させていた人」と表現した。来場した約150人には「（地元に）こんな素晴らしい人がいたと周囲に語り継いでいってほしい」と呼び掛けた。

沖縄栃木県人会や沖縄戦で犠牲となった県職員を慰霊する「島守の会」のメンバーも出席。島田知事の顕彰期成会の会長を務める嘉数さんが本県での顕彰活動の広がりに触れ「戦後70年のことし、栃木と（島田の出身地）兵庫、沖縄がトライアングルの縁で結ばれた。末永く発展してほしい」とあいさつした。

栃木や沖縄で顕彰に取り組む関係者が寄稿した記念誌「たじろがず沖縄に殉じた荒井退造」は2015年9月22日、下野新聞社から出版された。

荒井退造の足跡を紹介する田村さん＝2015年9月26日午後、宇都宮市清原工業団地

画家が見つめた戦場［上］

タブーではなく「歴史」に

戦意を鼓舞する戦争画

幅3メートルを超える暗い茶褐色の大画面に広がるのは、英領マレー半島コタ・バルに上陸し、鉄条網に絡まれながらも猛進を続ける日本軍兵士の姿。「あまりにリアルで思わず画面に触れたのよ」。1943年夏、宇都宮の女学生だった洋画家武藤玲子さん（85）＝宇都宮市宝木町1丁目＝は、遠い戦地で起きた戦闘の迫力を間近に感じた。

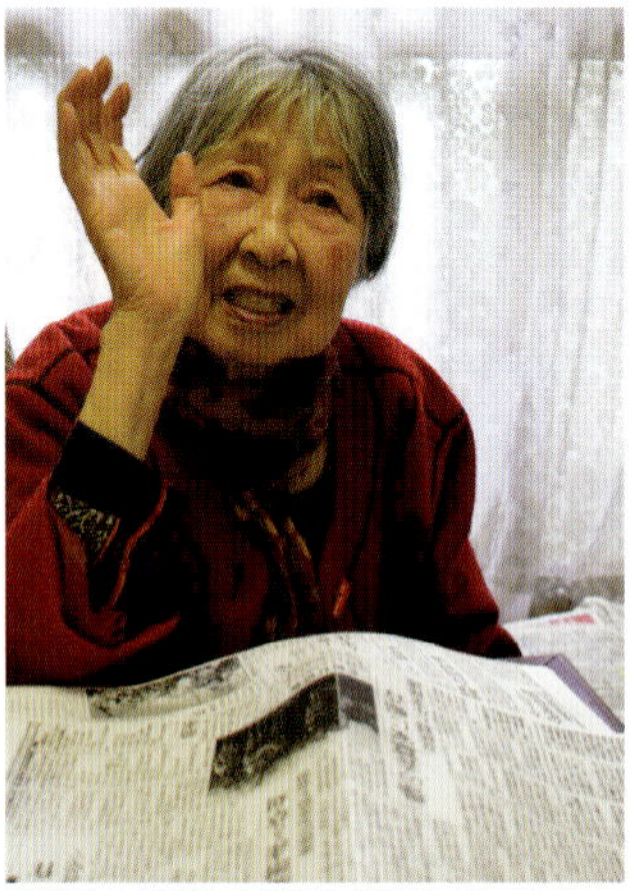

「写実の技術は本当に素晴らしかった」。宇都宮に巡回した大東亜陸軍聖戦美術展を回想する武藤さん

プロパガンダ

戦争を賛美する意図を含む作品は「戦争画」と呼ばれる。中でも、軍の委嘱で従軍した有力画家による「作戦記録画」では日本軍が英雄として登場し、戦闘場面では日本軍が優位であるかのように描かれた。欧米帝国主義からのアジア解放という大義を表現した戦争画は、戦意を鼓舞するプロパガンダとして全国の戦争関連美術展で披露された。

戦後、戦争画は日本美術史の中で長くタブー視されてきた。だが近年、展示や出版物が相次いでいる。県立美術館の小勝禮子学芸課長は「時間がたち、戦争画を歴史として見直す風潮が出てきた」と話す。同館は10月、「戦後70年　もうひとつの1940年代美術」展で戦争関連美術展に出た戦争画などを展示する。

戦中の美術活動の中心的役割を果たした陸軍美術協会が、戦争関連の展覧会を主催、関与し、これを積極的に地方に巡回させた。地方の銃後の人々の戦意高揚が狙いだった。

一度だけ、この展覧会が宇都宮を巡回した。43年7月25～30日、「大東亜陸軍聖戦美術展覧会」。当時県庁前にあった県商工奨励館公会堂と県教育会館を会場に、藤田嗣治、宮本三郎など名だたる画家の大作66点が展示された。本紙は「米英断じて撃たん　入場者に感激の嵐」「感激の涙で合掌」などの見出しで盛況ぶりを報じた。

息詰まる迫力

会期中、連日会場に足を運んだ武藤さんは振り返る。「戦争がなければあんなにすごい絵は見られなかった」。迫力に息が詰まった。「戦争のおかげ」で本格的な油絵の魅力に初めて触れた。

だが、44年以降、戦局の悪化に伴い、画家の従軍は中止され、作品は写真を基に制作されるようになった。そんな状況になっても日本軍の敗北をにおわす要素は画面から一切排除され、激戦に挑み、敵地で進撃する日本軍の勇姿が描かれ続けた。

45年7月、武藤さんは宇都宮空襲で家を失う。「絵のような勝ち戦ではなかった」。ただ、同じ画家として思う。「あの時代、戦争画を描かないと絵の具ももらえない。お金にもならなかったんだろうね」

■　■

戦地を踏み、日本軍の勇姿を描いた従軍画家は何を思い、筆を走らせたのか。本県出身の従軍画家清水登之、川島理一郎の作品などから戦争を見つめ、美術史に暗い影を落とした時代を振り返る。

戦時中、全国各地で開催された戦争関連美術展の目録。日本軍の勇姿を描いた作品が並ぶ

難民の痛みにまなざし

栃木出身・清水登之 求め続けた芸術性

画家が見つめた戦場 [中]

太平洋戦争期、軍の委嘱で従軍し、作戦記録画を手掛けた画家は100人余り。多くはすでに実力が認められた有力画家だった。

その1人、栃木市生まれの洋画家清水登之（1887～1945年）は陸軍士官学校の受験失敗を機に画家を志し、アメリカ、パリでキャリアを積んだ。

上海事変の戦跡を描くため、清水が初めて戦地に出向いたのは1932年のこと。その後、陸海軍に従軍志願し、終戦前年の44年まで中国や東南アジア各地に従軍した。

具象から抽象へ

清水の関心は戦闘よりも占領下の住民に向けられていた。

清水登之

難民をテーマにした作品は複数あり、南京の難民区を取材したとされる「難民群」では、戦争に翻弄（ほんろう）され傷ついた人々を単調な色彩で描いた。無表情の下に潜む怒りや悲しみが迫ってくる。

県立美術館の杉村浩哉特別研究員（56）は『かわいそう』という上から目線ではなく、むしろドライ。どんな相手にも1人の人間として向き合った清水らしい」と見る。

また、戦争は清水にとって「芸術性を高める上で、新たな視点をくれる魅力的な題材だった」（杉村さん）。具象、シュルレアリスム、抽象へと変化した作風は戦争画でも試され、「江南戦場俯瞰（ふかん）」では爆撃を受ける街を幾何学的に描いた。

42年以降は独自の表現から離れ、国民の戦意を鼓舞する「突撃」のような堅実な写実をこなしていく。ボルネオ派遣で取材した「ミリ油田地帯確保部隊の活躍」は43年7月、宇都宮市で開かれた大東亜陸軍聖戦美術展覧会で展示された。

そんな中、清水にも悲劇が襲い掛かる。44年11月、学徒出陣した長男育夫が戦死。清水の長女中野冨美子さん（83）＝佐野市奈良淵町＝は苦悩する清水を見た。「子煩悩で優しかった父から笑顔が消えた。何かを描きたいという気持ちさえ失ったと思います」

日記に「犬死に」

軍を賛美する戦争画を描く自分と戦地で散った愛息。終戦を迎えた日、「育夫の戦死が犬死になったように思はれて悲し」と日記につづった清水は終戦から4カ月後、息子を追うように病でこの世を去った。「最後に描いたのは、愛する兄の肖像でした」（中野さん）

晩年の戦争画の存在によって、清水の画業全体の評価は現在もあいまいだ。杉村さんは「戦争画は市場的にも歴史的にも評価しづらい。戦争の政治的な解決なしでは当時の芸術を評価することは難しい」と話す。

戦後、長く生きていれば日本洋画壇のトップを走っていたであろう清水。画家として、父として戦争の惨禍にさらされた1人だった。

戦争に傷ついた虚ろな表情の人々を描いた「難民群」（縦162.1センチ、横130.3センチ、県立美術館蔵）

長男育夫をモデルにして描いた「突撃」（縦130.5センチ、横162.8センチ、県立美術館蔵）

画家が見つめた戦場［下］

負の記憶喚起する記録

足利出身・川島理一郎　抑圧された表現

軍のプロパガンダを担った戦争画の一部は戦後、アメリカに接収され、無期限貸与という形で日本に返却された。その中に足利市出身の洋画家川島理一郎（1886～1971年）の油彩画もあった。

欧米でキャリアを積んだ川島は1938年、戦中の美術活動の中心的役割を果たす陸軍美術協会の前身・大日本陸軍従軍画家協会の発起人に名を連ね、陸軍省嘱託として北京へ、39年に広東と大同を訪れ制作を行った。

支配圏繁栄を願う

「戦争の目的を認識すれば、どんな主題も戦争画として成立する」と考えた川島の戦争画は一見、戦争画と分からないものが多い。例えば「広東大観」。緑が茂る空間に朱色や紺色の建物が点在し、穏やかな風景画のよう。しかし画面中央に上る白煙と右上に飛ぶ飛行機は爆撃を示唆する。

川島理一郎

鮮烈な色を操る色彩画家の筆は戦争画においても健在で、鮮やかに咲くランに日本の支配圏の繁栄を願った「蘭花」も、川島にとっては戦場を描いた戦争画と同等の意味を持っていた。足利市立美術館の江尻潔学芸員は「戦争を描くことに抵抗はなかったようだ」と話す。

軍命による写実

だが、フィリピン派遣の翌年に発表した「新生比島誕生」だけは違った。20人以上がテーブルを囲むフィリピン統治に関する会議を記録したとされる同作。軍命による写実表現は「無理をしている感じが伝わってくる」（江尻さん）。「何の芸術的感興もおこり得ない画を描かなければならない私の気持ちが、どんなにみじめであったか」。後にこう吐露した川島にとって、写真と大差ない表現は苦痛でしかなかった。

無期限貸与作品の一つとして東京国立近代美術館に収蔵された同作。川島は公開を快く思わず、展示されたのは川島の没後1度きり。遺族は今も川島の思いを受け継ぐ。川島同様、公開に難色を示す著作権者は少なくない。だが江尻さんは、「戦争画を一つの事実として引き受けてこそ、そこから後生が学ぶものが見えてくるはず」と話す。

戦争は、あらゆる制約を超えて自由に表現されるべき美術を巻き込み、表現の自由を抑圧した。そして現在。安全保障関連法案に対する懸念が広がりを見せるなど、「社会の不穏な空気は学芸員も感じている」と県立美術館の小勝禮子学芸課長は話す。「戦意を高揚させた戦争画は、今となっては負の記憶を喚起する記録。今こそ、作品をきっかけに戦争を、そして画家が戦争に協力したことを考えていかないといけない」

「広東大観」（縦89.5センチ、横130.3センチ）。画面中央に白い煙が立ち上っている

アジア地域の繁栄を願う「蘭花」（縦121センチ、横122.5センチ）。川島は同様の構図の作品をタイのピブン首相に献呈した

埋もれた戦禍

塩原・養育院
大量疎開死

養育院塩原分院の高齢者、孤児

飢えや病「戦争関連死」

疎開1年半　400人死亡

妙雲寺の過去帳に記録

太平洋戦争末期、身寄りのない高齢者や障害者、孤児らを救貧する東京都養育院の疎開先となった那須塩原市の塩原分院で、終戦前後の1年半に、400人超が死亡したことが3日までに、下野新聞社の取材で分かった。平均寿命が50歳前後の時代だが、50歳以下も140人超いた。食糧難による餓死や病死が主因で、戦争がなければ、この時期に命を落とさなかった人も多いとみられる。敵弾による犠牲ではない「戦争関連死」と言えそうだ。

東京都養育院塩原分院の経過と月別死者

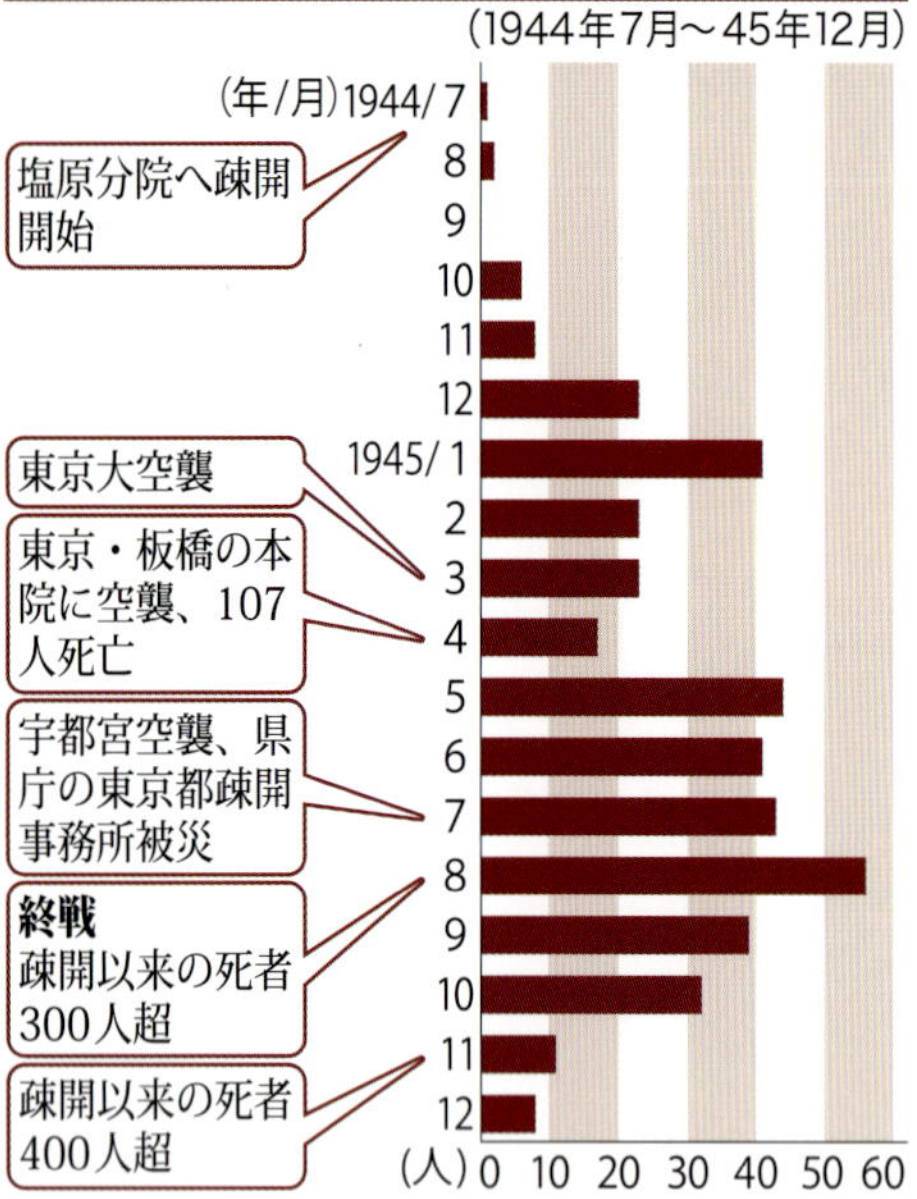

東京都養育院百年史などによると、塩原分院は塩原温泉の複数の旅館を買収し、1944年7月から52年7月まで使用された。その約8年間で計581人が亡くなり、地元の妙雲寺に遺骨が合葬されている。入所者は45年5月に694人。常に出入りがあり詳細な推移は不明だが、終戦後1年余りたった46年10月には268人に減ったとされる。

こうした事実は養育院関係者や地元の一部では知られていたが、下野新聞社の戦後70年取材の中で、死亡した入所者についての過去帳が妙雲寺に残されていることが判明。記された戒名や死亡日時、年齢、氏名などから、大量死の詳細が明らかになった。

月別の死者数を見ると、45年が目立つ。終戦の8月が56人で最多だったほか、この前後の5月44人、6月41人、7月43人、9月39人、10月32人と多い。

開設から45年8月15日までは計303人。45年末までは計418人。

45年末までのうち50歳以下は計142人。内訳は50～41歳33人、40～31歳17人、30～21歳18人、20～11歳14人、10歳以下は60人で中でも3歳以下は41人に上った。半数以上が女性だ。

元職員らで組織する「養育院を語り継ぐ会」によると、より虚弱な入所者は都内の本院に残った。塩原分院の入所者は比較的体力があり、移動に耐えられる人だったという。

県内の戦争被害では、宇都宮などの空襲による犠牲者が700人規模。

学童集団疎開でも、まとまった犠牲は知られていない。地域の歴史に詳しい那須塩原市教育委員長の臼井祥朗さん(49)は「一疎開先で養育院ほど大量の人が亡くなったのは異例」とみる。

弱者と戦争の関係に詳しい埼玉大名誉教授の清水寛さん(78)は「養育院の疎開は首都防衛の足手まといとなる人をなくすという一面があり、配給などに差別的待遇があった」と指摘している。

◇ズーム◇

東京都養育院

1872年に創設された医療福祉施設。東京府・市・都が運営し、社会的弱者を受け入れ、医療や生活支援を行った。日本近代経済の父といわれる渋沢栄一（1840～1931年）は院長を務めるなどして養育院の維持・発展に尽力した。戦後は東京・板橋本院などで戦災孤児を受け入れた。復興に伴って軸足を救貧から高齢者の医療福祉の充実へと移行し、その他機能を分化した。本院は現在、東京都健康長寿医療センターとなっている。

疎開急増　食料ひっ迫

宇都宮空襲で補給断たれ

戦局悪化、弱者を直撃

養育院塩原分院の大量死

東京都養育院塩原分院に入所していた死者を合葬している妙雲寺の墓所。580人余の遺骨が納められている＝那須塩原市塩原

サイパン島陥落、東京大空襲、宇都宮空襲…。太平洋戦争末期の戦局悪化によって、市井の人々は疎開を余儀なくされ、国民学校児童の集団疎開が相次いだ。そんな中で起きた東京都養育院塩原分院の大量死。社会的弱者に戦争のしわ寄せが著しく及ぶ構図を見せつけている。

サイパン島陥落などにより、本土の大部分に米爆撃機B29による攻撃が迫った1944年8月。東京などの大都市から農村部への国民学校児童の集団疎開が始まった。東京から県内への集団疎開児童数は約1万6千人に上ったとされる。

養育院塩原分院があった塩原温泉には、この年秋までに、国民学校児童ら約4200人が疎開し、温泉街の人口はほぼ倍増した。山あいの温泉街のため耕作地が少なく、食料調達を外部に頼らざるを得ないリスクを抱えていた。

疎開児童らは空腹や栄養失調に苦しんだ。

「ご飯粒が茶わんの底に沈んでいてお湯を飲んでいるようだ」。東京都本郷区根津国民学校の1年生で、塩原に疎開した中村倶弘さん（77）＝千葉県船橋市＝はそう思ったことを覚えている。4カ月たった終戦後、東京に戻った時、ひどくやせて体力が落ちていた。「玄関の高めの敷居がまたげず、よろけるほどだった」

国民学校の疎開先には親からの差し入れもあったが、孤児、身寄りのない障害者らが暮らす養育院では、それは望めなかった。

「養育院を語り継ぐ会」副会長で東京都健康長寿医療センター顧問医の稲松孝思さん（67）は、「大量死」の背景に思いをめぐらせる。45年4月の空襲で大きな被害を受けた東京の本院。「その後、大勢の乳幼児も疎開したことが影響したのではないか」

さらに7月の宇都宮空襲が追い打ちを掛けた。米爆撃機の攻撃によって県庁が被害を受け、県庁にあった東京都の疎開事務所が機能しなくなった。配給でなければ食料入手は極めて困難なのに、補給路はほぼ断たれた。

「特に抵抗力の弱い乳幼児にとって致命的な状況に陥った」と埼玉大名誉教授の清水寛さん（78）。「弱者が人間扱いされない社会は、人間を大事にしない社会。戦時中にはその傾向がはっきり出ることを認識しなければならない」

合葬

毎夕、寺に運ばれた棺

太平洋戦争が終結を迎えようとしていた1945年8月。

那須塩原市の山あい。塩原温泉の古刹妙雲寺は夕暮れになると、一抱えほどの木箱を背負った訪問者を迎えるのが常だった。

木箱はかがんだ遺体を納めた棺（ひつぎ）。8月1日は3人、2日にも1人、3日1人、4日4人、5日3人…。乳幼児や若者の遺体もあった。

「ご遺体を、先々代の住職が読経し供養した」。加藤明徹住職（61）はそう聞いている。

遺骨は今、寺の合葬墓に埋葬されている。墓の門柱に記された名は「東京都養育院」だ。身寄りのない高齢者や病人、孤児らが入所した養育院の塩原分院が44年7月、塩原温泉に開設された。

8年間存続した分院で、581人が亡くなった。最大で一時700人近くが入所したが、死者の300人超は終戦までの1年ほどに集中した。

戦地に赴いたわけでも、空襲に遭ったわけでもない。加藤住職はつくづく考える。「立場の弱い彼らも戦争の犠牲者」

なぜ塩原分院はできたのか。

刻々と悪化する戦局。日本政府は44年2月、「養老院、精神病院、刑務所等は極力速に地方に疎開又は整理せしむ」として養育院の疎開方針を決める。本土決戦に備え、戦力にならない社会的弱者を地方に移す意図は明らかだった。

7月、疎開第1陣として高齢者ら100人が塩原に入った。

都職員OBらでつくる「養育院を語り継ぐ会」副会長の東京都健康長寿医療センター顧問医の稲松孝思さん（67）は、こう受け止めている。「都の施設だから率先して疎開したのだろう。移動できる比較的元気な人が疎開したらしい」

この頃、養育院全体の入所者は1300人余り。塩原温泉で多い時、旅館5軒を使った。

「うそのように静か」。45年1月、看護師の責任者として19歳で赴任した那須塩原市塩原、小林トシさん（89）はそう感じた。

都内は四六時中、空襲警報が鳴り響き、激しい空襲を受けるようになっていた。夜も厳しい灯火統制が敷かれた。

塩原の冬は寒いが、旅館だから、いつでも温泉に入れた。「こんな暮らし…いいの」。申し訳なくなるぐらいだった。

しかし、そこは安息の地にはならなかった。

◇　◇

東京都養育院の塩原分院では、飢え、衰弱、病気などで多くの入所者が死亡した。戦争のひずみを強く受けた死だ。地元でもあまり知られていないその戦禍を証言や記録から掘り起こす。

1945年1月、東京都養育院塩原分院に赴任した小林トシさん。防空壕（ごう）に逃げ込みおびえていた都内に比べ、塩原分院は「東京の空襲がうそのようだった」と振り返る＝2015年2月、那須塩原市塩原

埋もれた戦禍　塩原・養育院大量疎開死　②

飢餓

開墾努力も焼け石に水

東京都養育院塩原分院の職員や体力のある入所者で耕した近くの開墾地。終戦後間もなく撮影された（小林トシさん提供）

那須塩原市の塩原温泉。箒川の渓谷沿いに、もともと田畑は乏しかった。

1944年秋までに東京からの集団疎開は4千人を超え、人口は倍以上に膨れあがった。疎開児童の食料は都の疎開事務所が調整し現地で調達する。人数が増えても調達できる食料が増えるはずもなかった。

乾麺やジャガイモ、麦でかさ増ししたご飯…。地元の人たちもまた、空腹にあえいでいた。

体育の時間、外で活動し教室に戻ると、弁当がなくなった。弁当を持ってこられない子もいた。

「そんな時代だった」。温泉の中心街、妙雲寺の門前で物産店を営む君島栄さん（79）は国民学校時代を振り返る。今の小学生の年頃だ。

大田原市佐久山にあった旧知の農家まで片道数十キロ、木炭バスを乗り継ぎ、丸1日かけ祖母と闇米（やみごめ）を買いにいった。人々は食料備蓄代わりに鶏（とり）やウサギを飼った。

親類を頼った縁故疎開も相次いでいた。教室は机が足りず、2人用で3人が勉強した。

縁故も闇物資を買う予算もない東京都養育院塩原分院。配給頼みの食料は極度に不足した。

朝は釜を洗った湯に米粒が浮いたようなおかゆ、昼は一かけらのトウモロコシ、晩は小石大のジャガイモを何個か。分院で看護師を務めた小林トシさん（89）＝那須塩原市塩原＝が記憶している食事だ。おかずがなく岩塩をなめた。

食糧難に寒さ。ろくに暖も取れず、二十歳の小林さんでもこたえた。まして「弱い人、お年寄りは耐えられなかった」

この年4月、東京・板橋の本院が空襲を受け、多くの孤児らが分院にまた疎開する。7月の宇都宮空襲では、県庁にあった都の疎開事務所が機能しなくなり、配給の補給路がほぼ断たれた。

分院は自ら山林を開墾し、何とか配給不足を補おうとする。

職員、強制疎開で分院にいた小笠原諸島の島民ら幾分体力のある人が働き手。木を切り根を掘り起こした畑でとれたのは、わずかのトウモロコシとジャガイモだけ。

開設時100人だった分院の疎開者。45年4月、1年足らずで629人まで増えた。いくら自給自足の努力をしても、追いつかない。

養育院百年史は、こう伝えている。「塩原に疎開した養育院の従事者には、朝に食糧増産の鍬（くわ）をとり、夕になくなった在院者の墓穴を掘るという、暗黒の時代であった」

供養

一人一人に戒名授け

宴会場のような大部屋に板張りの寝台が10台ほど並ぶ。わらを敷布団代わりに使い、その上に掛け布団。

終戦間近の1945年。那須塩原市の塩原温泉に疎開していた東京都養育院塩原分院は、木造旅館に急ごしらえの病室を備えていた。

極度の食糧難が入所者の体力を奪った。風邪をひいても体力が落ちて治らず衰弱しきった人、骨と皮だけのように、やせ細り肺炎をこじらせた人…。分院の看護師だった小林トシさん（89）＝那須塩原市塩原＝は大人用の病室で看病した。

治療といっても、熱冷ましや下痢止めなど目先の症状をやわらげようとするだけ。冬も火鉢すらない。寝台のわらの上で、身を震わせたまま息絶えていった。

「なんにもできない…」。小林さんは無念を抱え、看取（みと）るしかなかった。

子どもの病室では、ずっと激しい下痢が続く乳飲み子、手足が木の枝のようになった子どもが次々と逝った。

亡きがらはアルコールで拭き清め、入所者が作った棺に納められた。

夕暮れ時、人目を避けて職員や入所者が近くの妙雲寺へ棺を運んだ。少ない日は背負い、3人、4人となった日はリヤカーを引いた。

先々代の義道和尚は、死者が何人だろうと、決まって寺の本堂前で弔い一人一人に戒名を授けた。

「生前に関わりがあったわけではないだろうが、寺として役目を果たそうとした」。寺に残る過去帳をめくりながら、加藤明徹住職（61）は先達の心に思いをはせる。

弔いを終えると、本堂裏の墓地のさらに奥、小高い土地の林に運び上げ、土葬した。

「私らでも背負えるぐらい、やせて小さくなっていた」。看護師だった小林さんもまた、二十歳の頃、埋葬を手伝った。

分院が食糧難で「暗黒の時代」に直面していた時期。45年4月14日未明、東京・板橋の本院は米軍機からの無数の焼夷弾に襲われる。ほぼすべての建物が焼け落ちた。

本院に残っていたのは、疎開できない寝たきりの病人がほとんど。死者・行方不明者107人のうち98人は自力で逃げられない人だった。

「塩原ではお寺で引導を渡せた。疎開したのと、東京に残ったのと、どっちがよかったのか…」。小林さんは答えを見つけられずにいる。

写真奥は、戦後間もない東京都養育院の分院。玄関の柱に分院の看板が掲げられている。旅館など5棟を利用した塩原分院は戦後、栃木分院に改称し1棟に集約された（小林トシさん提供）

埋もれた戦禍　塩原・養育院大量疎開死　④

平和

永く冥福祈り
語り継ぐ

都内の戦禍を避けて 1944年から 52年まで、塩原温泉に疎開した東京都養育院の分院で亡くなった入所者580人余の合葬墓。今も手を合わせ、線香を手向ける地元の人もいる＝2015年3月6日夜、那須塩原市塩原の妙雲寺

終戦を告げる玉音放送の後、東京都養育院の塩原分院（戦後栃木分院に改称）は落ち着きを取り戻していく。

1カ月の死者は１９４５年8月に最多の56人に上り、秋までは30人以上だったが、年明けの1月には3人にまで減る。

「戦争が終わった途端、穏やかな時代になった」。戦争末期から分院がなくなる52年7月まで看護師を務めた小林トシさん（89）の記憶だ。

終戦1カ月後、軍が接収していた千葉の虚弱児施設が返還され、対象となる子が栃木分院から移っていく。次々と養育院の施設が復旧していった。入所者が激減する一方で、砂糖や芋ようかんも配給されるようになる。食糧事情は目に見えて改善した。

分院に残った職員と入所者は分院の死者を埋葬した妙雲寺に墓参した。寺の境内に職員が模擬店を出して、入所者が買い物を楽しんだこともあった。

小林さんは「戦後は幸せだった」と振り返った。

分院廃止の翌年の53年3月。養育院は妙雲寺に合葬墓を建立し、墓地の奥の山林に埋葬した遺骨を改葬した。

「今や平和復するも逝者復還らず茲（ここ）に碑を建て永く諸霊の冥福を祈る」。墓の正面には、そう刻まれている。

春と秋の彼岸になると、都の担当者が墓参するのが習わしになった。

寺のお供えは山盛りのご飯とみそ汁、あんパンやかりんとう。お経を唱える加藤明徹住職（61）は「子どもには昔ながらのお菓子がいい」と考える。

「みんな腹を空かせて亡くなったから」

２０１０年4月になって、都職員OBらでつくる「養育院を語り継ぐ会」が合葬墓近くに由来を記した碑を建てた。「食糧事情が劣悪な中で塩原の皆さまのご厚情…」とつづられている。

建立の日は、あいにくの雨。会長の河西量次さん（74）はその日を思い起こすと、感激がよみがえる。

2時間ほどの工事が終わる頃、雨が上がった。「無念の死を遂げた人々の涙雨だったのか」。自分たちの思いが通じた気がした。

小林さんは、塩原温泉に嫁いだ。青春時代の苛烈な体験。その後の穏やかな人生はもう70年が過ぎようとしている。

今、足が弱り妙雲寺を訪れることは少なくなった。それでも訪ねれば、合葬墓に手を合わせることにしている。

埋もれた戦禍　塩原・養育院大量疎開死⑤

埼玉大・清水寛名誉教授に聞く

べっ視植え付け弱者冷遇

太平洋戦争末期から戦後にかけ、東京都養育院の疎開先となった那須塩原市の塩原分院。終戦前後の大量死は、戦争のしわ寄せが弱者に著しく及ぶ事例の象徴と言える。戦争と障害者、弱者について研究する埼玉大名誉教授の清水寛さん(78)に、戦時や今の社会が抱える課題を語ってもらった。

戦争と弱者の問題を考えるには最低限、終戦翌年の1946年12月末まで「戦時体制下」ととらえる必要がある。終戦後も「戦病死者」は多く、配給制度の崩壊でとりわけ弱者が苦しんだ。その点で養育院塩原分院と、ハンセン病療養所の状況は似通っている。

戦時中、戦力とならない者は冷遇された。戦争・軍国主義の影響は基本的に、高齢者、子ども、女性、障害者、病者という順で受けた。

学童疎開の目的は一義的に次の兵士を守り育てることだが、養育院の疎開は首都防衛の足手まといをなくすという側面があった。配給などで差別的待遇があったと想像できる。

一方で障害者自身や職員らは、偏見をなくそうと努力した。院長を務めた渋沢栄一(1840―1931年)の一体的な産業、慈善活動などは評価したい。

私は従来、障害者は戦争の被害者として捉えていたが、研究を進めるに連れ、それだけで全体像を捉えるのは難しいと感じるようになった。

加害的立場になることもあり、その内容は障害の種別などで左右される。知的障害者には徴兵された人もいた。視覚障害者ははり・きゅうで軍属として貢献し、聴覚障害者も軍需工場で働いた。

皇民化教育、全体主義の中に組み込まれ、障害者もその気になっていた。「自分は耳は聞こえないが目が見える」など、他の障害者への差別意識もあった。盲学校の1年生が点字を覚え、初めて書いた言葉が「兵隊さん、中国人をたくさん殺してください」だったという状況もあった。

知らず知らずのうちに、全体主義や他者へのべっ視観が植え付けられ、多くの国民やアジアの人の犠牲へとつながった。

戦後70年の今は「新たな戦前」と言える。特定民族を「死ね」などとヘイトスピーチする若者、イスラム国へ行こうと考える青年もいる。人を人と見ない状況がある。

だからこそ今、戦時を振り返らなければならない。過去の事実を聞き、記憶し、想像して伝えていくことが大切だ。

戦争と障害者、弱者について研究を続けている埼玉大名誉教授の清水寛さん。学生らに「戦争だけは体験してはいけない」と訴えてきた＝さいたま市内

悲劇の記憶語り涙

本紙報道契機に再会

塩原　東京都養育院関係者

太平洋戦争末期から戦後にかけ、那須塩原市の塩原温泉に集団疎開した社会的弱者向け医療・福祉施設「東京都養育院」。

再会を果たした小林さん（右）と鈴木さん。戦時の苦労を振り返り、目頭を押さえた＝2015年4月11日午後、那須塩原市内

都職員ＯＢらでつくる「養育院を語り継ぐ会」のメンバーと当時看護師だった東京都文京区、鈴木ミサさん（89）らが11日、塩原温泉を訪れ、同じく看護師だった同市塩原、小林トシさん（90）と70年前の記憶を語り合い、涙した。会のメンバーが小林さんと面会するのは初めてで、残そうとする養育院の歴史に新たな証言が加わった。

訪問は、下野新聞社の報道「とちぎ戦後70年」で3月、養育院を取り上げたことが縁で実現した。

養育院は身寄りのない高齢者や障害者、孤児らの入所施設で、１９４４年７月から約８年間、塩原温泉の旅館を買い取って疎開。その塩原分院は一時約７００人が入所したが、約８年間で５８１人が死亡した。うち４１８人は開設から終戦を挟んだ45年末までの混乱期に集中。多くが飢えによる衰弱死とされ、地元の妙雲寺に合葬されている。

小林さんは塩原分院に45年１月から閉院まで勤務。鈴木さんは当時、東京の本院に勤務していた。

２人の対面は数十年前のＯＧ会以来。同市塩原の旅館で再会し、「長生きして良かった」と目頭を押さえながら手を取り合った。

小林さんは分院時代、日々亡くなる入所者の棺を妙雲寺へ背負って運んだ。鈴木さんは空襲で雨のように火の粉が降る中を必死にバケツリレーを続けた。「語り始めた途端、走馬灯（そうまとう）のように記憶がよみがえった」。食べ物に事欠いていたこと、医師が出征して不足していたことなど、戦争に翻弄（ほんろう）された70年前を振り返った。

疎開を詳しく記録する公文書は現存していない。語り継ぐ会の稲松孝思副会長（67）は「戦時の混乱の中でもきちんと読経して埋葬するなど、粛々とやるべきことをやっていた。その事実に感銘を受けた」と話した。一行は12日、妙雲寺の合葬墓を墓参する予定だ。

軍飛行場の歴史　忘れない

壬生・六美地区　お年寄りから体験聞く

岩田さんの説明に聞き入る参加者たち

【壬生】六美地区が戦争中は飛行場だったことを風化させないよう活動している「六美（むつみ）の昔を知る会」（粂川光一実行委員長）の会合が２０１５年11月１日、六美南部自治会公民館で開かれ、小学生や保護者ら約30人が地域の歴史を学んだ。

現在は壬生町の一部となっている同地区には戦時下、宇都宮陸軍飛行学校壬生国谷飛行場があった。終戦の翌年の１９４６年１月に元軍人引揚者、疎開者、地元の人の約90人が跡地に開拓団として入植。約３５０ヘクタールの土地を切り開いた歴史をもつ。

この日は、14歳の時に飛行場で働いた経験のある岩田幸治さん（84）が、赤とんぼと称される２枚羽根の練習機が六美地区上空を爆音をたてて飛んでいたこと、飛行学校は終戦の４カ月前の45年４月に閉鎖され、千葉県から下志津陸軍飛行学校が移転してきたことなどを説明。粂川実行委員長（77）からは、開拓者の生活など当時の暮らしについての話などがあった。

戦後入植したのはわずか約60軒だったが、現在は１０００軒以上の住宅地となった同地区。ＮＰＯ夢くらぶむつみ理事長も務める佐々木剛事務局長（72）は「地域の歴史を知ることは郷土愛を育むいい機会。戦争や平和を考える機会にもなる。今後は近隣を含めて輪を大きくすることも検討してきたい」と話していた。

地下壕、９年ぶり特別公開

宇都宮八幡山　市民ら１６０人見学

壕内の様子を見学する参加者ら

【宇都宮】市教委は２０１５年８月22日、戦時中に塙田５丁目の八幡山に造られた旧陸軍地下壕（ごう）を９年ぶりに特別公開し、市民ら約１６０人が壕の一部を見学した。

旧陸軍は空襲と本土決戦に備え、太平洋戦争末期の１９４５年６月に同地下壕の建設を始めた。宇都宮師管区の司令部として使われる予定だったが、完成前に終戦を迎えた。しかし「米軍が進駐してきた時に笑われる」と、全11カ所の穴が貫通するまで作業が続けられた。総延長は７２１メートル。

参加者は、整備された約１００メートルの区間を約30分かけて見学。つるはしの跡が残る壁面や、作戦室や倉庫として使われる予定だったとみられる約20平方メートルの部屋などを見て回った。

夫婦で参加した住吉町、無職大橋栄治さん（81）は「司令部として使われていれば、本県でも本土決戦になっていたかもしれない。地下壕は後世まで残し、戦争の悲惨さを伝え続けてほしい」。壬生町緑町３丁目、主婦稲葉和子さん（69）は「地元の子どもたちなど、次世代を担う若い人たちにも見てほしい」と話した。

慰霊・追悼

語り継ぐ誓い新た

遺族高齢化、減る参列者

本県出身、南方戦没者を慰霊

沖縄栃木の塔

「栃木の塔」の前で戦没者の冥福を祈り、祭壇に献花する参列者＝2014年10月28日午前、沖縄県糸満市摩文仁

　太平洋戦争によってニューギニアやフィリピン島、沖縄などで命を落とした3万1千人超の本県出身将兵を慰霊する南方方面戦没者追悼式が28日、沖縄県糸満市摩文仁（まぶに）の丘「栃木の塔」で行われた。あの戦争が終わって70年目。遺族の高齢化はいや応なく進んでいく。参列した遺族は、はるか遠く戦地で散った肉親の無念に思いをはせ、鎮魂を祈った。恒久の平和に向けて惨禍を後世へ語り継ぐ誓いを新たにしたが、その難しさもかみしめた。

　式は南方方面戦没者を慰霊する「栃木の塔」が建立された1966年から、県遺族連合会が執り行っている。49回目のことしは遺族15人のほか、本県や沖縄県関係者、沖縄栃木県人会員ら計約30人が参列した。

　連合会の渡辺穣副会長（79）が「（戦没者の）在りし日の面影を思い起こすと、万感迫る思いを禁じえない。先の大戦から学んだ貴重な教訓を肝に銘じ、戦禍を繰り返さないよう平和を守り抜く」と木村好文（会長の式辞を代読。戦後生まれの県民が8割を占めた今、連合会の決意を訴えた。

　続いて参列者全員が花を手向け、戦没者の冥福を祈った。

　連合会の会員はピーク時の数万人から約8千人に減り、式への参列希望者も少なくなりつつあるという。

　式後、連合会の田村志津江女性部長（74）は「遺族が高齢化し、活動は難しくなりつつある。だが戦没者の霊を慰め、後世へ伝えていくのは生きている者の使命」と言葉に力を込めた。

　1966年の県調査によると、南方方面で戦没した将兵は陸軍と海軍で計3万1495人。日清・日露戦争以降の中国北方方面などの戦没者と合わせると、4万5085人に上る。

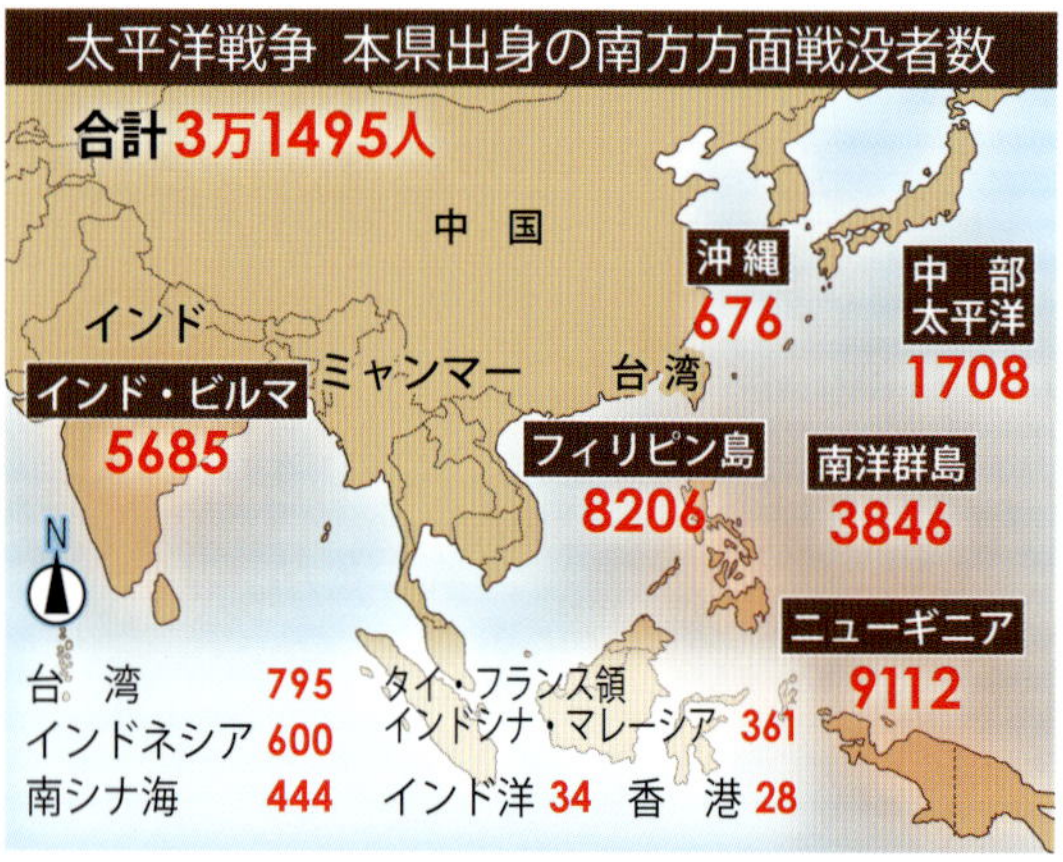

※1966年10月末時点の県の調査

「悔しかったろう」

妻子残し、自爆選んだ父

沖縄で69年ぶり〝再会〟

壬生の中島さん

父利男さんが戦死したと思われる場所を歩く中島さん＝2014年10月28日午前、沖縄県糸満市摩文仁

「69年ぶりに会えたな」。沖縄県糸満市摩文仁の丘で、28日に行われた南方方面戦没者追悼式。本県遺族団の１人、壬生町幸町４丁目の中島光男さん（76）は、初めて沖縄の土を踏んだ。32歳だった父が壮烈な最期を遂げた地で、その気温を感じ空気を吸い込む。妻子を残して倒れた父の悔しさを思い描き、母と自分たちきょうだい４人の苦難を振り返った。「長い年月が流れても突き付けられる戦争の罪深さ、そして、年月が流れて変わりゆくこの国の形に危うさも感じている。

摩文仁の平和祈念公園内にある記念碑「平和の礎（いしじ）」。沖縄戦などで没した人々の名が刻まれている。

「中島利男」。父の名を見つけて、胸をなで下ろした。「ここでおやじが生きていたことの証しだから」

69年前、この地は熾烈（しれつ）な戦いが繰り広げられた。父はここで散ったが、自分には孫までいる。「子どもを残して死ぬなんて、どれほど悔しかっただろう」

戦友からの手紙につづられた父の最期を思い浮かべた。

沖縄戦終盤の１９４５年６月18日。日本軍は追い詰められ、父の所属部隊も摩文仁まで後退を余儀なくされた。夕方からずっと降り注いだ米軍の砲撃の1発によって右手は吹き飛ばされた。包帯も薬も、もう尽きている。自爆を選んだ。

沖縄戦が終わったとされるわずか5日前のことだった。

悲報を聞いた中島さんは7歳。終戦から数カ月後、当時住んでいた北海道で、幼いながら長男として母とともに遺骨を引き取りに行った。箱に入っていたのは位牌（いはい）だけ。衝撃を受けたはずだが、どんな感情だったか記憶をたどれないままだ。

支柱を失い生活が困窮した家。それでも母は女手一つで子どもたちを育て上げた。並の苦労ではなかったはずだ。中島さんは勤めの関係で35歳で壬生町に移り住んだ。

「戦争は人生を変えてしまう」。追悼式に参列し、しみじみ思う戦争の罪。それを知っているからこそ、集団的自衛権の解釈変更などには危惧が募る。

「戦後レジームの脱却と言うが、戦争で学んだことまで脱却してはいけない」

胸に刻む　不戦の誓い

本県遺族団　思いさまざま

南方追悼式から帰途に
沖縄栃木の塔

太平洋戦争によってニューギニア、フィリピン島、沖縄などで命を落とした3万1千人超の本県出身将兵を慰霊するため、沖縄県糸満市摩文仁の丘「栃木の塔」で行われた南方方面戦没者追悼式に参列した遺族15人らが29日、帰途に就いた。

遺族たちは祈りの地で亡くした家族をしのぶことで戦争の罪深さを身近に引き付け、さまざまな思いを抱いた。

女性の一人は父を亡くし、遺児としての自らの苦難の人生を振り返って、「南方の海を見ると、涙っぽくなる」と打ち明けた。ある男性は戦死した父に現在の家族の幸せな暮らしを報告し、「戦禍を二度と起こすまい」と、沖縄で見聞きした出来事を子や孫に伝えることを誓った。

ことし参列した遺族の大半は70歳、古希を過ぎていた。高齢化を踏まえ、「これからどう語り継がれるのだろう」という風化への懸念もあった。

「今」に思いをはせた人も多かった。憲法9条をめぐる議論などのほか、中東の過激派戦闘員に参加しようとした大学生のニュースが思い出され、戸惑いと不安の言葉が聞かれた。

沖縄栃木県人会　五月女会長

追悼式の大切さ痛感

五月女一夫さん

南方方面戦没者追悼式には、在沖縄栃木県人会「栃の葉会」からも会員が参列している。会長を務める那覇市在住の五月女一夫さん（66）＝旧大平町出身＝は戦争の記憶が本土より強く残るウチナー（沖縄）の空気を感じながら、一方で古里栃木の人や戦没者を思う。それだけに戦争の風化が進む中、平和を願う追悼式について、「この慰霊は続けていかなければ。県人会も協力していく」と語った。

県人会の会員は現在、約60人。6月の沖縄慰霊の日の前に毎年、追悼式の会場にもなっている糸満市摩文仁の丘「栃木の塔」の清掃を行っている。

約30年前に移り住んだ五月女さんは当時、駐屯する自衛隊に対する地元の拒否感の強さに驚いた。沖縄戦で植え付けられた旧日本軍の記憶が尾を引いていたのだという。「沖縄でも地域や年代によって意識に差が生まれてきている」と受け止めつつも、「自衛隊や米軍の拠点周辺の人々は戦争への関心が高い人が多い」。

集団的自衛権の解釈変更など戦後70年目の政治の動きを案じている。

中国機に対する自衛隊機の緊急発進が増えており、尖閣諸島をめぐる日中の緊張関係を肌で感じる。それでも集団的自衛権の行使容認の閣議決定には反対だ。「他国の戦争に巻き込まれてしまうのではないか」。沖縄がその拠点として使われかねないとの懸念が消えない。

佐野市堀米町
田村志津江さん（74）

父墇司さん、ビルマで戦死

戦後は遺児としてつらく、悲しく、我慢の日々だった。南方の海を見ると、どうしても涙っぽくなる。生きている限り、霊を慰め続けていきたい。あと10年もすれば多くの遺児は80歳を超え活動は難しくなる。その時、どう語り継がれているだろう。外国の戦争に行きたいという若者まで出る世の中になり、衝撃を受けている。

那須塩原市上大塚新田
渡辺穣さん（79）

父勲さん、フィリピンで戦死

厳格だった父と南方で散った戦没者を、心を込めて慰霊した。戦争がなく、平和な国であってほしい。「栃木の塔」に来るたび、その願いを込めている。戦後 70 年を前に、この国は戦争を繰り返してはならないという意識が希薄になっていないか。追悼式は戦争の痛みを確認する貴重な機会だと思っている。

宇都宮市北一の沢町
河又敏雄さん（73）

父政意さん、南シナ海で戦死

日本のために戦った人を追悼し続けていくことが大切。戦後70年、遺族が高齢化して少なくなっていく中で、いかに若い人に戦争の苦しみを伝えていくか。それは私たちの世代に残された責任。修学旅行で沖縄を訪れたら、平和祈念公園だけでなく「栃木の塔」を見て、これだけの人が亡くなった事実を知ってほしい。

那須塩原市中央町
渋井雄一さん（78）

父末吉さん、ビルマで戦死

父に現在の家族が幸せに生きていることを報告した。親がいたから、自分がある。そう子にも孫にも伝えている。戦没者の慰霊に沖縄まで足を運ぶことに意義があると思う。憲法９条が議論されているが、私たちの代では変えてほしくない。子や孫の代はどういう選択をするのか気になっている。

高根沢町中阿久津
阿久津正雄さん（70）

父佐市さん、フィリピンで戦死

昨年母が亡くなり、一つの区切りと思って初めて参加した。遺児だったため早く自立しようと、海上自衛隊に入り、父と同じ国を守る使命を果たし、孫にまで恵まれた。式では「前を向き、恥ずかしくない人生を送ってきた」と父に報告した。沖縄に来て、あらためて戦争の悲惨さを肌で感じた。歩けるうちに、遺骨収集に行ってみたい。

壬生町幸町４丁目
中島光男さん（76）

父利男さん、沖縄で戦死

父が戦死したこの沖縄で見て聞いた話を、子や孫にあらためて伝えたい。戦争で多くの日本人が犠牲になったのだから、追悼は大切。同時に日本の加害によって外国でも多くの犠牲者が出たことも忘れてはいけない。安倍首相のやり方には非常に危ういものを感じる。過去の戦争とはしっかり向き合ってほしい。

世代を超えて語り継ぐ使命

県民、追悼と不戦の誓い

家族を失った悲しみ今も　「平和国家」守り抜くべき

戦後70年を迎えた終戦記念日の15日、県内の戦没者遺族は東京・日本武道館の全国戦没者追悼式や宇都宮市陽西町の護国神社での県戦没者追悼式に参列し、「さきの大戦」で命を失った親族に追悼の祈りをささげた。歳月の経過とともに、戦争を直接知る人たちは減り続けている。「戦争の惨禍を忘れてはいけない」。県内の戦争を経験した世代は悲しく、苦しかった戦時の記憶を新たにし、戦後世代は平和の尊さをかみしめ、不戦の誓いを胸に刻んだ。

■小堀博康さん（87）
宇都宮市・無職

兄2人が戦死しているので、戦争を嫌う気持ちと平和への思いは人一倍強い。今、国会で討議されている安全保障関連法案は議論が足りない。後方支援でも戦争に巻き込まれる可能性がある。若い世代にも理解、納得できるようにしていかないといけない。

■斎藤綾子さん（85）
塩谷町・無職

今は和楽踊りの会場になっている日光市の古河電工の工場に学徒動員され、そこの広場で玉音放送を聞いた。工場では同級生2人が体調不良や事故で亡くなった。若い世代には通じないかもしれないが、当時を思い出すたびに新聞投稿などで体験を伝えている。

■堀越京子さん（75）
佐野市・パート従業員

父はビルマ（現ミャンマー）で戦死した。私は幼かったので父との思い出は何一つ残っていない。戦争がなければ、と考えると悔しいし、悲しい。「8・15」は戦没者遺族にとって特別な日。戦争を知らない若者たちも平和の尊さを感じてくれただろうか。

■五味渕勝美さん（72）
茂木町・農業

旧満州（中国東北部）に出征した父親から、戦場での肉体的、精神的な厳しさ、悲惨さを聞かされてきた。日本が70年間、取り続けてきた平和国家という立場は世界中で認められており、誇りだ。私たちだけでなく、子、孫世代のためにもぜひ堅持してほしい。

■山田正徳さん（67）
宇都宮市・無職

戦争で祖母、母親の弟3人が亡くなった。その衝撃は大きく、70年の月日にも「もう」でなく「まだ」という思いだ。戦争は人の生活を根こそぎ駄目にする。火の粉が降り掛かってきてからでは遅い。若い人にはぜひ、安全保障の問題などに関心を持ってほしい。

■桑原弘子さん（61）
日光市・主婦

日本が戦後70年にわたって築いてきた平和を基本として、人に優しい世の中にしたい。そのためには地域の中で積極的に声を掛け合うことが大切だろう。人と人との輪を広げていくことで、みんなが暮らしやすい平和な社会がつくられると思う。

■篠崎郁美さん（47）
宇都宮市・主婦

安全保障関連法案に危機感を抱いている。自分が大切に育てた子どもが怖い思いをする世の中に逆戻りしてしまうのではないか、と。国益も大切だが、日本のリーダーは「武器は持たない」と世界で言い続ける強さを持ってほしい。終戦の日に、親として強く思う。

■増山和晃さん（36）
小山市・会社員

テレビや新聞などで当時の悲惨な状況を見聞きしてきた。戦後70年という節目に、二度と戦争をしてはいけないという思いを強くしている。戦争を知らない世代が増えていく中で、どうつないでいくかが大切。日本が築いてきた平和国家の立場を貫いていきたい。

■鏡聖君（18）
那須塩原市・高校3年

若い人たちが戦争体験者の話を聞くなどして戦争の恐ろしさ、平和の尊さをしっかりと認識することが大切だと思う。一人一人がその意識を持ち続けること、国として日本がこれからも世界平和を導く役割を果たすことで、国際社会から信頼される国にしたい。

■小沢杏実さん（15）
足利市・中学3年

終戦から間もなく生まれた祖母に、東京大空襲から逃れてきた人の話を聞いたことがある。一瞬で人の命が失われる戦争は、二度としてはいけないと思う。憲法9条の改正が議論になっているので、将来は法学部に進学して憲法や刑法を学びたい。

本県遺族を代表し献花に向かう鈴木さん（中央前から２人目）＝2015年8月15日午後０時半、東京・日本武道館、永嶌理絵撮影

「仲間に頂いた命」

本県代表、万感胸に

全国戦没者追悼式

「義兄や仲間に頂いた命なんです」。足利市野田町在住で、全国戦没者追悼式の本県参列者最年長の小竹亥作さん（92）は声を詰まらせた。式壇を見詰める目に涙があふれ、しわ深いほおを伝った。

　義兄は戦争末期、ビルマ（現ミャンマー）で戦死した。「兄貴分できっぷが良く、青年団の活動などではよく活を入れられました。家族を守ると志願してね。生きていれば、どんだけ地域で活躍したことか」と故人をしのんだ。

　義兄同様、小竹さん自身も望んで陸軍に入ったが、出征直前に終戦。『お国のために』と笑って20代で逝った友たちに合わせる顔がない」。戦後、小竹家の婿養子となり、酪農で身を粉にして働いたという。「一生懸命に生きることでしか義兄たちに報いる方法が分からなかった。戦争はしちゃ駄目だ」。万感の思いを胸に手を合わせた。

　最年少で参列したのは真岡市下大田和、高校1年浅香憲宏君（15）。海外で戦死した曽祖父洪逸（こうえつ）さんのことや、戦争そのものについても詳しくは知らない。「もっと戦争を理解できれば」。そんな思いで参列を決めた。

　普段はテニスに打ち込む高校生。平穏な毎日に「ずっと平和な国でいられたらいいな」と思う。黙とうしながら「命を無駄にしない日本にするため、力を尽くしたい」と誓いを立てた。

　本県を代表して献花した那須烏山市月次（つきなみ）、農業鈴木定男さん（74）は、生まれて間もなく出征した父一男さんの顔を写真でしか知らない。若くして一家を代表する立場となり「父がいれば…」と思うこともあったという。

　集団的自衛権の行使容認には複雑な思いがある。「戦争で多くの犠牲者を出したことを忘れてはならない。できるなら個別的自衛権や平和外交で済めばいい」

　小山市網戸、主婦三門トメさん（70）は「母のおなかの中にいる時父は出征し、ソ連に抑留され病気で亡くなった。どんなに帰りたかったことか」と涙を拭った。祖父を亡くした佐野市堀米町、同大場知子さん（48）は「若くして夫を失った祖母には、大変な苦労があったようだ」と、残された家族の苦難に思いを巡らせた。

慰霊碑に献花し手を合わせる中村会長＝2015年8月22日午前、宇都宮市内

県被団協慰霊祭

核廃絶、恒久平和を

祈り捧げ誓い新たに

被爆70年の「県原爆死没者慰霊祭」が22日、宇都宮市の県総合運動公園憩いの森にある慰霊碑前で営まれた。参列者約70人が広島、長崎で被爆し亡くなった本県関係の犠牲者を悼み、核兵器廃絶や恒久平和の実現に向けた誓いを新たにした。

慰霊祭は県原爆被害者協議会（県被団協）が主催し25回目。参列者は黙とうをささげて献花し、「あの日」に思いをはせた。

追悼の言葉で県被団協の佐藤幸枝副会長（85）は哀悼の意を述べ「非業の死を遂げざるを得なかった原爆死没者の心を思うと、70年たった今日でも、原爆の非人間性に対する憎しみはいささかも癒えることはない」と言葉に力を込めた。

佐藤副会長は学徒動員先だった広島の軍需工場で被爆した。「生かされた者の責務」として核兵器廃絶や世界平和の実現などを挙げ「被爆者の存在と役割はますます高まっている。体験を命の続く限り語り継ぎたい」と決意を語った。

国会で安全保障関連法案の審議が進んでいるほか、全国で原発再稼働の動きが加速している。長崎で被爆し両親と姉を亡くした県被団協の中村明会長（84）は「（現在の）世の中は戦争が起きる前のような雰囲気」「原爆、放射能の恐ろしさは被爆者だけが知っている状況」と指摘し「戦争、原発再稼働の反対を今後も訴える」などと強調した。

3月末現在、全国の被爆者（被爆者健康手帳所持者）は18万3519人。平均年齢は初めて80歳を超えた。本県は204人で平均年齢は78・97歳。

平和願い沖縄で慰霊祭

県神社庁、栃木の塔に31人

【宇都宮】県神社庁（石原敬士庁長）の神職31人はこのほど、戦後70周年を記念した「戦没者慰霊祭」を沖縄県糸満市摩文仁の丘に建つ「栃木の塔」で行った。

県神社庁は2002年6月、同県の本土復帰30周年で戦没者慰霊祭を実施している。今回は戦後70年を記念し、県出身者の戦没者のために慰霊祭を行った。

沖縄県の栃木の塔で行われた戦没者慰霊祭

栃木の塔は、沖縄県に県出身南方諸戦場戦没者の慰霊塔建設のため、県、県議会、遺族連合会など県内各界の代表で組織する「栃木南方方面戦没者慰霊塔建設委員会」によって、1966年に建立された。沖縄戦と南方諸地域での戦没者約3万1500人を祭っている。

慰霊祭では最初に、戦没者に対し黙とうをささげた。食物を供える献せんの儀では、県産のコメ、日本酒を使用した。拝参神の曲とも称されている「国の鎮め」を奉楽した後、参加者全員で「海ゆかば」を歌い、神主や県人会の代表らが玉串奉てんを行った。

石原庁長は「戦没者に対し、国民が感謝の心を寄せることが、わが国の恒久平和につながる」と話した。

県戦没者追悼式

遺族ら鎮魂の祈り

戦没者をしのび鎮魂の歌を歌う遺族ら＝2015年8月15日午前11時40分、宇都宮市陽西町の護国神社、福田淳撮影

宇都宮市陽西町の護国神社で行われた県戦没者追悼式（県戦没者合同慰霊祭執行委員会主催）では、遺族ら約400人が戦争で亡くなった人々を悼んだ。

同委員会会長の木村好文県議は「戦争の悲惨さを子や孫に語り伝えていくこと、戦争をしない、させない強い思いを貫くことがわれわれの役目」、同名誉会長の福田富一知事は「再び悲しみの歴史を繰り返すことのないよう決意を新たにする」などと述べた。

参列者は正午の時報に合わせ、1分間黙とう。夫がフィリピンで戦死し、自身も従軍看護師として招集された宇都宮市富士見が丘1丁目、宮崎ミチさん（93）は「戦争は本当に惨め。いかなる事態に際しても戦争だけは二度と起こしてはいけない」と語気を強めた。

つえをついて参列する姿も見られた。体験者や遺族の高齢化による記憶の風化が懸念される中、国際医療福祉大3年小堤敦子さん（21）は実習の一環で初めて参列。「戦争は人ごとではない。体験者の思いを受け継ぐのが私たちの役目」と思いを新たにした。

式に先立ち、戦没者の慰霊巡拝などの調査を行っている国学院大教育開発推進機構の中山郁准教授の講演が護国会館で行われた。

荒井退造が拠点とした県庁・警察部壕を視察する福田富一知事（左端）ら＝2015年10月26日日午後、那覇市真地

遺族団、知事ら沖縄入り

きょう戦没者追悼式

沖縄県糸満市で27日に行われる南方方面戦没者追悼式（県遺族連合会主催）に参列する本県の遺族団約50人と福田富一知事らが26日、沖縄入りした。那覇市内のホテルでは同日夕、太平洋戦争末期の沖縄県警察部長で、県民の疎開に尽力した宇都宮市出身の荒井退造（１９００～45年）を学ぶ研修会が企画され、同県元副知事の嘉数昇明さん（73）が退造の功績を紹介。福田知事は沖縄戦下で退造らの拠点となった那覇市内の壕（ごう）を視察した。

追悼式は、沖縄本島南端の摩文仁の丘に「栃木の塔」が建立された１９６６年に開始。戦後70年のことしは50回目の節目を迎える。

研修会は、本県でも顕彰活動が本格化した退造を知ってもらおうと、初めて企画。退造と二人三脚で県民の疎開と保護を進めた島田叡知事の顕彰に取り組む嘉数さんを講師として招いた。

嘉数さんは退造が沖縄戦前の44年から疎開に孤軍奮闘した経緯を紹介。自身も沖縄戦前に大分県に疎開した過去に触れ、「荒井さんらが疎開を進めてくれたおかげ」と感謝した。本県でも退造の功績が知られ始めたことを喜び「島田さんと荒井さんの足跡を振り返りながら、明日の慰霊祭を迎えてほしい」と呼び掛けた。

福田知事と岩崎信県議会議長は26日夕、沖縄戦下で退造や島田知事が一時拠点とした那覇市真地（まあじ）の「県庁・警察部壕」を視察した。壕はガマと呼ばれる自然洞窟を利用したもので全長約１３０メートル。米軍上陸が迫る45年3月、那覇市中心部から県庁機能の一部が移された。一時は１００人以上が過ごし、市町村長会議も開かれた。

福田知事は、天井から鍾乳石が伸びる真っ暗な壕内に入り、70年前、そこにあった「県庁」に思いをはせながら30分ほどかけて視察。退造が使った3畳ほどの部屋で黙とうをささげ、「（退造の）万分の一でも、県政や平和の推進、県民の安全安心の確保のために取り組む思いを強くした」と語った。

沖縄で追悼式
本県遺族ら不戦誓う
荒井退造の碑も参拝

太平洋戦争で命を落とした3万1千人超の本県出身将兵を慰霊する南方方面戦没者追悼式が27日、遺族や福田富一知事ら約60人が参列して沖縄県糸満市摩文仁の丘の「栃木の塔」で営まれた。先の大戦から70年、式典も50回目の節目。遺族らは海の彼方（かなた）の戦場で散った肉親の鎮魂を祈り、不戦の心を次世代に引き継ぐことを誓った。式後、沖縄戦前に多くの島民を疎開させた宇都宮市出身の荒井退造（1900～45年）ら殉職した沖縄県職員を慰霊する隣地の「島守（しまもり）の塔」も参拝した。

式は、ニューギニアやフィリピン島、沖縄など南方方面の戦没者を慰霊する「栃木の塔」が建立された1966年から、県遺族連合会が執り行っている。

ことしは遺族ら約50人のほか岩崎信県議会議長、沖縄栃木県人会「栃の葉会」の会員らが参列。連合会の木村好文会長は、式辞で「私たち遺族は断じて、断じて戦争をしない、させないをモットーに常に戦没者慰霊の心を持ち、明日のわが国の繁栄に一層の努力を傾注し、日本の心を後世に伝える」と決意を述べた。

知事は「先の大戦で学んだ教訓と平和の尊さを次の世代に語り継ぐことが今を生きる私たちの責務」と、追悼の言葉を贈った。続いて参列者全員で花を手向け、戦没者の冥福を祈った。

この後、退造の顕彰活動の広がりを受けて「島守の塔」にも参拝。式典にも参列した沖縄県元副知事の嘉数昇明さん（73）らの案内で、退造の「終焉之地（しゅうえんのち）」碑の前で郷土の偉人の足跡に思いをはせた。

追悼式後、荒井退造「終焉之地」碑に献花する福田富一知事＝2015年10月27日午前、沖縄県糸満市摩文仁

認められた最期の「証し」

昨年刻印の名と初対面

沖縄で父戦死　那須烏山の小森さん

「ようやく沖縄で戦ったことが認められたよ」。沖縄県糸満市摩文仁の平和祈念公園内で27日行われた本県出身南方方面戦没者追悼式。沖縄戦で父を亡くした遺族団の一人、那須烏山市下境、小森和昌さん(75)は、公園内の記念碑に彫られた父の名と初めて対面した。記録上は70年近く台湾での戦没とされていた父。昨年ようやく沖縄での戦死と認められた。その「証し」の前で在りし日の父の存在を感じ、末永い平和を願った。

「平和の礎」に刻銘された父の新雄さんの名前を見詰める小森さん＝2015年10月27日午前、沖縄県糸満市摩文仁

紺碧(こんぺき)の空と海が広がる平和祈念公園。その中に並ぶ記念碑「平和の礎(いしじ)」は、沖縄戦で亡くなった一人一人を刻銘している。

「あ、いた」。父新雄さんの名を見つけた小森さんの顔がほころんだ。礎に刻銘されている本県出身者は現在696人。最後に加わったのが父の名だ。真っ白なその字をなぞり、父の姿を思い描いた。

「確かにこの地にいたんだよな…」

小森さんは旧満州(現中国東北部)生まれ。父は軍用機の設計士だった。4歳の時に別れた父の記憶はない。口数は少なかったが、ダンスやテニスが趣味のおしゃれな人だったと母から聞いた。

1944年秋。父の出征と同じころ、実家の烏山に引き揚げた。父からは沖縄のバナナ畑の前で撮った写真が送られてきた。

翌年夏だった。突然、戦友から父が戦死したと知らせがあった。数カ月後に届いた遺骨箱。母が持たせた白いハンカチが入っていた。血か泥か、黒く変色していた。激戦地の首里で砲撃を受けたことが書き添えられていた。33歳だった。

戦後、母は土木作業や農作業に出て食いつながせてくれた。長男だった小森さんも毎日学校からまっすぐ帰って畑仕事を手伝った。

20年前に仕事で沖縄を訪れた時、平和の礎の中にあるはずの父の名を探した。だが、なかった。県に問い合わせると、担当者から予想もしない言葉を聞いた。

「戦没地は沖縄ではなく台湾となっています」。調べてもらったが判然とせず、変更は認められなかった。

「国のために死んだのに、ばかにしてるのか…」

数年前、遺族会の活動を通じて再調査が実現した。父の部隊が沖縄で戦っていた事実が判明し、昨年6月に礎に追加刻銘された。

礎には、他県の追加刻銘者もいる。「まだ他にも刻銘されていない人がいるのかもしれない」

70年たっても肉親の最期の地さえ分からない理不尽さを、あらためて思った。

「家族を失った悲しみや食べる苦労だけでなく、戦没者の最期を子孫に伝えられない遺族もいる。それが戦争なんだな」

太平洋戦争　本県出身の南方方面戦没者数

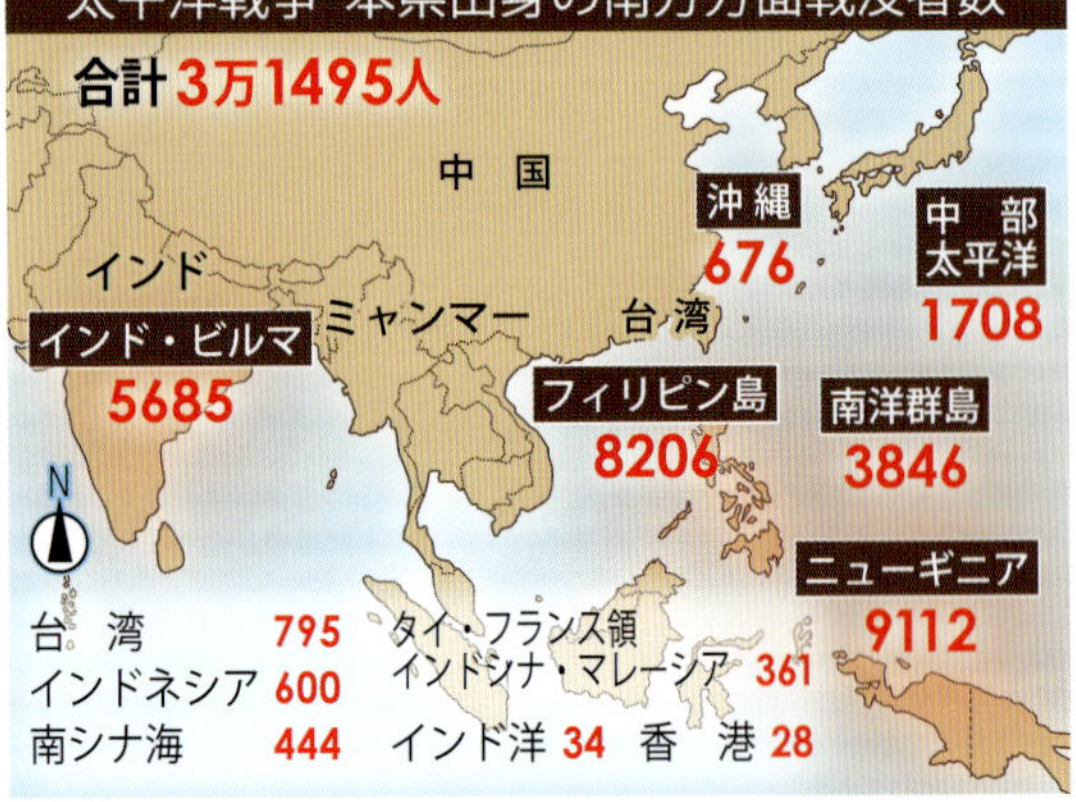

※1966年10月末時点の県の調査

第1回参列者　宇都宮の阿部さん

沖縄慰霊50回目の誓い

栃木の塔に「記憶引き継ぐ」

太平洋戦争で命を落とした本県出身将兵を慰霊するため、沖縄県糸満市摩文仁の丘の「栃木の塔」で営まれた南方方面戦没者追悼式に参列した遺族団約50人が28日、帰路に就いた。その1人、宇都宮市駒生町、阿部進さん（77）は塔が建立された1966年の最初の追悼式にも参列していた。よみがえる半世紀前の高揚と歳月の流れ。50回目の節目の式を終え、遺族の高齢化に複雑な思いを去来させながらも、戦没者追悼と戦禍の記憶を次世代に引き継ぐ覚悟を新たにした。

「おやじ、たばこ好きだったからな」

27日の追悼式後。阿部さんはすっと祭壇に近づき、父時蔵さんに2箱のたばこを供えた。海軍兵だった時蔵さんは45年6月、中部太平洋マーシャル諸島で、米軍機の猛烈な爆撃の中に消えた。

最初に摩文仁の丘を訪れた日を思い返すと、眼下の平和祈念公園は美しく整備が進んだが、白かった栃木の塔はこけむして黒みを帯び、時の経過を感じさせる。

66年11月9日、塔の除幕式を兼ねた1回目の追悼式。遺族ら約250人が参列し、建設委員会の会長を務めた当時の横川信夫知事ら県内の要人がずらりと並んだ。

戦後21年、激戦地の摩文仁の丘に各県の慰霊塔建立が続いていた。栃木の塔には構想段階で陶芸家濱田庄司も関わり、多くの県民が浄財を寄せた。式典は厳粛な雰囲気の中にも、全県挙げての追悼という高揚感があった。

「こんな立派な塔ができてよかった」。参列者席に宇都宮市の遺族会で青年部長を務めていた27歳の阿部さんの姿もあった。式典では、除幕のひもを引く役も務めた。父と対面できた気がした。

マーシャル諸島まで足を運ぶのは難しく、栃木の塔は父の存在を少しでも近くで感じ、一家の今を報告できる「大切な場所」だ。追悼式以外でも数え切れないほど足を運んできた。

あれから約50年。ことしの追悼式では参列遺族の高齢化を実感した。存続の危機も頭をよぎる。だが父の無念と残された家族の苦難を振り返り、不戦を誓う大切な場所であることに変わりはない。

「戦没者の声なき声を聞き、向き合うことが、戦争をしない心を後世に伝えるためにまず大切なこと。命ある限り、追悼式や各地の慰霊祭が続けられるよう模索していきたい」。そんな思いを沖縄で強くした。

栃木の塔の前の祭壇に、半世紀前と同じように献花する阿部進さん
＝2015年10月27日午前、沖縄県糸満市摩文仁

遺族高齢化　慰霊の形模索

沖縄「栃木の塔」戦没者追悼式50回目

孫世代を組織化へ／遺族会は担い手期待

節目の追悼式で謝辞を述べる浅香裕さんと本県の遺族団。慰霊の形の模索が続く＝2015年10月27日午前、沖縄県糸満市摩文仁

太平洋戦争で命を落とした本県出身将兵を慰霊するため、沖縄県糸満市摩文仁の丘の「栃木の塔」で営まれている南方方面戦没者追悼式は、ことし50回目の節目を迎えた。式典は本県の戦没者慰霊の象徴として、両県をつなぐ役割も果たしてきた。だが戦後70年を迎えて、遺族は高齢化が進み、海を越えての参列は難しくなりつつある。戦争と平和、沖縄と向き合う機会を次世代へ引き継ごうと、模索を続ける関係者。郷土で顕彰活動が本格化した沖縄戦時の警察部長、宇都宮市出身の荒井退造という新たな接点に注目が集まっている。

「これが最後の節目」「10年後は来られないよ」

10月27日、沖縄県糸満市摩文仁の丘の「栃木の塔」。降り注ぐ強い日差しの下、南方方面戦没者追悼式をしめやかに終えた遺族は口々にこぼした。

50回目の節目に参列した遺族団52人の平均年齢は70歳を超えた。戦没者への思いが変わることはない。だが、いや応なしに進む高齢化は、沖縄への足を遠ざけつつある。

「一緒にやってきた仲間がいなくなりつつある。このままでは自然消滅してしまう」

危機感をあらわにしたのは、真岡市下大田和、浅香裕さん(80)。１９５１年の県遺族連合会設立時から活動に携わってきた。

沖縄戦の激戦地だった摩文仁を初めて訪れた時の光景が忘れられない。今でこそ慰霊塔が並ぶ摩文仁の丘は当時、荒涼としたはげ山。砂利かと思って足を踏み出せば、それは戦没者の遺骨だった。「残酷そのもの」だった風景が慰霊の原点だ。

66年、全県を挙げて栃木の塔が建立されると、参列希望者が続々と沖縄へ渡った。飛行機をチャーターして訪れた年もあった。

だが歳月が流れ、戦没者の親がいなくなり、妻の姿も見えなくなった。終戦時に生まれた遺児も古希を迎え、参列者を集めるのが難しくなってきた。

「慰霊が途絶えれば、国全体の戦争と向き合う意識がますます薄れてしまう」。浅香さんは、進む風化に焦燥を募らせる。

数万人の会員がいた県遺族連合会も、現在は約７５００人にまで減った。

同会は遺児の次の世代として、「孫の会」の発足準備を始めた。11月上旬にも会合を開き、戦没者の孫の実態把握に乗り出す。「将来の活動の土台」を早急に整備する考えだ。

「国のために犠牲となった戦没者のため、行政も責任を持って慰霊に関与していってほしい」と要望する浅香さん。慰霊の形をめぐる模索が続く。

◇ズーム◇

南方方面戦没者追悼式

ニューギニアやフィリピン、インド・ビルマ（現ミャンマー）など南方方面で戦没した本県出身将兵を慰霊するため、沖縄県糸満市摩文仁の丘の「栃木の塔」で、１９６６年から県遺族連合会が執り行っている式典。同年の県の調査によると、南方方面で戦没した将兵は陸軍と海軍で計3万１４９５人に上る。日清・日露戦争以降の中国北方方面などの戦没者と合わせると、４万５０８５人。

追悼式に参列した遺族の思い

真岡市下大田和
浅香裕さん（80）

父 洪逸さん
台湾沖で戦没

地元の神社で地域の人々に旗を振られ、出征していった父。物静かな人で、外地に赴く前に一晩帰宅しましたが、多くは語りませんでした。台湾沖のバシー海峡で輸送船に乗っているところを撃沈されたようです。戦後は学校から飛んで帰ってきては、母の農作業を手伝いました。追悼式は来るたびに感じるものが違い、胸にこみ上げてくるものがあります。終生、足を運びたいと思っています。

那須塩原市住吉町
稲見和子さん（74）

父 清さん
東部ニューギニアで戦没

父は自分が生まれて4カ月後には赤紙で出征してしまいました。戦死の公報が届いたのは終戦から何年も後。母はずっと生きて帰ってくると信じていました。「親なし子」と言われ、つらい思いもしました。今、幸せに暮らせるのは、国のために命をささげた戦没者のおかげです。来られるうちはこの場所に来たい。何とか下の世代にも参加してもらい、慰霊を引き継いでいけたらと願っています。

下野市笹原
大越明さん（79）

叔父 鯉沼一二さん
台湾沖で戦没

一緒に住んでいた叔父は幼いころ一番かわいがってくれた人。バシー海峡で海の藻くずと消えました。戦後70年の節目に縁を感じ、妻と参列しました。妻の父も中国で戦死したのです。平和の礎（いしじ）で知り合いの名を見つけ、涙が出ました。荒井退造さんのことも初めて知り、感銘を受けました。何年たっても、その時だから出てくる話、話したいことがある。何らかの形で語り伝えていきたいです。

小山市神鳥谷
牛島禮子さん（74）

父 大川喜一さん
ビルマで戦没

生まれた翌年に出征した父の顔は写真でしか分かりません。戦病死だったそうです。母は本当に苦労しました。夜空を見上げては、一番輝いている星を父と思い、話しかけたものです。追悼式は胸に迫るものがありました。栃木の塔で眠る父には「自分も子も孫も元気でいます」と報告しました。これからも戦争がない世の中が続くように、高いところから見守っていてほしいです。

那須塩原市中央町
赤城辰夫さん（75）

父 五郎さん
小笠原諸島で戦没

韓国の釜山で教員をしていた父は陸軍の病院で戦病死したようです。母は一人っ子の私のために一生をささげてくれました。年を取れば取るほど、自分が慰霊しなければという気持ちが強くなってきました。沖縄まで来て、父への気持ちがさらに高まりました。真の平和国家であるならこうした慰霊をきっかけとして、戦争を反省し、もっと沖縄の問題も考えていかなくてはいけないと思います。

荒井退造　新たな懸け橋に

県内高校生にも学ぶ動き

沖縄県糸満市摩文仁の丘にそびえ立つ荒井退造の「終焉之地（しゅうえんのち）」碑。10月27日の南方方面戦没者追悼式の後、福田富一知事や遺族団が神妙な面持ちで見上げた。

「この裏が最後に姿を確認された軍医部壕（ごう）の入り口です」

案内するのは、沖縄県元副知事の嘉数昇明さん（73）。退造と二人三脚で県民の疎開や食糧確保に尽力した島田叡知事の顕彰に取り組んでいる。「終焉之地」碑には、退造と共に消息を絶った島田の名も並んで刻まれている。

嘉数昇明さん（左）の案内で荒井退造の「終焉之地」碑周辺を視察する福田富一知事（中央）と県遺族連合会の木村好文会長＝2015年10月27日午前、沖縄県糸満市摩文仁

この碑と、沖縄戦で殉職した沖縄県職員の慰霊碑「島守の塔」は、追悼式が行われる「栃木の塔」のすぐ隣にある。だが遺族団が足を運んだのは、50回目にして初めてのことだった。

地元の宇都宮市清原地区や、母校宇都宮高OBらの顕彰活動により、戦後70年のことし、郷土で光が当てられた退造。本県と沖縄を結ぶ新たなキーワードとなりつつある。

沖縄にはことし、県立高の半数以上の32校が修学旅行で訪れる。その中には、退造を学び、島守の塔に参拝しようという動きも出てきた。

栃木翔南高の放送部もその一つだ。次の放送コンテストに出す音声写真作品のテーマに退造を選んだ。

沖縄戦に詳しいノンフィクション作家田村洋三さん（84）や、宇都宮高の斎藤宏夫校長（58）らにインタビューを重ねている。

「周囲から反対を受けたのに、疎開を進めた意思と判断がすごい」と魅力を語る部長の関口明里さん（16）。作品を通じて、さらに退造の名前を広めたいという。

同校2年生は8日から修学旅行で沖縄を訪問。島守の塔を参拝し、郷土の偉人に思いをはせる。

4月に沖縄への慰霊の旅を行い、両県関係者の交流のきっかけをつくった斎藤校長は、県内高校に島守の塔参拝を呼び掛けてきた。

退造に新たな役割を期待している。「荒井退造は一つの入り口。生徒はその生きざまに触れ、沖縄の戦争と平和の問題に関心を広げていってほしい」

荒井退造の母校、宇都宮高を訪れ、斎藤宏夫校長にインタビューする栃木翔南高の放送部員＝2015年10月、宇都宮市滝の原３丁目

国学院大　中山郁准教授に聞く

郷土史として位置付けを　旧戦地との関係再構築も

中山郁准教授

ニューギニアやパラオの戦没者慰霊に詳しい国学院大の中山郁准教授（宗教学）は、遺族らの「次の世代」による追悼の在り方について「死者との関係性が薄れる以上、個人のつながりとしては難しい。栃木県として、各戦地で起きたことを郷土の歴史に位置付け直し、向き合っていく必要がある」と指摘する。

海外では、既に慰霊巡拝が途絶え慰霊碑の荒廃が進む地域もあるという。今後、どのような形で慰霊や追悼を続けていけばいいのか。「企業や青少年の交流などを通じて旧戦地との関係を新たに構築し、その中で戦争の歴史と戦没者を意識するようにしていくしかない」と語った。

沖縄での追悼については「各県とも今の形を続けるのは難しい。慰霊塔の存在を軸として、もっと広く沖縄との向き合い方を考えるべきだ」とする。例として教育を挙げ、「（修学旅行での）参拝から沖縄戦、基地問題などの平和問題をもっと多面的に考える機会としては」と提案した。

平和国家の道を歩むために「なぜ戦争が駄目なのかは死者と向き合わなければ分からない。戦争を考える慰霊の機会はどう形を変えても必要」と強調した。

「戦争の悲惨さ語り継ぎたい」

戦没者追悼式

遺族や市関係者、県議、市議ら約100人が参列した＝2015年11月12日

【鹿沼】市戦没者追悼式が12日、市民文化センター小ホールで行われ、遺族や市関係者、県議、市議ら約１００人が参列した。

最初に参列者全員で市内戦没者３１４３人に黙とうをささげた。市戦没英霊奉賛会会長の佐藤信市長が戦没者を追悼。「戦後70年となり、あらためて世界で唯一の原爆被爆国として平和な世界の実現を粘り強く訴えていくことが大切。世界の平和と郷土の発展のため努力することを誓う」などと述べた。

その後、市遺族会連合会の小曽戸広会長が「戦争の悲惨さを語り継ぎ、恒久平和のため、まい進することが私たち遺族会の責務と確信している」と述べ、参列者一人一人が献花した。

語り継ぐ誓い新た

県戦没者遺族大会

式辞を述べる木村好文理事長＝2015年11月19日午後、県総合文化センター

終戦70周年記念の県戦没者遺族大会（県遺族連合会主催）が19日、県総合文化センターで開かれ、遺族ら約７００人が不戦や戦争の記憶を語り継ぐ誓いを新たにした。

木村好文理事長は式辞で「終戦70周年の節目を、戦争の悲惨さ、平和の尊さを語り継ぎ、世界平和へ努力する新たな第一歩としたい」とあいさつ。来賓の日本遺族会の水落敏栄会長は、戦没者の孫やひ孫世代の組織化を呼び掛けた。

福田富一知事は沖縄で10月に行われた南方方面戦没者追悼式への参列と、沖縄戦時の警察部長だった宇都宮市出身の荒井退造らを祭る島守の塔への参拝を報告した。

明治天皇の玄孫で作家の竹田恒泰さんが特別講演し「戦争は恐ろしいと言っているだけでは平和は保たれない。国際情勢を読む力を養って戦争を避け、戦争になってしまったら絶対に負けないようにしなくてはいけない」と平和を守る不断の努力を訴えた。

とちぎ70回目の8・15

若き戦没者に〝花嫁〟

下野人形を奉納、慰霊　宇都宮の護国神社

小山の人形作家　諏訪さん親子

護国神社に奉納された下野人形の花嫁人形

【宇都宮】品のある赤の打ち掛けに白い角隠し―。そんな下野人形（ひとがた）の花嫁人形が、陽西町の護国神社（稲寿宮司）の拝殿に置かれている。「妻をめとらず逝ってしまった若い戦死者の供養になれば…」。小山市城東1丁目、下野人形家元諏訪志津子さん（79）と、長女で日本紙人形会会長のちひろさん（56）が心を込めて作り、2011年4月に奉納した。

「御霊のそばにお嫁さんを置いてあげたい」。きっかけは、稲宮司が話した何げない会話の一言だったという。以前から稲宮司と交流があった諏訪さん親子は「人形のお嫁さんでよければ」とその場で申し出て、制作活動に入った。

下野人形は、県伝統工芸品で小山市無形文化財の技法「下野しぼり」の和紙で作られる。着物や顔、髪など素材は全て和紙だ。

当時の花嫁衣装を参考に、ちひろさんが下野しぼりで和紙に色を染め、模様を施した。花嫁人形作りは初めてだった志津子さん。「ただきれいだけでなく、喜んでいただけるように気持ちを込めた」

ちひろさんが手掛けた布のような柔らかさを持つ和紙を使い、約1カ月で作り上げた。

諏訪志津子さん

諏訪ちひろさん

花嫁人形は高さ90センチほどで、「和紙だから何百年も傷まない」（志津子さん）。下野人形は見る人の心を映すと言われ、目鼻を入れないのが基本。しかし、御霊にささげる人形のため、かすかに目鼻を入れた。

奉納したのは11年4月に執り行われた同神社の例大祭。「皆さんに好かれるように嫁ぎなさいよ」。志津子さんはこう花嫁人形に語り掛けた。

奉納された人形を見た遺族から「よかったわ。私たちも慰められる」と掛けられた言葉が忘れられない。稲宮司は「感謝の言葉しかありません」と話している。

ヒロシマ
ナガサキ

広島原爆70年

体験継承に不安57％

被爆地派遣 広まり期待

広島は6日、長崎は9日に「原爆の日」を迎える。1945年8月の原爆投下から70年がたち、広島、長崎で被爆した本県在住の被爆者の約57％が、被爆体験の継承に不安を感じていることが、2015年8月5日までに下野新聞社のアンケートで分かった。一方、約46％が原爆被害の実情が「県内で伝わっていない」とも回答。本県のように広島、長崎から遠く離れた土地だからこそ、より積極的に原爆の記憶を伝えていく必要性が浮き彫りとなった。

アンケートは県原爆被害者協議会の協力を得て、初めて行った。7月に全会員137人へ郵送。46人から回答があり、7人は死去したと親族から連絡があった。回答者の平均年齢は79・5歳だった。

被爆の影響を尋ねると、「体調悪化に悩まされている」「悪化はしていないが、体調不良は続いている」と合わせ43・5％が不調を訴えた。「体調に変化はないが、不安を感じている」も47・8％あり、被害者がいまだに心身に苦しみを抱えている実態が分かった。

被爆体験の継承に不安を感じるかとの問いには、56・5％が「感じる」と回答。「高齢のため被爆体験をうまく話せない」（81歳女性）と訴える声があったほか、「幼かったので記憶がほとんどない」（74歳女性）などと明かす人もおり、被爆者でも語ることができない世代がいることも浮き彫りになった。

県内被爆者　本紙調査

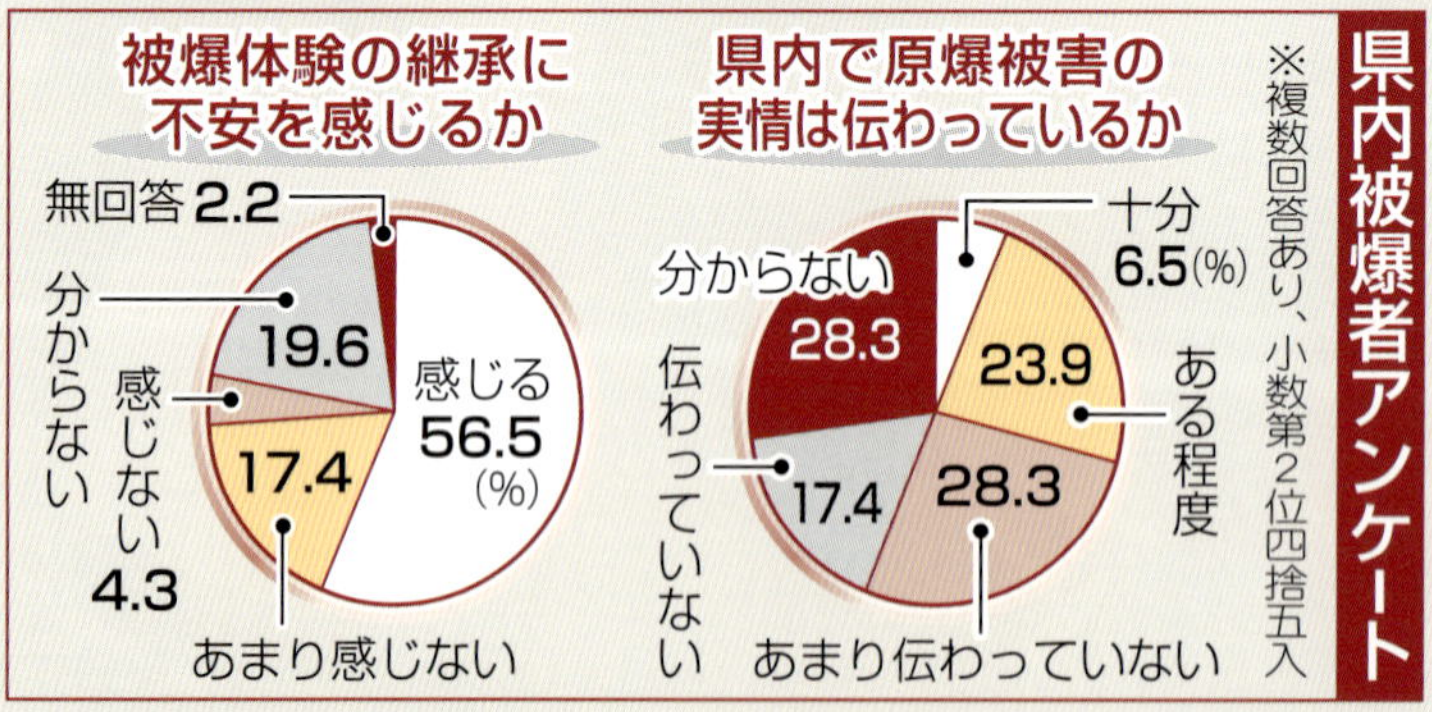

一方、県内で原爆の被害や被爆者の実情が十分伝わっているかを質問したところ、28・3％が「あまり伝わっていない」、17・4％が「伝わっていない」。「十分伝わっている」「ある程度伝わっている」は合わせて30・4％だった。

理由について「被爆県から遠く離れ、被爆者が少ないので、あまり関心がないように思う」（87歳男性）などとの指摘があった。

県内に「ノーモア・ヒロシマ、ノーモア・ナガサキ」をどう伝えるか。後世に伝える取り組みとして「学校の修学旅行で必ず広島、長崎の資料館等の見学を取り入れる」（69歳男性）「全部の中学生に広島、長崎の惨状を見せてほしい。派遣事業を広めてほしい」（82歳女性）などと、若い世代が現地で見聞する機会が増えることに期待を寄せた。

本県遺族代表・高橋さん

広島から

惨禍の記憶を胸に

「平和続いてほしい」

父の笑顔浮かべ献花

亡くなった父親が勤めていた広島銀行で、慰霊碑に献花する高橋さん
＝2015年8月6日午前、広島市、横松敏史撮影

あの日を振り返り、過ぎた年月を思った。広島に原爆が投下されて70年。県内の被爆者は故郷広島を訪れ、あるいは遠く県内から故郷に思いをはせ、原爆で命を奪われた家族を悼んだ。広島市で平和記念式典が行われた同じ時、県内では平和への思いを込めた鐘の音が鳴り響いた。「二度と繰り返さないように」。悲しみは終わらず、平和への願いは強くなる。穏やかな世界が、永遠に続いてほしい―。広島で、県内で、全ての被爆者を追悼する鎮魂の祈りが広がった。

下野市の高橋久子さん（82）は、本県遺族代表として平和記念式典に臨んだ。4年ぶりの参列。子煩悩だった父親の思い出をたどりながら、「今の平和がずっと続いてほしい」とあらためて祈った。

70年前の「あの日」、12歳だった高橋さんは爆心地から約2キロ離れた場所で被爆した。父親の岩佐節造さん＝当時（51）＝は爆心地近くの広島銀行に勤務。高橋さんは9日後に、父親の死を知った。骨片と印鑑だけが残った。

式典後、高橋さんは原爆ドームを訪ねた。「昔の広島県産業奨励館で、よく父に連れていってもらった場所。らせん階段があって、そこで遊びました」

広島銀行にも足を運んだ。屋上にある慰霊碑に献花し、手を合わせた。「70年たっても、父の顔は変わらない」。高橋さんは、よく抱っこしてくれた父の笑顔を思い浮かべた。

平和について考えてほしいと、高橋さんは現在、本県で中学生らに被爆体験を伝えている。

「（父は）『頑張っているな』と言ってくれていると思います」

高橋さんは、再び慰霊碑に手を合わせた。

本県原爆被害者協・中村会長

長崎から

「語る」生ある限りに

節目の年 古里で祈り

「あの日」思い決意新た

式典に参列した中村さん。平和祈念像の前で手を合わせ、70年前に思いをはせた＝2015年8月9日午後、長崎市

70年目の「原爆の日」を迎えた9日、長崎は犠牲者を悼み平和を願う祈りが早朝から続いた。「長崎を最後の被爆地に」。原爆投下時刻の午前11時2分、多くの人が願いを込め、一斉に黙とうをささげた。忘れられない惨禍の記憶が刻まれた場所は、家族や友人の魂が眠る大切な古里。「これからも語り続けていく」。本県の原爆被害者協議会会長を務める中村明さん（84）＝宇都宮市＝は、平和祈念式典が営まれた平和祈念像の前で思いを募らせた。

式典会場の平和公園は小高い丘の上にある。広島の原爆ドームのような大きな遺構はない。エスカレーターで丘を登ると、水を求めて亡くなった被爆者の冥福を祈る「平和の泉」、奥には右手で天を指さすシンボルの平和祈念像が臨める。

中村さんは遺族代表者席で式典を見守った。厳かな雰囲気に包まれる会場で、14歳だった「あの日」の記憶、両親や姉の顔を浮かべた。

父与八さん＝当時（53）＝は爆心地から約1キロの場所で被爆し亡くなった。その約1カ月後、今度は母ノシさん＝当時（53）＝が息を引き取った。全身に黒い斑点ができていた。姉のスマさん＝当時（20）＝は行方不明のまま。生き残った兄妹と、材木をかき集めて火葬した。

「自分の肉親を焼くのは覚悟がいる」。そうつぶやき中村さんは目を伏せた。

自身は爆心地から約1・2キロの工場で吹き飛ばされ、がれきに埋もれた。あめのように曲がった鉄骨。言葉にならないうめき声が聞こえた。凄惨（せいさん）な光景は今も消えない。

海に面し、三方を山に囲まれる長崎。強い日差しの中、坂の多い街並みを歩くと、すぐに汗が噴き出す。この日は街の各所で祈りがささげられ、被爆で全焼し再建されたキリスト教の聖堂「浦上天主堂」では早朝、追悼ミサも行われた。

中村さんは少年時代、夏は毎日のように海へ通い、坂道を走り回った。原爆投下から70年。「長崎はどういう場所ですか」と尋ねると、「家族や友人の魂があり、会うことができる」と答えた。言葉には、古里への思いがにじんだ。

「節目の年。これが最後」と、6年ぶりに式典に参列した。本県で被爆体験を伝える長崎出身の語り部は少ない。「たとえ一人きりになっても続けたい」。決意を新たにした。

宇都宮市に住み始め50年以上がたつ。「長崎より宇都宮の方が長くなるが、長崎弁は抜けないな」。故郷を胸に平和を訴え続ける。

本紙記者ら　ヒロシマ講座参加

広島から

被爆の真実伝えたい

悲惨な体験　世界と共有を

被爆70年の平和記念式典（8月6日）を前に、広島市の被爆の実態や核兵器廃絶への取り組みなどを学ぶ国内ジャーナリスト研修「ヒロシマ講座」が28日、同市中区の平和記念公園内にある広島国際会議場で始まった。識者や市職員が被爆体験継承の意義や被爆者対策の現状などを説明した。

講座は2002年度から同市が実施。本年度は下野新聞を含む24～39歳の記者11人が参加した。初日は、同市立大広島平和研究所副所長の水本和実教授が「ヒロシマと平和について」と題して講義した。

水本教授は、圧倒的な死亡率や放射線障害のほか、自分が生き残ったことを責める心理などを挙げて核兵器の危険性を説明。さらに被爆者の手記や原爆文学、音楽などを紹介し「（広島は）被爆体験に集約される原爆と核兵器の危険性をますます掘り下げ、多様な手段で世界に訴え続けていくべきだ」と指摘した。

また「原爆、核兵器以外による世界中のさまざまな悲惨な体験にも気を配り、互いに共有することも重要。一方通行ではメッセージは届かない」とも述べた。

広島平和文化センターの小溝泰義理事長は、核兵器廃絶に向け世界160カ国・地域の6733都市（7月1日現在、本県21市町）が連携する「平和首長会議」の取り組みなどを説明。「市民社会の多様な構成員が力を合わせれば、時代を変えることはできる。被爆70年のことを新たな世界的行動の出発点として、核兵器の法的禁止を何としても実現したい」などと強調した。

ヒロシマ講座は平和記念式典を挟んで8月7日まで。4日間の講義のほか、現地取材などを通してあらためて平和を考える。

全国各地の記者が被爆の実態などを学ぶ「ヒロシマ講座」＝2015年7月28日午前、広島市

ヒロシマ講座　女子高生ら報告

広島から

被爆体験、後世に残す

強い思いで署名、証言収録

被爆について後世に伝えることへの思いを語る石原さん（左）と並川さん
＝2015年7月29日午後、広島市内

広島市の被爆の実態や核兵器廃絶に向けた取り組みなどを学ぶ国内ジャーナリスト研修「ヒロシマ講座」2日目の29日、会場の広島国際会議場で、広島女学院高の生徒たちが核兵器廃絶を訴える署名キャンペーンや被爆体験の証言収録などの活動を報告した。「私たちは被爆者から話を聴くことができる最後の世代と言われている。後世に残す責任がある」と強調した。

報告したのは同校3年の石原香音さん（17）と同校2年の並川桃夏さん（16）。同校の署名実行委員会に所属し、さまざまな平和活動に取り組む。その柱の一つが、２００８年に広島市で開催された中高生平和サミットを契機に始まった「核廃絶！ヒロシマ・中高生による署名キャンペーン」で、昨年度は６万２１７７筆が集まったという。

インターネットを通して世界中に被爆者の体験や思いを発信するプロジェクト「ヒロシマ・アーカイブ」にも携わり、証言を収録している。並川さんは「戦後70年、被爆者の高齢化は深刻な問題になっている」と指摘。収録予定だった被爆者が直前に亡くなった経験から「少しでも早く、多くの方に話を聴きたいと思うようになった」と述べた。

２人は４～５月、外務省の「ユース非核特使」としてニューヨークに派遣され、核拡散防止条約（ＮＰＴ）再検討会議の傍聴や現地の学生との交流などを通じて、核兵器廃絶を訴えた。

同会議では、世界の指導者に広島、長崎訪問を求める日本の提案が中国の反対で実現しなかった。しかし石原さんは派遣を通じて「さまざまな出会いがあり核兵器廃絶の可能性を感じた」という。「（会議の結果を）残念がる声もあるが、新たな一歩を踏み出すきっかけになれば」と願った。

ヒロシマ講座　被爆体験伝承者

「命の大切さ」語り継ぐ

広島から

母の思い、娘が伝える

広島市の被爆の実態などを学ぶ国内ジャーナリスト研修「ヒロシマ講座」3日目の30日、同市の「被爆体験伝承者養成事業」に参加する被爆体験証言者と伝承者、伝承候補者の3人が会場の広島国際会議場でそれぞれの思いを話した。事業は、「第三者」が体験者の証言を基に被爆を語り継ぐ試み。「どうやって人の心を伝えるのか」と疑問を感じていた証言者の梶本淑子さん(84)は、伝承者が活動する姿を通して、自身の声や思いが後世に伝わる手応えを感じたと語った。

「梶本さんは爆心地から2・3キロ北にあった工場で作業中に被爆しました。当時は14歳で、今の中学3年生。その日は…」

3年間の養成課程を終えた伝承者大田孝由さん(68)は、受講する記者を前に身ぶりを交えて語った。

被爆2世で、奈良県在住の元教師。伝承者養成事業が始まった2012年度に応募した。「母親が亡くなり60歳を過ぎた頃から人生を振り返り、故郷への気持ちが強くなった」という。

70年前のあの日、梶本さんの父は娘を捜して広島市内を歩き回り、その1年後に亡くなった。梶本さんは、自身がけがをしながらも担架で友人を運んだ。その姿を思い浮かべながら、大田さんは「(伝承で)命の大切さを伝えていきたい」と力を込めた。

4月時点で、全国の16～81歳の210人が被爆者の証言を聴くなど研修を重ねる。既に1期生(12年度)50人は伝承活動を始めた。

伝承候補者の中村裕美さん(55)は、梶本さんの次女。3期生(14年度)として研修を続けている。梶本さんは、1期生に体験を伝えた後は事業への参加を辞めようと思っていたというが、娘の参加で、「(伝承のために)あと3年は生きなくては」と笑顔を見せた。

梶本さんの願いは戦争反対と命を大切にする心。母親の姿を見て事業に応募した中村さんは被爆者、そして母親の声を後世に伝える。

命の尊さを伝えたいと語る（左から）梶本さんと大田さん、中村さん＝2015年7月30日午前、広島市内

「ヒロシマ講座」相川さんが報告

広島から

「平和への提案大切」

折り鶴教室など海外活動

折り鶴教室などを通して海外で平和文化教育を発信する相川さん＝2015年7月31日午後、広島市内

広島市の被爆の実態などを学ぶ国内ジャーナリスト研修「ヒロシマ講座」講義最終日の31日、ひろしま平和大使を務める同市出身でアルゼンチン在住の相川知子さん（47）が会場の広島国際会議場で「海外から伝えるヒロシマについて」をテーマに講演した。「広島を知ることは未来を考えることにつながる」と南米での取り組みを紹介した。

相川さんは非政府組織（NGO）「フンダシオン　サダコ」を主宰。アルゼンチンや近隣諸国で、子ども向けに折り鶴教室を開くなど平和文化教育を展開している。

広島平和記念公園にある「原爆の子の像」のモデル佐々木禎子さんが、亡くなるまで「生きたい」との願いを込め折り鶴を作り続けたという話はアルゼンチンでも有名という。

相川さんは折り鶴などの活動を通して「相手の目標としている平和を理解すること、押し付けではない平和に向けた提案を大切にしている」と強調した。今回、相川さんは子どもたちなどが作った折り鶴17キロを像にささげた。

原爆ドーム本紙記者ルポ

平和の象徴　歳月を重ね

広島から

進む劣化、保存に苦心

広島市中区の平和記念公園内にある世界文化遺産の「原爆ドーム」。1915年に広島県物産陳列館として完成し、ことし100年を迎えた。核兵器廃絶と平和への願いを国内外に伝え続ける「ヒロシマ」のシンボル。国内ジャーナリスト研修「ヒロシマ講座」に参加する中で、普段は立ち入れないドーム内部を見学する機会を得た。被爆70年の今も当時とほぼ変わらぬ姿を残すが、確実に劣化が進んでおり、保存の難しさとともにドームへの市民の思いを実感した。

被爆の惨禍を伝え、「平和の象徴」として保存されている原爆ドーム。1996年、世界遺産に登録された＝2015年7月29日午後、広島市

半球形の屋根を真下から見上げると、頑丈そうな鉄骨が目に付く。交差して並ぶ鉄の支柱。倒壊を防ぐ補強が歳月をうかがわせる。

7月29日、原爆ドームを訪ねた。ヘルメットを着用して建物内へ。案内してくれた「ピースボランティア」の高齢の男性が言った。

「いろいろ知識はあると思いますが、まっさらな気持ちで見てください」

原爆ドームは爆心地から北西160メートルの距離で被爆。その後、約20年間はそのまま放置された。「記念として残す」「悲惨な思い出につながる」。存廃で意見が二分したためだ。

保存に傾くきっかけになったのは、1歳で被爆し15年後に白血病で亡くなった楮山ヒロ子さんが残した8月6日付の日記だった。

「あの痛々しい産業奨励館(原爆ドーム)だけが、いつまでも、恐るべき原爆のことを世に訴えてくれるのだろうか」

その言葉に心を打たれた子どもたちが中心となり、保存運動が始まった。

同市は67年以降、3回の本格的な保存工事を行った。原爆ドームの外観や見え方を変えず保存を進めるが、完全な倒壊防止は困難な面もあるのが実情という。

万一の事態に備え、同市は復元を可能にするためのデータも集めている。担当職員は「可能な限り、長く残したい」と強調する。

周囲はがれきが地面を覆い、崩れかけた壁のれんがが当時を物語るように見える。実際にその場に立ち、市民の言葉を聞いて、ドームの存在の重みを感じた。

「ヒロシマ」の思いを後世につなげるため、同市は本年度中にも4回目の保存工事に着手する予定だ。

原爆ドームの内部。補強鉄骨で倒壊を防いでいる＝2015年7月29日午後、広島市

広島市の被爆者・河野さん（84）

広島から

「遺体の感触消えない」

言葉の力信じ伝える

「ヒロシマ講座」で証言

つま先に触れた遺体の感触は消えない。今も橋を渡るたび、助けを求める女性の声がよみがえる—。広島市の国内ジャーナリスト研修「ヒロシマ講座」（7月28日～8月7日）で、同市の河野キヨ美さん（84）は記者を前に、今も忘れぬ被爆の記憶を語った。原爆投下から6日で70年。時折目を伏せ、苦しげな表情を浮かべながら「あの時」を振り返った。

被爆体験や平和への思いを語る河野さん。「言葉には人を動かす力がある」と証言を続ける＝2015年7月29日午前、広島市

1945年8月7日、14歳の河野さんは爆心地から35キロ離れた自宅を出て広島市中心部に向かい、被爆した。原爆投下の翌日。「大きな爆弾で広島は全滅した」。近所のうわさで聞いた。市内の病院で働く姉の遺骨を拾うつもりだった。

一面焼け野原。遮る物はなく、瀬戸内海の島もくっきり望めた。無数の遺体は足の踏み場もないほど。電車の中に、炭になってぶら下がった腕が見えた。

病院にたどり着くと、姉には会えなかったが同僚から無事を知らされた。だが、安堵（あんど）したのはつかの間。病院の玄関前にあった大きな円形の花壇の様子は、「忘れられぬ光景」として脳裏に刻まれた。

円形に合わせるように、頭を中心に向け放射状に並べられた遺体。名札を見ると、同年代の中学1年生だった。その顔は眠っているようにも見えた。

空襲に備え、家を取り壊す建物疎開に動員された少年たちだった。「肉親にみとられることなく次の日、病院の横で焼かれたそうです」。若くして絶命した少年たちを思い返し、河野さんは目を伏せた。

戦後、河野さんは「自分はけがもしてない」と体験を語るのをためらっていた。だが70歳を過ぎたころ、自身の高齢化を考え、「記憶を残したい」との思いが強くなった。「絵に描いてほしい」と訴える少年たちの夢も見た。あの日見た「忘れられぬ光景」を描いた。

少年たちの絵が、悲惨な記憶を心にとどめていた河野さんの背中を押した。「多くの犠牲があり、今の平和があることを知ってほしい」。今は国内の中高生たちに証言を重ね、海外で体験を語ったこともある。

「一人一人は小さな声でも、核廃絶や平和への願いが集まれば、大きな力になる。そう信じて証言を続ける」。河野さんは顔を上げ、力を込めた。

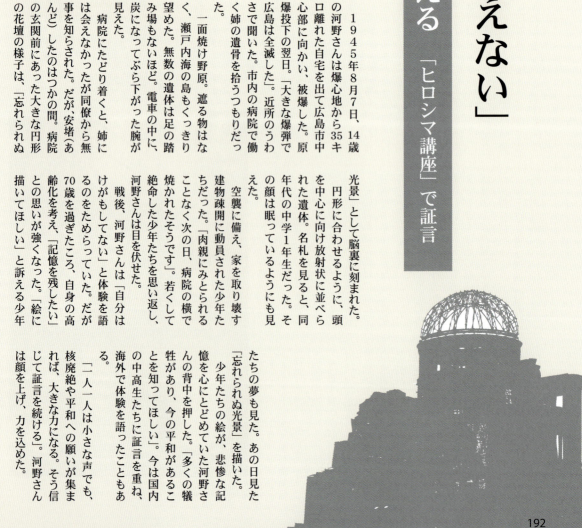

広島「原爆の日」・本紙記者ルポ

広島から

70年、平和へ誓い新た

本県被爆者、中学生も参列

「多くの犠牲で今の平和」

広島は6日、人類史上初めての原子爆弾が投下されてから70年の「原爆の日」を迎えた。遺影を手に慰霊碑を見つめる遺族、ハンカチでこぼれる涙をぬぐう被爆者。平和記念式典が行われた広島市中区の平和記念公園は、深い祈りに包まれた。世界各国の人々が集う会場やその周辺には、本県の被爆者や遺族、平和を学ぶ中学生たちの姿も。平和の鐘が鳴り響く中、参列者はそれぞれの思いを抱きながら、節目の年の「ヒロシマ」で平和への誓いを新たにした。

午前8時15分、「あの時」を迎える。一瞬の静寂。黙とうの合図で、参列者約5万5千人が一斉に目を閉じた。鎮魂の鐘が静かに響く。70年前の惨禍に思いをはせ、犠牲者を悼んだ。

参列者の眼前にある原爆死没者慰霊碑には、この日までの死没者計29万7684人の名簿が納められた。

参列席には、高齢の被爆者らの暑さ対策で白い大きなテントが並ぶ。中には時折風が入るが、次第に熱がこもり、汗がにじんだ。

献花、広島市長の平和宣言と続く式典。同市の小学6年、桑原悠露君（12）と細川友花さん（11）が「平和への誓い」を朗読する。「祖父母たちが、この70年間ヒロシマを生き抜いて、私たちに命をつないでくれました」と感謝を込めた。

静かに聞き入る遺族や被爆者。本県の遺族代表、下野市の高橋久子さん（82）は、父親の遺影を胸に慰霊碑をじっと見つめた。

自身の体力を考え「今回が最後」と臨んだ式典。「70年は節目として参列したかった。何か安らぎみたいなものも感じています」。そう話すと、柔和な顔をのぞかせた。

年を重ねる被爆者の一方で、次代を担う中学生らも式典を見守った。県内からは過去最多の10市町、約180人の生徒が参列した。

その目にヒロシマはどう映ったのか。初めて訪れた宇都宮市古里中2年、奥村昂央さん（13）は「平和の大切さが身に染みた」と真剣な表情で語った。

ヒロシマが身近でないと感じていた同市陽東中2年、高久優真さん（13）は、実相を知りたいと参加した。「当たり前と思っていた今の平和には多くの犠牲があった」と実感を口にした。

この日の式典に向け、広島市主催の国内ジャーナリスト研修「ヒロシマ講座」に参加し、2週間近く同市に滞在した。体験を語り継ごうとする被爆者や伝承者ら多くの声を聴き、慰霊碑に何度も足を運んだ。

手を合わせる人が絶えない慰霊碑。そこには、こう記されている。「安らかに眠って下さい　過ちは繰返しませぬから」。この言葉を忘れない。

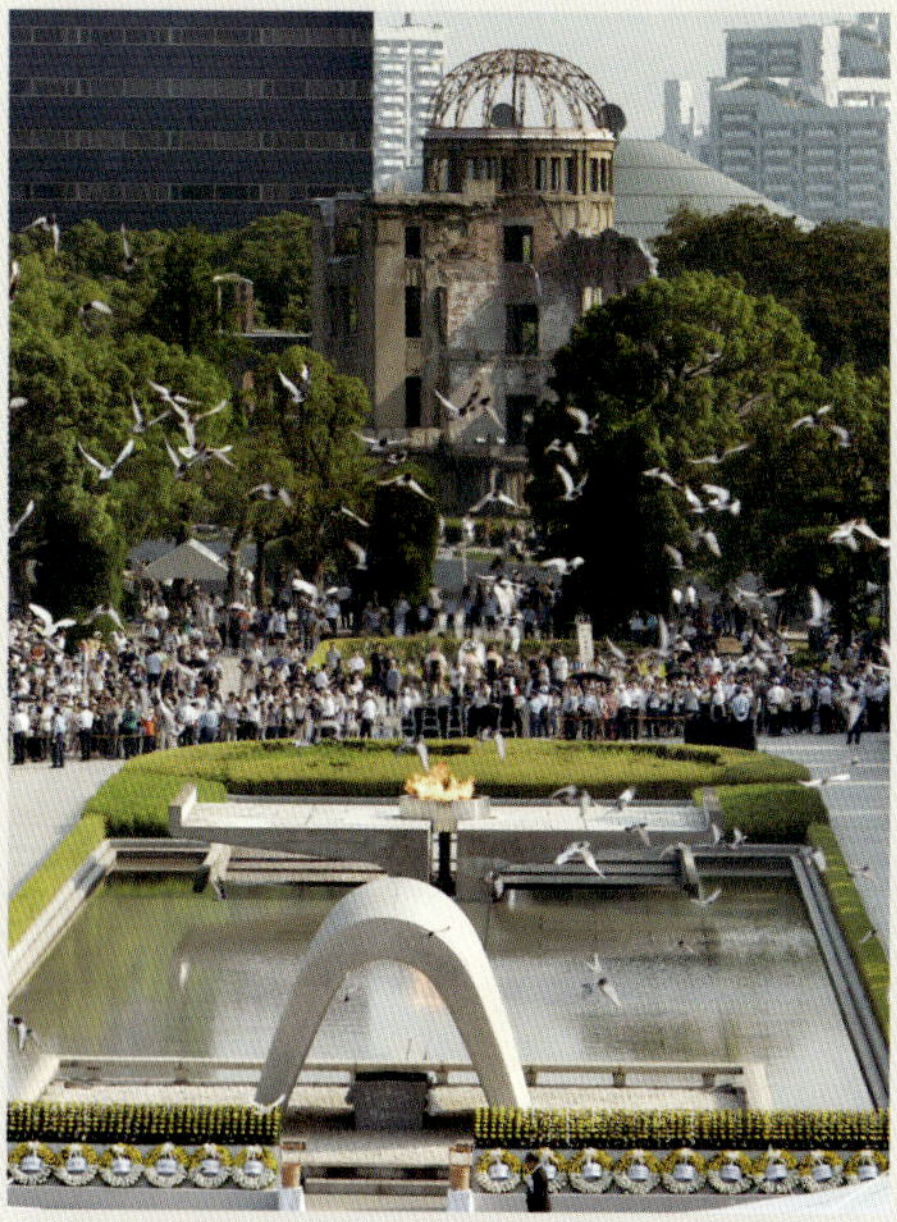

被爆から70年を迎え開かれた平和記念式典で、会場に放たれたハト＝2015年8月6日午前、広島市の平和記念公園

県内語り部最高齢・93歳の青木さん

「命続く限り、語り継ぐ」

「命が続く限り、語り続けます」。広島原爆の日の6日、被爆体験の語り部として県内最高齢の小山市飯塚、青木美枝さん（93）は、70年前と同じように晴れ渡った空を見上げながら、原爆で命を奪われた両親や妹に誓った。

爆心地から約1・8キロの自宅で被爆した。倒壊した家屋に、妹の久枝さん＝当時（19）＝と両親は押しつぶされ、目の前で炎に包まれた。「うちにかまわんで逃げて。お姉さん」。そう声を振り絞る久枝さんを助けようとしたが、火は見る見るうちに広がり、かなわなかった。

「妹だけでも助けてやりたかった」。20年ほど前から語り部を始め、自身の体験を話してきたが「どんなに話しても、後悔、悲しみ、悔しさは消えません。家族で幸せに暮らした日々を思い出しても、常に悲しみがつきまといます」。

高齢のため、広島市の平和記念式典に出掛けることはままならず、自宅のテレビで見守った。平和宣言が読み上げられた後、一斉に放たれたハトを見て涙が込み上げた。「亡くなった家族や、街で無残な姿で死んでいった大勢の人たちと、空高く舞うハトの姿が重なった」からだ。

青木さんは戦後、姉を頼って本県に移り住んだ。被爆後、白血球の減少や甲状腺機能低下で幾度も生死の境をさまよったが「今まで生かされてきたのは、語り継ぐ使命があるから」と言う。

語り部として壇上に上がる時は、椅子に腰掛けず、1時間立ちっぱなしで話す。そして最後にこう結ぶ。「私の話を誰かに語り継いでください。あの悲惨な戦争が二度と起こらぬよう、いつまでも」

「死んだ妹や両親は天国で、この日をどんな思いで迎えたのでしょう」と語る青木さん＝2015年8月6日午後、小山市飯塚

被爆体験　中学生に伝承

宇都宮市の「語り部講演会」

星が丘中でスタート

星が丘中の生徒に戦争の悲惨さと原爆の体験を語る中村さん＝2015年10月29日

【宇都宮】戦争の悲惨さと平和の尊さを伝える市の「平和語り部講演会」が29日、星が丘中で開かれ、同校の２年生約２４０人が、広島の原爆体験者の話に耳を傾けた。本年度は今後、３校でも開催される。

同講演会は、広島市の原爆記念式典へ中学生を派遣する市の事業を受けて、２００２年度から始まった。09年度から、希望した中学校で実施されている。県原爆被害者協議会が協力し、講師は県内の被爆体験者が務めている。

星が丘中では、戦後70年であることなどから、派遣事業に参加した生徒の体験を学年全体で共有し、平和について考えようと、同講演会を希望したという。

この日は、壬生町本丸２丁目、中村浩同協議会事務局長（87）が講演。１９４５年８月６日、陸軍の兵士として広島原爆の爆心地から約20キロの地点にいて、３日後に市内に入り惨状を目にしたことなどを語り、「こうしたことが二度と起きないように心掛けていてほしい」と訴えた。

須田萌子さん（13）は「きのこ雲など原爆のことは知っていたが、一つの爆弾で、たくさんのひどい被害が出たことが本当によく分かった」と話した。

朗読の合同練習を行う市民＝2015年7月11日

「夏の雲は忘れない—」来月5日鹿沼公演

原爆の悲劇伝える朗読劇

前座の市民27人、合同練習

【鹿沼】広島と長崎に投下された原爆で肉親を失った子ども、子どもを失った親が書き残した手記などを女優が朗読する「夏の雲は忘れない　1945・ヒロシマ　ナガサキ」が8月5日、市民文化センターで上演される。当日は市内の朗読の会、応募した市民による前座朗読も企画された。11日にはその1回目の合同練習が今宮町の御殿山会館で行われ、舞台に立つ27人が読む速さ、強弱などを確認した。

戦後70年の節目の年を踏まえ市民有志が実行委員会を組織。戦争の怖さを訴えるだけでなく、突然肉親を奪われた怒りや悲しみ、絆、愛情の深さを伝え、明日への希望につなげようと企画し、準備を進めている。

朗読に参加する女優はかつて全国で上演された「この子たちの夏」に参加したメンバー。2008年に「夏の会」を立ち上げ、全国公演を展開している。

ことしは全国23カ所で行われ、各公演は地元有志が出演する。鹿沼公演は岩本多代さん、山口果林さんら女優6人が朗読、鹿沼高演劇部の5人も女優に交じり参加する。

前座朗読は朗読グループが谷川俊太郎の詩「生きる」などを披露する。合同練習では発声練習後、パートごとに反復練習、通し朗読を実施。市内の朗読グループ「いずみ」の稲葉幸枝さん（64）は「大きな舞台で貴重な体験と思っている。練習を重ね本番では命の大切さを訴えたい」と話す。

実行委員長の岡本美弥子さん（62）は「心に響く朗読です。戦争を知らない世代の人も〝体験〟できると思う。みんなで平和を考えたい」と言い、事務局の羽石一彦さん（61）も「多くの人に朗読劇を通して戦争の悲惨さが伝われば」と話す。

栃木

大好きな家、林も消えた…

原爆テーマ、朗読や講談

原爆展を企画した松涛さん

「はだしのゲン」の講談を通し、戦争の悲惨さを訴える神田さん＝2015年8月2日

【栃木】戦後70年の節目にあらためて平和について考えてもらおうと、西方町元の福正寺は2日、第3回原爆展を市栃木文化会館で開いた。約300人が訪れ、原爆をテーマにした著作の朗読と講談を通じ、戦争の恐ろしさ、平和の尊さを実感していた。

長崎市出身で、母親が被爆体験者である松涛淳一住職（59）が企画。松涛住職はあいさつで「原爆作品に触れて少しでも平和を考え、よりよい人生を送ってほしい」と訴えた。

朗読では、長崎で被爆しながら救護活動に当たった医学博士の永井隆氏を取り上げた「娘よ、ここが長崎です」を、語りの会などで活躍する吉沢浩子さんが紹介。「戦争は花や木を焼き尽くし、小さな生き物も殺した。大好きな家、ツバキの小さな林も消えてなくなった」と、家族や日常を失った娘の悲しみを読み上げた。

さらに講談師の神田香織さんは中沢啓治氏の「はだしのゲン」を音響と照明を駆使しながら熱演。黒焦げの死体やガラス片が突き刺さった女性など原爆投下直後の悲惨な状況を生々しく表現した。

壬生町の伊藤光代さん（40）は「戦争について少しずつ息子の耳に入れたい」と来場。一緒に訪れた同町安塚小3年の來煌君（9）は「初めて戦争のことを知った。『はだしのゲン』は姉弟が死んでかわいそうで泣いた。戦争は怖い」と話していた。

被爆者が惨状訴える

資料展示し平和展

小山

被爆体験を語る青木さん＝2015年7月24日

【小山】原爆の悲惨さを伝え、平和の尊さを考える「終戦・被爆70周年平和祈念　2015平和展」（市など主催）が24日、市生涯学習センター（ロブレ6階）で始まった。28日まで。

同展は1995年から毎年開催。会場には広島平和記念資料館の協力で、広島・長崎の原爆被害の実相を伝える写真パネル、変形した瓶などの被爆資料、被爆者が描いた絵など約90点を展示している。市内小中学生の平和ポスターも並ぶ。

初日は、広島で23歳の時に被爆した青木美枝さん（93）＝飯塚＝による体験講話もあった。爆心地から1・8キロの自宅にいた青木さんは、原爆投下直後の惨状や家族を失ったことなどを説明。「どんな理由でも戦争は許されない。平和でありたいという気持ちを心に留めてほしい」と訴えた。

8月の広島平和記念式典に派遣される市内と野木町の中学2年生32人も来場した。桑中の伊藤聡志君（14）は「戦争は怖いし、忘れてはいけない。今の平和を未来に守っていくことが大切だと思う」と話した。

那須塩原

原爆の惨状伝える

原爆パネル展

【那須塩原】広島、長崎の原爆投下当時の様子を写真や当事者の声などで紹介する「原爆パネル展」が5日、市庁舎市民室で始まった。戦後70年のことし、市民に平和の大切さをあらためて考えてもらおうと、市が初めて開催した。14日まで。

約80平方メートルの会場では、原爆投下直後に立ち上ったきのこ雲や広島、長崎両市の被爆直後の惨状を写真で紹介。駅のホームで焼死した母子ややけどを負って苦しむ負傷者などを写したもののほか、市民が当時の様子を描いた絵なども展示している。

当時10代だった被爆者の声、原子爆弾の構造や米国が原爆投下を決めるまでの経緯なども紹介。展示されているパネルは約20枚で被爆直後から復興した現在までの様子を伝えている。

下厚崎、無職佐々木康之さん（72）は「被爆当時の様子を見て、言葉にできない気持ちになった。被爆したという事実は忘れてはいけないと感じた」と話していた。

被爆当時の様子を伝えるパネルを見る来場者＝2015年8月5日

那須塩原

長崎原爆忌、平和を思う

夏の会きょう朗読劇

本番前、最後の通し稽古に熱が入る朗読劇の出演者＝2015年8月8日

【那須塩原】被爆体験をつづった詩集や手記などを台本にした朗読劇「1945年夏　ヒロシマ・ナガサキ」が長崎原爆忌の9日、市西那須野公民館多目的ホールで上演される。市内や大田原、那須の主婦らでつくる朗読劇グループ「夏の会」が主催。平和の大切さを静かに訴え、1992年から毎夏行ってきた公演は25回目を迎える。

朗読されるのは、長崎市で生き残った国民学校の子どもたちの手記「原子雲の下に生きて」や子どもたちの詩集「原子雲の下より」など15作品。夏の会の会員10人が読んで感動した作品から独自に台本を作成。ことし3月から毎週のように練習に励んできた。

夏の会は、「地人会」の朗読劇「この子たちの夏」を上演するために結成。5年前から現在のような独自の台本で朗読劇を続けている。

本番前日の8日、出演者7人が音楽に合わせ最後の通し稽古を行った。手記や詩の作者の気持ちをしっかり表現することを心掛けた。

結成時から言葉の指導や演出を担当する主婦村上愛染さんは「原爆忌当日の公演なので出演者もひときわ思いがこもってくると思います」と期待する。

会代表星功（71）は「高齢で戦争を語り継ぐ人がいなくなってしまいかねない。公演を続けることで後継者をつくるように頑張っていきたい」と話した。

戦争を忘れない それぞれの取り組み

軍服や資料集め企画展 市民が大半を寄贈

日光市歴史民俗資料館 平和を考える契機に

戦時中の写真を見ながら当時を振り返る相羽清一郎さん（左）と啓子さん

戦時中の貴重な品々が並ぶ企画展

【日光】戦時中に市内で使われた教科書や生活雑貨、軍事資料など、市民からの寄贈品を中心に計約１００点を展示した企画展「戦後70年 戦争と庶民の暮らし」が、中央町の市歴史民俗資料館で開かれている。戦後70年の節目に同資料館が企画。担当者は「次世代を担う子どもたちが戦争と平和について考えるきっかけになれば」と来場を呼び掛けている。２０１５年９月27日まで。

「戦争へのあしおと」「銃後の生活」などと題した四つのブースを中心に、日光、藤原、足尾地域に作られた防空監視廠の設置計画資料や、出征する兵士に向けて友人や同僚が寄せ書きした日章旗などを展示。写真の資料も豊富にあり、今市高等実業女学校の生徒が制服を着たまま射撃訓練を行っている姿を撮った写真も。

展示物の大半を占めるのは市民からの寄贈品で、自身が実際に着用していた軍服や軍帽などを提供した相羽清一郎さん（97）＝大桑町＝は「戦争がどんなものかを知ってもらうため、後世に残したいと思った」と話した。

22歳の時に徴兵された相羽さんは、中国江南省で約７カ月間の軍事訓練を受けるなどの経験を持つ。妻の啓子さん（86）も16歳の時に宇都宮空襲を体験しており、「当時の物や資料を見て平和の大切さを考えてほしい」と訴えた。

企画展に訪れた今市、岩崎仁市さん（64）は「写真を見て市内各地に忠魂碑があることを知った。今度実際に行ってみようと思う」と話していた。

明治〜昭和、戦争の記憶

小山市博物館で記念展 資料70点、市民の証言も

【小山】乙女１丁目の市博物館は８月30日まで、明治から昭和期に日本が経験した戦争に関する資料を紹介する「終戦70周年記念展〜平和都市 小山とヒロシマに残された70の資料〜」を開いている。

同展は①近代化の波と戦争の足音②太平洋戦争と小山③戦争の終焉（しゅうえん）④平和都市小山へ―の４章構成。緊張緩和のため米国から贈られた人形、太平洋戦争時に出征者が残した遺髪・遺書、子どもの絵日記など70点を展示している。

須賀神社での戦勝祈願などの様子を収めた写真や戦争を体験した市民の証言も取り上げ、戦中戦後の人々の生活や思いを紹介。広島平和記念資料館の協力で、腕時計などの被爆資料も並んでいる。

市博物館は「実物を見て、日本の未来を考える時に役立ててほしい」としている。同館近くの乙女中は全校生徒が授業の一環で展示を見学。１年吉村悠貴君（13）は「戦争でたくさんの人が苦労したことが分かった。二度とない方がいい」と話した。

終戦70周年記念展を見学する乙女中の生徒たち

歴史の転換点　つぶさに

終戦前後の本紙発見

言論統制下の切迫感　復興へ知事激励文も

壬生町の藤田好三さん（74）が保有する郷土史料の中から発見した１９４５年8月14日付と同17日付の下野新聞には、県民が戦争に翻弄（ほんろう）される姿や復興の第一歩を踏み出した様子が克明に記録されている。終戦前後の混乱の下でも地域密着の話題を提供していた半面、14日付紙面では軍部の大本営発表を大きく扱ったとみられる記事もあり、敗戦濃厚となる中でも戦意高揚を訴えた言論統制下の新聞の状況がうかがえる。紙面を見て当時をしのぶ関係者もいた。

「最悪事態真に認識」のトップ記事で始まる14日付紙面には、終戦間際の切迫した状況が色濃くにじむ。

「盆祭りの点火禁止」の見出しの記事は、防空上の理由から今市町（現日光市）は、夜間に火を使わないよう住民に厳重注意したと紹介。警報発令下で避難した際に電灯をつけたままだった男性が「不心得者」として鹿沼署に摘発されたことや、鹿沼郵便局が管内の電話を回収し「疎開」させたことも報じた。

真実か疑わしい〝報道〟もある。県内に同13日襲来した米軍機Ｆ６Ｆを当時の芳賀郡清原村（現宇都宮市）近くで「2機撃墜した」との記事だ。「日米双方の資料に撃墜の記録は見当たらない。敗戦直前の日本軍に制空権はなかった」。戦災の記憶を伝えようと活動する「ピースうつのみや」の佐藤信明事務局長（70）はそう分析し、「大本営発表に基づく可能性が高い。当時の言論弾圧を考慮するとやむを得ない面もあるが、報道の責任は重い」と指摘した。

終戦後の17日付には当時の相馬敏夫県知事の「布告」を掲載。動員された学徒隊員の戦時中の貢献をねぎらう一方で「いたずらに悲嘆にくれる時ではない。窮して乱れざるは君子の道である」などと激励し、復興の中核を担うよう期待を寄せている。

終戦前とは一転して明るい話題が目立ち、栃木市が翌18日に臨時市会を開き不在の収入役などを選任することや、安蘇郡（現佐野市）の児童が食糧増産に向けて汗を流す姿、農家同士が生活のため助け合う心温まる逸話なども報じていた。

「胸がいっぱいです」。宇都宮市双葉3丁目、大淵アサさん（92）は、紙面を見て感慨深げに話した。当時、夫の三郎さん（故人）は下野新聞社に勤務していた。妊娠中に宇都宮空襲を経験。庭に防空壕を掘っているさなかに玉音（ぎょくおん）放送を聞いた。

新聞発行を続けるため身を粉にしていた三郎さんの姿を思い出す。「何もかも大変だった時代。戦争は二度と起きてほしくない」と切に願った。

終戦前後の本紙発見

壬生・藤田さん保管

激動期伝えた貴重な史料

終戦間際と直後の県内の状況を報じた１９４５年８月14日付、同17日付の下野新聞が２０１５年６月31日までに、壬生町の男性が所有する郷土史料の中から見つかった。下野新聞社は同7月の宇都宮空襲で社屋や輪転機（印刷機）が全焼。毎日新聞社に委託し新聞発行を続けたが、同8月1日～10月31日付紙面は、下野本社や県立図書館にも現物が残っていなかった。当時県内で発行された新聞は本紙のみで、終戦前後の激動期の本県を振り返る上で貴重な史料となりそうだ。

保管していたのは、元宇都宮市職員の藤田好三さん（74）＝壬生町緑町3丁目。膨大な郷土史料を所有しており、戦後70年に際して当時の新聞を整理していたところ見つけたという。

両号は表裏2ページ。14日付は一部が墨で汚れ、17日付は6分の1ほど破れた状態で見つかった。発行所は資本関係のあった東京都の毎日新聞社。右上の「毎日新聞」の題字の下に「下野新聞」と横書きされている。

毎日新聞社の社長室広報担当によると、14日付下野新聞の記事は前日の13日付毎日新聞の記事と一致し、17日付も同じく前日の毎日記事を1日遅れで掲載している。一方で本県の出来事に関しては、現在と同じように翌日報じていた。担当者は「毎日の紙面を土台に、栃木の記事を織り込んだのでは。地元の記事は下野の記者が書いたと考えるのが自然」と話した。

戦時中の言論統制の一環で、政府は41年、各県の新聞を統廃合する「1県1紙」を強制。さらに「持分（もちぶん）合同」と呼ばれる制度によって、本紙は

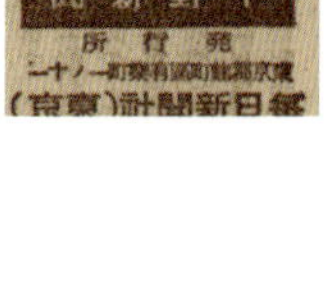

（上）発見された１９４５年8月17日付の下野新聞の1面。皇居に向かって頭を下げる民衆の写真とともに「戦争終結」を伝えている。紙面の左下は欠損している（下）１９４５年8月14日付。「毎日新聞」の題字の下に「下野新聞」と横書きされている

藤田好三さん

艦上機五百五十
關東、東北に分散來襲
六波に分れ侵入
を屠る

1945年8月14日付下野新聞1面の記事。13日に敵機550機が来襲し「芳賀郡清原村で米軍機2機を撃墜した」と報じている

祖國復興の中核
二萬町歩の燒畑作

1945年8月17日付下野新聞2面の記事。学徒隊員に対し、当時の県知事が復興に向けて激励の言葉を寄せている

45年4月から在京3紙（朝日、毎日、読売）の県内発行分を一元的に代替発行するようになったため、当時の本県で他紙は読まれていなかったとされる。

下野新聞社屋は同年7月12日の宇都宮空襲で被災。自力印刷を再開した同10月16日付まで、毎日新聞社に委託し発行を続けたが、下野本社には当時の紙面が保管されておらず、記事の内容が確認できなかった。

上智大の春原昭彦名誉教授（新聞学）は「全国紙が受託発行していた地方紙を現在も保管しているとは考えにくい。終戦前後の栃木県を知る上で、非常に貴重な発見と言えるだろう」と評価した。戦地で父を亡くした藤田さんは「戦争や先人が歩んだ歴史について、今生きる人々が考えるきっかけになれば」と願っている。

見つかった新聞は、「日本の対米宣戦布告」や「ソ連の対日参戦」などの歴史的出来事を報じた全国紙や地方紙と一緒に下野新聞ＮＥＷＳ　ＣＡＦＥに２０１５年６月14日まで展示された。

◇ズーム◇

持分合同

１９４５年４月の政府の非常措置令に基づき、中央紙が新聞の地方発送を取りやめ、その部数の発行を各地の県紙に委託し、人員や資材も提供した。空襲が激化し交通事情も悪化する中、各地で新聞発行を継続するため行われたとされる。同10月に解除された。

終戦翌日の本紙寄贈

「詔書」や県内の動き掲載

「語り継ぐ材料に活用を」　壬生の亀田さん

太平洋戦争の終戦を報じた１９４５年８月16日付の下野新聞が２０１５年８月31日までに、下野新聞社に寄贈された。発行当時は、宇都宮空襲で社屋が被災した後の混乱期で、本社には現物が残っていなかった。昭和天皇が玉音（ぎょくおん）放送で読み上げた「終戦の詔書（しょうしょ）」やポツダム宣言の翻訳文のほか、県内の動きも記録した貴重な史料。寄贈した壬生町おもちゃのまち2丁目、元県職員亀田文義さん（75）は「若い世代に戦争を語り継ぐ材料になれば」と活用に期待を寄せている。

亀田さんは終戦3～4年後、小学生の頃に、疎開先だった真岡町（現真岡市）の自宅で新聞を見つけ、大切に保管してきた。ことし6月、本紙報道で終戦前後の紙面の貴重さを知り、寄贈を申し出た。

紙面は表裏2ページ。1面に大きく「聖断（せいだん）拝し大東亜戦終結」「四国宣言を受諾」の見出しが並ぶ。2面では広島、長崎に投下されたのが原子爆弾だと初めて報道。当時の相馬敏夫知事が県民に向けた布告で、敗戦の悲嘆に暮れずに「国体護持」のため努力するよう訴えたことも伝えている。

45年7月の宇都宮空襲で社屋が全焼した下野新聞社は当時、毎日新聞社に委託し新聞発行を継続。8月16日付の下野新聞の紙面は、同15日正午の玉音放送後に配られた15日付の毎日新聞を土台に、県内の話題を織り込んだとみられる。

亀田さんは当時5歳。45年7月、宇都宮空襲と同時に行われた米軍機B29による真岡への爆撃で被災し、自宅の庭が「火の海」になった。目の前に不発弾が落ちた光景が今も脳裏に焼き付いている。

「戦争を繰り返してはいけない」との思いから、終戦の日が近づくと、紙面のコピーを職場や近所の人に配って見てもらってきた。熱心に読み込む高齢者とは対照的に、若者の反応の薄さを気掛かりに思っていたという。戦後70年を機に「平和を考える上で新聞が役に立てば」と願っている。

亀田さんは45年の8月19日付と8月22日付、10月9日付の紙面も寄贈した。

終戦翌日の本紙

太平洋戦争の終戦を報じた1945年8月16日付の下野新聞1面。玉音放送で読み上げられた「終戦の詔書」やポツダム宣言の翻訳文などが掲載されている

米英支宣言とカイロ宣言

艦上機二百五十機

高崎、熊谷、小田原

交換外交文書

米英支三国宣言

カイロ宣言

八月十五日（金曜）—八月三十一日

お世話になった方々

（五十音順・敬称略）

お世話になった方々とは…取材を受けていただいた方々で、戦争体験者・継承者・継承活動をしている方・研究をされている方・写真提供者・ご遺族の方・催しものに協力された方などです。肩書、所属団体（取材時）などは文中にあります。

相羽啓子
相羽清一郎
青木美枝
赤城辰夫
赤木智弘
秋草鶴次
秋元武夫
阿久津正雄
阿久津加居
阿久津肇
浅香憲宏
浅香裕
東俊継
阿部進
阿部洋子
阿部文司
新井勲
荒井拓男
荒井俊典
荒井良夫

新垣徳助
有岡光枝
安藤博子
アンドリュー・マーシャル
井口直子
池田明
石川加代
石島昭子
石村信吉
市村園子
磯直
出居潤也
井手口義雄
稲川清
稲葉一男
稲松孝思
稲見和子
稲見若菜
井上俊邦
猪瀬イネ子

今井勝巳
岩田幸治
上地よし子
上野和子
上原徹
氏木武
牛島禮子
臼井祥朗
内山謙治
宇塚里子
梅村貞子
遠藤幸次
大内弘子
大金美知子
大川淳
大川信夫
大木光子
大越明
大古秀子
大沢明

大島正子
大田昌秀
大塚房子
大野利勝
大野幹夫
大橋晧佑
大場知子
大原悦子
大淵アサ
大谷津吉男
岡崎清治
岡本美弥子
小倉久吾
小沢杏実
小曽戸広
小野源治郎
小柳荘
小山田あき子
嘉数昇明
鏡聖

柿沼英子
柿沼昭雄
片岡定光
加藤明徹
金枝右子
金沢照江
金枝敬治
金子宗次
神山博子
亀田和
亀田文義
川久保千恵子
川津敬介
川辺康平
河西量次
河又敏雄
神田香織
菊地イネ子
菊地千代
菊地ノブ

菊地光昭
木田ミネ
義道
君島栄
木村マサ
木村好文
粂川光一
倉田洋二
栗城満
黒子一郎
桑原弘子
小池秀子
小島末吉
小瀧龍雄
小竹亥作
小沼通二
小林トシ
小林文男
小林ミサヲ
小林光子

小堀博康
小松宏生
五味渕昭夫
五味渕勝美
五味渕みどり
小森和昌
小柳真弓
斎藤綾子
斎藤カヨ
斎藤晃一
斎藤セツ
斎藤俊司
斎藤春枝
斎藤宏夫
斎藤稔
坂本菊造
坂寄修一
左川誠
佐々木康之
佐滝タカ
佐藤昭夫
佐藤栄
佐藤幸枝
佐藤信明
佐藤ひなこ
篠崎郁美
篠原直人
柴田昭三
渋井雄一
渋井集一
島田チヨノ
島田俊克
島田久子
島袋愛子
清水寛
白石アサ子
須貝義弘
鈴木一市郎
鈴木定男
鈴木昭江
鈴木宣次
鈴木弘章
鈴木勝
鈴木ミサ
諏訪志津子
諏訪ちひろ
関口喜美子
瀬畑律子
五月女一夫
早乙女恒夫
高石近夫
高雄市郎
高橋三郎
高橋俊一
高橋久子
瀧本修
武井フサ
竹沢幸昭
竹渕真智子
舘野サク子
田村志津江
田村立吉
田村行子
田村洋三
知念堅亀
長鴻子
塚田保美
築島滋
津野田キヨ
東城藤七
中島幸子
中島光男
中村明
中村竹子
中村倶弘
中村浩
中山郁
中山俊彦
新崎美津子
西田直樹
西谷三七郎
箱石シツイ
花井覚
羽石一彦
羽石義雄
春原昭彦
半田則夫
日向野愛子
日下田実
人見照雄
平田崇英
平間恭子
平山照子
福田勇
福田和子
福田茂
藤田好三
船田章
船村徹
古谷シン
星功
星爵男
星益英
細島浩子
堀越京子
菊地雅彦
増渕五郎
増渕民子
増渕増寿
増山和晃
松木初江
松涛淳一
三門トメ
三上果南子
水谷郷
三田剛
宮岡正紀
宮崎ミチ
宮沢初枝
村上武
村上正英
室井光
柳田真由美
簗昌子
矢野金吾
山川勝雄
山口菊代
山口スミ
山崎金成
山田正徳
山田倫代
山本悦子
湯沢トヨ
四十八願好造
横井千春
横嶋セツ
吉田康平
若林英二
渡辺和子
渡辺穣
渡辺光子
渡辺力栄

下野新聞社（しもつけしんぶんしゃ）

1878年創刊。日刊紙として栃木県内最大の32万部を発行する。行政対象暴力の闇に切り込んだ鹿沼事件の連載で第4回石橋湛山記念・早稲田ジャーナリズム大賞奨励賞（2004年）、菅家利和さんが再審無罪となった足利事件の報道で第16回平和・協同ジャーナリスト基金賞奨励賞（10年）などを受賞。発達障害者の原則実名ルポルタージュでは科学ジャーナリスト賞の大賞を受賞した（12年）。

取材スタッフ
デスク　三浦一久　手島隆志　山崎一洋
執　筆　島野　剛　斎藤美和子　小野裕美子　横松敏史　荒井克己
　　　　田崎智亮　佐藤　洋 ほか「とちぎ戦後70年」取材班
撮　影　野上裕之　永嶌理絵　小川貴広

語り（かた）つぐ戦争（せんそう）　とちぎ戦後（せんご）70年（ねん）

発行日　2016年8月1日　初版第一刷発行

著　者　下野新聞社編集局

発　行　下野新聞社
〒320-8686 栃木県宇都宮市昭和 1-8-11
TEL.028-625-1135
FAX.028-625-9619

デザイン　有限会社 キューブ

印　刷　晃南印刷 株式会社

ISBN978-4-88286-622-0　C0021